SILVA LATINA

a Latin Reading-book

T0371102

SILVA LATINA

a Latin Reading-book

chosen and arranged by

J. D. DUFF

Cambridge :
at the University Press
1951

CAMBRIDGE UNIVERSITY PRESS
Cambridge, New York, Melbourne, Madrid, Cape Town,
Singapore, São Paulo, Delhi, Mexico City

Cambridge University Press
The Edinburgh Building, Cambridge CB2 8RU, UK

Published in the United States of America by Cambridge University Press, New York

www.cambridge.org
Information on this title: www.cambridge.org/9781107619999

First edition 1912
Reprinted 1916, 1921, 1926, 1930, 1942, 1951
First published 1951
First paperback edition 2013

A catalogue record for this publication is available from the British Library

ISBN 978-1-107-61999-9 Paperback

PREFACE

IN preparing this book I have had chiefly in view the requirements of those schools where Greek is not taught and where the Latin course does not generally last more than four years.

Where the period of study is so short, it is clearly difficult for the student to get into contact with the great masters of the Latin tongue, those famous men who have won a place beside the greatest writers of any age or country. The aim of this book is to remove some of the obstacles which hinder that contact.

The passages have been selected mainly from four of the chief masters of the language at its best period—Cicero, Livy, Virgil, and Ovid. A few selections have been taken from the earlier poets, but they are in general too difficult ; and the writers of the Silver Age, except Pliny and Martial, also proved unsuitable for the purpose in view. No passage has been included that is not, of its kind, excellent; no passage has been included that presents any serious difficulty in language or matter. In the arrangement of the passages, variety has been sought; yet, where the subject of two passages was akin, they have been placed together. In general, the earlier passages are somewhat easier than the later.

After choosing the extracts, I have tried in various ways to make them more accessible and attractive to the inexperienced reader. (1) A prefatory note has been prefixed to each passage; this should be read before translation is attempted. (2) Though the original text has in no case been re-written, whole sentences or clauses have been omitted where this seemed desirable. For obvious reasons this was done more often in prose extracts than in verse. (3) The punctuation has been completely revised, and a large number of commas added. To a novice, a comma is often as good as an explanatory note. (4) The long vowels have been marked. This device often makes it easier to discover the meaning; and it is of importance for a further reason. For Latin literature depends in a peculiar degree upon the appeal it makes to the ear, so that anyone, who reads either Virgil or Cicero without constant regard to the quantities, cannot really appreciate their excellence. Each one of these passages should be read aloud both before and after it is translated. (5) As there still remained a few points in each extract, which seemed likely to puzzle those for whom the book was intended, these have been explained as briefly as possible in explanatory notes at the end of the text.

If the right passages have been chosen and suitable methods of simplification have been adopted, I may hope that the book will, in some measure, do what it is meant to do.

J. D. D.

March 20, 1912.

CONTENTS

After Death 94
All must Die 76
Ally is found Loyal, An 48
Alphēus and Arethusa 40
Ancient Cockney, An 140
Arīon and the Dolphin 4
Athens, Sparta, Massilia 100

Baby's Epitaph, A 63
Battle under Ground, A 77
Baucis and Philemon 86
Boy's Epitaph, A 71
'Breathes there the Man with
　Soul so dead?' 30
Brother's Grave, A 50
Building of Carthage, The 16

Cato welcomes Death 25
Catullus to Cicero 13
Champion of Freedom, A 111
Change of Rulers, A 131
Character of Cato, The 141
Charon's Ferry 104
Child's Epitaph, A 58
Christians in Bithynia, The
　143
Churlish Refusal, A 103
Claim of Ulysses, The 132
Client's Duty, A 101
Conquest of Gaul, The 55
Cool Spring, A 6
Country Pursuits 142
Creation of Animals, The 24
Cruel Murder, A 121
Cultivate the Mind 107
Cynthia's Birthday 38

Danger of Jealousy, The (1)
　85

Danger of Jealousy, The (2)
　36
Dead Sparrow, The 21
Death in the Furrow 7
Death is natural to the Old 8
Death of Dido, The 82
Death of Fame, The 130
Death of Hannibal, The 90
Death of Philopoemen, The
　84
Defeated Rival, The 43
Demetrius Defends Himself
　97
Dido in Hades 109
Disastrous Attempt, A 5
Dishonest Trick, A 79
Do Good by Stealth 45
Drowned at Sea 17
Dulce et Decorum est pro
　Patria Mori 19

End, The 145
Epitaph, An 22
Eumenes addresses the Sen-
　ate 60
Eumenes warns the Senate
　102

Fame as a Motive 51
Fate of Palinurus, The 106
Father and Son 112
Father's Charge, A 29
Father's Grave, A 89
Final Conflict, The 137
Flood, The 47
Folly of Race-goers, The 78

Ghost of Creusa, The 49
Golden Age, The 9

Good Old Days, The 24

Hannibal and Africanus 23
Hannibal and Rome 27
Happy Age 9
Happy Life, The 127
Haunted House, A 92
Heroic Victim, A 120
Heroine, A 8
Humanity to Slaves 57

Invisible Motion 124
Irrelevant Speaker, An 19

Joys of Country Life, The 10

Last Speech of Crassus, The
  65
Lesson in Modesty, A 37
Living Missile, A 117
Lore of Pythagoras, The 113
Loveliness and Desolation 110
Lover of Peace, A 14

Meeting of Two Great Powers,
  A 108
Memorial to a Wife, A 46
Mighty Conqueror, A 61
Military Glory 2
Mission of Aeneas, The 78
Mission of Rome, The 1

Night Attack, A 123
Noisy Schoolmaster, The 91

Old Hand, An 119
' O Ruddier than the Cherry'
  139

Palace of the Sun, The 56
Passion of Dido, The 72
Paullus and his Prisoner 126
Perseus slays the Monster 74
Philopoemen and the Achaean
  League 84
Picture of Spring, A 115
Plea for an Offending Ser-
  vant, A 81

Poet's Youth, A 118
Pompey and the Pirates 62
Praise of Italy, The (1) 32
  ,,   ,,   ,,   (2) 33
Praise of Literature, The (1)
  11
Praise of Literature, The (2)
  12
Prayer of Orpheus, The 128
Prudent Hero, A 64
Pyramus and Thisbe 67

Quality of Mercy, The 105

Rape of Persephonē, The 28
Rape of the Locks, The 116
Revolt of Athamania, The
  68
Roll of Great Men, A 94
Roman Orator and Greek
  Sculptors, A 70
Romans besiege Phocaea, The
  52

Scholar in his Garden, The
  138
Scipio Africanus 44
Scipio on his Defence 114
Secret of Pompey's Success,
  The 128
Sentence of Exile, A 69
Sheep and Oxen 21
Short Way of Dealing with
  Kings, A 131
Signs of a Storm 96
Social Pest, A 26
So Near and yet so Far 81
Stolen Statue, A 75
Storm at Sea, A 66
Story of Arria, Another 3
Stricken Deer, The 59
Studious Sportsman, A 39

Teaching of Homer, The 53
Thanks to the Muse 93
Tour in Greece, A 136
Tribute to Caesar, A 87
Two Crimes 123

Unconquerable Rome 85

Vengeance of Demeter, The
98

Warning of a Vision, The 99
Warnings in Dreams 134
Warrior Dead, The 133

Where the Strength of a Tortoise lies 42
Winter Scene, A 41
Woman's Brave Deed, A 18
Woman's Desperate Deed, A
15

Youth and Age 83

LIST OF AUTHORS

Catullus iii, 21; xlix, 13; lxiv,
    29; lxxxiv, 140; ci, 50
Cicero, *De Amicitia* 44
    De Divinatione i, 134
    De Imperio Pompeii 62,
    128
    De Legibus ii, 30
    De Officiis iii, 79
    De Oratore iii, 65
    De Provinciis Consularibus
    55
    De Senectute 8, 25
    In Catilinam iv, 94
    In Verrem ii, 70, 75
    Philippic ii, 87; vi, 111;
    xi, 121; xiv, 19
    Pro Archia 11, 12, 51
    Pro Flacco 100
    Pro Marcello 105
    Pro Murena 2
    Pro Plancio 37
Horace, *Ars Poetica* 83
    Epistles i, 53; ii, 64
    Odes iii, 6, 24; iv, 85
Livy xxxv, 23, 34; xxxvi,
    42; xxxvii, 48, 52, 60;
    xxxviii, 68, 77, 114;
    xxxix, 84, 90, 141; xl,
    15, 97; xlii, 102, 108;
    xliii, 5; xliv, 119; xlv,
    126, 131, 136

Lucretius i, 61, 115; ii, 124;
    iii, 76, 94
Martial i, 3, 52, 71, 81; iii,
    26, 41, 101, 123; iv, 110,
    145; v, 45, 58; vi, 19;
    vii, 63; ix, 91; x, 9,
    127, 131; xi, 22
Ovid, *Ars Amatoria* iii, 35, 86
    Fasti ii, 4; iv, 28
    Metamorphoses i, 24, 47;
    ii, 56; iv, 67, 74; v, 40,
    98; vi, 103; viii, 86; x,
    128; xiii, 120, 132, 139;
    xv, 21, 113
    Remedium Amoris 142
    Tristia i, 69; iii, 107; iv,
    93, 118
Pliny, *Letters* i, 39, 138; iii,
    3; vi, 18, 46; vii, 92,
    116; viii, 57; ix, 73, 81
    Letters to Trajan 143
Propertius iv, 17, 38
Tibullus i, 9
Virgil, *Aeneid* i, 16; ii, 49;
    iii, 66; iv, 72, 78, 82; v,
    89, 99; vi, 1, 104, 106,
    109, 112; vii, 59; ix,
    123, 130; xi, 117, 133;
    xii, 137
    Georgic i, 96; ii, 10, 32,
    83; iii, 7, 43

SILVA LATINA

1. *The Mission of Rome*

Aeneas visited his father Anchises in the world below, where Anchises prophesied the future glory of Rome and showed him the heroes, yet unborn, who were to make Rome famous.

'The Greeks will be unrivalled in sculpture, eloquence, and astronomy, the Romans in law and government.'

> Excūdent aliī spīrantia mollius aera,
> Crēdō equidem, vīvōs dūcent de marmore
>   vultūs,
> Ōrābunt causās melius, caelīque meātūs
> Descrībent radiō et surgentia sīdera dīcent;
> Tū regere imperiō populōs, Rōmāne, me-   **5**
>   mentō;
> Hae tibi erunt artēs, pācisque impōnere
>   mōrem,
> Parcere subiectīs et dēbellāre superbōs.

VIRGIL, *Aeneid* vi 846–853.

2. *Military Glory*

Murena was elected consul in 63 B.C. He was then
prosecuted for bribery at the election. Cicero defended
him; he tells Servius, one of the prosecutors, that
Murena's military distinction is a stronger claim to the
consulship than Servius's knowledge of law.

Sed, ut ad studiōrum artiumque contentiōnem
revertāmur, quî potest dubitārī, quīn ad consulātum adipiscendum multō plūs adferat dignitātis
reī mīlitāris quam iūris cīvīlis glōria? Vigilās tū
5 dē nocte, ut tuīs consultōribus respondeās, ille, ut
eō, quō intendit, mātūrē cum exercitū perveniat,
tē gallōrum, illum būcinārum cantus exsuscitat;
tū actiōnem instruis, ille aciem instruit. Tū cavēs,
ne tuī consultōrēs, ille, nē urbēs aut castra capian-
10 tur; ille tenet ac scit, ut hostium cōpiae, tū, ut
aquae pluviae arceantur; ille exercitātus est in pro-
pāgandīs fīnibus, tū in regendīs. Ac nīmīrum,
dīcendum est enim quod sentiō, reī mīlitāris virtūs
praestat cēterīs omnibus. Haec nōmen populō
15 Rōmānō, haec huic urbī aeternam glōriam peperit;
haec orbem terrārum pārēre huic imperiō coēgit.
Omnēs urbānae rēs, omnia haec nostra praeclāra
studia, et haec forensis laus et industria, latent in
tūtēlā ac praesidiō bellicae virtūtis. Simul atque
20 increpuit suspīciō tumultūs, artēs īlicō nostrae
conticescunt.

CICERO, *Pro Murena 22.*

3. *A Heroine*

When Paetus was forced by Claudius to commit suicide, his wife, Arria, stabbed herself first and then handed the dagger to him, saying, " It does not hurt."
This is perhaps an inscription for a statuette.

Casta suō gladium cum trāderet Arria Paetō,
   Quem dē visceribus traxerat ipsa suīs,
' Sī qua fidēs, vulnus quod fēcī nōn dolet' inquit,
   'Sed, quod tū faciēs, hōc mihi, Paete, dolet.'
                  MARTIAL i 13.

4. *Another Story of Arria*

This woman, so famous for her heroic death, was as noble in her life also.

Aegrōtābat Paetus, marītus ēius, aegrōtābat et fīlius, uterque mortiferē, ut vidēbātur; fīlius dēcessit, eximiā pulchritūdine, parī verecundiā, et parentibus nōn minus ob alia cārus quam quod fīlius erat. Huic illa ita fūnus parāvit, ita duxit 5 exequiās, ut ignōrāret marītus; quīn immō, quotiens cubiculum ēius intrāret, vīvere fīlium atque etiam commodiōrem esse simulābat, ac persaepe interrogantī, quid ageret puer, respondēbat, 'Bene quiēvit, libenter cibum sumpsit.' Deinde, cum 10 diū cohibitae lacrimae vincerent prōrumperent- que, ēgrediēbātur; tunc sē dolōrī dabat; satiāta, siccīs oculīs, compositō vultū redībat, tamquam orbitātem forīs relīquisset. Praeclārum quidem illud ēiusdem, ferrum stringere, perfodere pectus, 15

extrahere pūgiōnem, porrigere marītō, addere vōcem
immortālem ac paene dīvīnam, 'Paete, nōn dolet.'
Sed tamen ista facientī, ista dīcentī, glōria et
aeternitās ante oculōs erant; quō māius est sine
20 praemiō aeternitātis, sine praemiō glōriae, abdere
lacrimās, operīre luctum, āmissōque fīliō mātrem
adhūc agere.

PLINY, *Letters* iii 16, **8.**

5. *Arion and the Dolphin*

A dolphin saved Arīon from drowning at sea.

Quod mare nōn nōvit, quae nescit Arīona tellūs ?
   Carmine currentēs ille tenēbat aquās.
Saepe sequens agnam lupus est ā vōce retentus ;
   Saepe avidum fugiens restitit agna lupum.
5 Saepe canēs leporēsque umbrā cubuēre sub ūnā,
   Et stetit in saxō proxima cerva leae.
Nōmen Arīonium Siculās implēverat urbēs,
   Captaque erat lyricīs Ausonis ōra sonīs.
Inde domum repetens puppem conscendit Arīōn,
10   Atque ita quaesītās arte ferēbat opēs.
Forsitan, infēlix, ventōs undāsque timēbās ;
   At tibi nāve tuā tūtius aequor erat.
Namque gubernātor destrictō constitit ense,
   Cēteraque armatā conscia turba manū.
15 Quid tibi cum gladiō ? dubiam rege, nāvita, pīnum.
   Nōn haec sunt digitīs arma tenenda tuīs.
Ille, metū vacuus, 'Mortem nōn dēprecor' inquit,
   'Sed liceat sumptā pauca referre lyrā.'

Dant veniam rīdentque moram.   Capit ille corōnam,
  Quae possit crīnēs, Phoebe, decēre tuōs ;   20
Induerat Tyriō bis tinctam mūrice pallam ;
  Reddidit icta suōs pollice chorda sonōs,
Flēbilibus numerīs velutī cānentia dūrā
  Trāiectus pinnā tempora cantat olor.
Prōtinus in mediās ornātus dēsilit undās ;   25
  Spargitur impulsā caerula puppis aquā.
Inde (fidē māius) tergō delphīna recurvō
  Sē memorant onerī supposuisse novō.
Ille sedens citharamque tenet, pretiumque vehendī,
  Cantat, et aequoreās carmine mulcet aquās.   30
              OVID, *Fasti* ii 83–88 ; 93–116.

6. *A Disastrous Attempt*

At the beginning of the Macedonian war the Roman
armies were badly led and often beaten. Appius Claudius
tried to take Uscăna, a large town in Illyricum ; but his
preparations were ill made, and he was beaten off with
great loss : of 8000 men only 2000 returned to their camp.

  Haud procul inde Uscana oppidum erat.
Decem mīlia cīvium habēbat et modicum, custōdiae
causā, Crētensium praesidium.   Inde nuntiī ad
Claudium occultī veniēbant, sī propius cōpiās
admōvisset, parātōs fore, quī prōderent urbem ; et 5
operae pretium esse ; nōn sē amīcōsque tantum sed
etiam mīlitēs praedā explētūrum.   Spēs, cupiditātī
admōta, ita occaecāvit animum, ut nec ex iīs, quī
vēnerant, quemquam retinēret, nec obsidēs, pignus
futūrōs āfore fraudem agendae reī, posceret, nec 10

mitteret explōrātum, nec fidem acciperet. Diē
tantum statūtā profectus a Lychnidō, duodecim
mīlia ab urbe, ad quam tendēbat, posuit castra.
Quartā inde vigiliā signa mōvit, mille fermē ad
15 praesidium castrōrum relictīs. Incompositī, longō
agmine effūsī, infrequentēs, cum nocturnus error
dissipāret, ad urbem pervēnērunt. Crēvit neglegentia, postquam nēminem armātum in mūris
vīdērunt. Cēterum, ubi prīmum sub ictū tēlī
20 fuērunt, duābus simul portīs ērumpitur. Et ad
clāmōrem ērumpentium, ingens strepitus, ē mūrīs
ortus, ululantium mulierum cum crepitū undique
aeris personābat. Hic tam multiplex undique
obiectus terror effēcit, nē sustinēre prīmam pro-
25 cellam ēruptiōnis Rōmānī possent. Itaque fugientēs
plūrēs quam pugnantēs interemptī sunt ; vix duo
mīlia hominum cum ipsō lēgātō in castra per-
fūgērunt. Nē morātus quidem in castrīs Appius,
ut suōs dissipātōs fugā colligeret, quae rēs pālātīs
30 per agrōs salūtī fuisset, ad Lychnidum prōtinus
reliquiās clādis reduxit.

Livy xliii 10.

7. *A Cool Spring*

Horace offers a victim to the fountain of Bandusia, and
promises to make its water famous by his verse.

O fons Bandusiae, splendidior vitrō,
Dulcī digne merō nōn sine flōribus,
Crās dōnāberis haedō,
Cui frons, turgida cornibus

Prīmīs, et Venerem et proelia destinat.   5
Frustrā; nam gelidōs inficiet tibi
Rūbrō sanguine rīvōs
Lascīvī subolēs gregis.

Tē flāgrantis atrox hōra Canīculae
Nescit tangere; tū frīgus amābile   10
Fessīs vōmere taurīs
Praebēs et pecorī vagō.

Fīēs nōbilium tū quoque fontium,
Mē dīcente cavīs impositam īlicem
Saxīs, unde loquācēs   15
Lymphae dēsiliunt tuae.

HORACE, Odes iii 13.

8.   *Death in the Furrow*

In time of plague, the ox suddenly sickens and dies at the plough. Yet the ox has served his master faithfully and done nothing to deserve death.

Ecce autem dūrō fūmans sub vōmere taurus
Concidit, et mixtum spūmīs vomit ōre cruōrem,
Extrēmosque ciet gemitūs. It tristis arātor,
Maerentem abiungens frāternā morte iuvencum,
Atque opere in mediō dēfixa relinquit arātra.   5
Nōn umbrae altōrum nemorum, nōn mollia possunt
Prāta movēre animum, nōn quī per saxa volūtus
Pūrior ēlectrō campum petit amnis; at īma
Solvuntur latera, atque oculōs stupor urget inertēs,
Ad terramque fluit dēvexō pondere cervix.   10

Quid labor aut benefacta iuvant ? quid vōmere
     terrās
Invertisse gravēs? Atquī nōn Massica Bacchī
Mūnera, nōn illīs epulae nocuēre repostae.
Frondibus et victū pascuntur simplicis herbae,
15 Pōcula sunt fontēs liquidī atque exercita cursū
Flūmina; nec somnōs abrumpit cūra salūbrēs.
                    VIRGIL, *Georgic* iii 515-530.

9. *Death is natural to the Old*

Happiness and virtue may be realised even in a short
life.   But the death of the young is contrary to the course
of nature, whereas the old man dies like ripe fruit falling
from the tree.

Quod cuique temporis ad vīvendum datur, eō
dēbet esse contentus.   Breve enim tempus aetātis
satis longum est ad bene honestēque vīvendum ;
sīn prōcesserit longius, non magis dolendum est
5 quam agricolae dolent, praeteritā vernī temporis
suāvitāte, aestātem autumnumque vēnisse.   Vēr
enim tamquam adulescentiam significat, ostenditque
fructūs futūrōs, reliqua autem tempora dēmetendīs
fructibus et percipiendīs accommodāta sunt. Fructus
10 autem senectūtis est ante partōrum bonōrum
memoria et cōpia.   Omnia autem, quae secundum
nātūram fīunt, sunt habenda in bonīs ; quid est
autem tam secundum nātūram quam senibus morī?
Quod idem contingit adulescentibus, adversante et
15 repugnante nātūrā.   Itaque adulescentēs mihi morī
sīc videntur, ut cum aquae multitūdine flammae

vīs opprimitur, senēs autem sīc, ut cum suā sponte, nullā adhibitā vī, consumptus ignis exstinguitur. Et quasi pōma ex arboribus, crūda sī sunt, vix ēvelluntur, si mātūra et cocta, dēcidunt, sīc vītam 20 adulescentibus vīs aufert, senibus mātūritās; quae quidem mihi tam iūcunda est, ut, quō propius ad mortem accēdam, quasi terram vidēre videar, aliquandōque in portum ex longā nāvigātiōne esse ventūrus. 25

CICERO, *De Senectute* 70, 71.

10. *Happy Age*

Antonius Primus, once prominent in war, can look back in old age upon a long life, not one day of which it gives him pain to recall.

Iam numerat placidō fēlix Antōnius aevō
  Quindeciens actās Prīmus Olympiadās,
Praeteritōsque diēs et tōtōs respicit annōs,
  Nec metuit Lēthēs iam propiōris aquās.
Nulla recordantī lux est ingrāta gravisque; 5
  Nulla fuit, cūius nōn meminisse velit.
Ampliat aetātis spatium sibi vir bonus; hōc est
  Vīvere bis, vītā posse priōre fruī.

MARTIAL X 23.

11. *The Golden Age*

Tibullus regrets the reign of Saturn, when all men lived in peace and war was unknown.

Quam bene Sāturnō vīvēbant rēge, priusquam
  Tellūs in longās est patefacta viās!

Nondum caeruleās pīnus contempserat undās,
    Effūsum ventīs praebueratque sinum ;
5 Nec vagus, ignōtīs repetens compendia terrīs,
    Presserat externā nāvita merce ratem.
Illō nōn validus subiit iuga tempore taurus ;
    Nōn domitō frēnōs ōre momordit equus ;
Nōn domus ulla forēs habuit ; nōn fixus in agrīs,
10   Quī regeret certīs fīnibus arva, lapis.
Ipsae mella dabant quercūs, ultrōque ferēbant
    Obvia sēcūrīs ūbera lactis ovēs.
Nōn aciēs, nōn īra fuit, nōn bella ; nec ensem
    Immītī saevus duxerat arte faber.
15 Nunc Iove sub dominō caedēs et vulnera semper,
    Nunc mare, nunc lētī mille repente viae.

                    TIBULLUS i 3, 35–50.

12. *The Joys of Country Life*

The countryman is free from all the fuss and worry of
town life ; his pleasures are simple and natural ; peace
and goodness dwell with him.

Ō fortūnātōs nimium, sua sī bona norint,
Agricolās ! quibus ipsa, procul discordibus armīs,
Fundit humō facilem victum iustissima tellūs.
Sī nōn ingentem foribus domus alta superbīs
5 Māne salūtantum tōtīs vomit aedibus undam,
Nec variōs inhiant pulchrā testūdine postēs
Illūsasque aurō vestēs Ephyrēïaque aera,
Alba neque Assyriō fūcātur lāna venēnō,
Nec casiā liquidī corrumpitur ūsus olīvī—

At sēcūra quiēs, et nescia fallere vīta,   10
Dīves opum variārum, at lātīs ōtia fundīs,
Spēluncae, vīvīque lacūs, at frīgida Tempē,
Mūgītusque boûm mollesque sub arbore somnī
Nōn absunt; illīc saltūs ac lustra ferārum,
Et patiens operum exiguōque adsuēta iuventūs, 15
Sacra deûm sanctīque patrēs; extrēma per illōs
Iustitia excēdens terrīs vestīgia fēcit.

        VIRGIL, *Georgic* ii 458–474.

13. *The Praise of Literature* (1)

In 61 B.C. Cicero addressed a jury in defence of Archias, a Greek poet, who had taught Cicero in his youth. The speech deals mainly with the benefit and the pleasure which literature gives, to the orator, to the statesman, and to all men.

Quārē quis tandem mē reprehendat, aut quis mihi iūre suscenseat, sī, quantum cēterīs ad suās rēs obeundās, quantum ad festōs diēs lūdōrum celebrandōs, quantum ad aliās voluptātēs, et ad ipsam requiem animī et corporis, concēditur tem- 5 porum, tantum mihi egomet ad haec studia recolenda sumpserō? Atque hōc ideō mihi con- cēdendum est magis, quod ex hīs studiīs haec quoque crescit ōrātiō et facultās, quae, quanta- cumque in mē est, numquam amīcōrum perīculīs 10 dēfuit. Quae sī cui levior vidētur, illa quidem certē, quae summa sunt, ex quō fonte hauriam sentiō. Nam, nisi multōrum praeceptīs multīsque litterīs mihi ab adulescentiā suāsissem, nihil esse

15 in vītā magnopere expetendum nisi laudem atque
honestātem, in eā autem persequendā omnēs
cruciātūs corporis, omnia perīcula mortis atque
exiliī parva esse dūcenda, numquam mē prō salūte
vestrā in tot ac tantās dīmicātiōnēs atque in hōs
20 prōflīgātōrum hominum cotīdiānōs impetūs obiē-
cissem.   Sed plēnī sunt omnēs librī, plēnae
sapientium vōcēs, plēna exemplōrum vetustās;
quae iacērent in tenebrīs omnia, nisi litterārum
lūmen accēderet.   Quam multās nōbīs imāginēs,
25 nōn sōlum ad intuendum sed etiam ad imitandum,
fortissimōrum virōrum expressās, scriptōrēs et
Graecī et Latīnī relīquērunt!

Cicero, Pro Archia 13, 14.

14.   *The Praise of Literature* (2)

Not all great men have been learned, Cicero admits;
but he says that the best men are those who have added a
literary training to great natural gifts.   And a love of
books is the most permanent of all pleasures.

Quaeret quispiam : 'Quid? illī ipsī summī virī,
quōrum virtūtēs litterīs prōditae sunt, istāne doctrīnā, quam tū effers laudibus, ērudītī fuērunt?'
Difficile est hōc dē omnibus confirmāre; sed tamen
5 est certē quod respondeam.   Ego multōs hominēs
excellentī animō ac virtūte fuisse, et sine doctrīnā,
nātūrae ipsīus habitū prope dīvīnō, per sē ipsōs et
moderātōs et gravēs extitisse fateor; etiam illud
adiungō, saepius ad laudem atque virtūtem nātūram

sine doctrīnā quam sine nātūrā valuisse doctrīnam. 10
Atque īdem ego contendō, cum ad nātūram ex-
imiam atque illustrem accesserit ratiō quaedam
conformātiōque doctrīnae, tum illud nescio quid
praeclārum ac singulāre solēre existere. Ex hōc
esse hunc numerō, quem patrēs nostrī vīdērunt, 15
Africānum; ex hōc C. Laelium; ex hōc fortissimum
virum, et illīs temporibus doctissimum, M. Catōnem
illum senem. Quī profectō, si nihil ad percipien-
dam virtūtem litterīs adiuvārentur, numquam sē
ad eārum studium contulissent. Quod sī nōn hīc 20
tantus fructus ostenderētur, et sī ex hīs studiīs
delectātiō sōla peterētur, tamen, ut opīnor, hanc
animī adversiōnem hūmānissimam ac līberālissi-
mam iūdicārētis. Nam cēterae neque temporum
sunt neque aetātum omnium neque locōrum; haec 25
studia adulescentiam alunt, senectūtem oblectant,
secundās res ornant, adversīs perfugium ac sōlācium
praebent, dēlectant domī, nōn impediunt forīs,
pernoctant nōbiscum, peregrīnantur, rusticantur.

CICERO, *Pro Archia* 15, 16.

15. *Catullus to Cicero*

Catullus pays this pretty compliment to Cicero. Cicero
loved poetry; but he was not in the habit of quoting
contemporary poets and never alludes to Catullus.

Disertissime Rōmulī nepōtum,
Quot sunt quotque fuēre, Marce Tullī,

Quotque post aliīs erunt in annīs,
Grātiās tibi maximās Catullus
5 Agit, pessimus omnium poēta,
Tantō pessimus omnium poēta,
Quantō tū optimus omnium patrōnus.

CATULLUS xlix

16. *A Lover of Peace*

Tibullus, on his way to the wars, curses the man who first forged a sword.

Quis fuit, horrendōs prīmus quī prōtulit ensēs?
Quam ferus et vērē ferreus ille fuit!
Tum caedēs hominum generī, tum proelia nāta;
Tum brevior dīrae mortis aperta via est.
5 An nihil ille miser meruit, nōs ad mala nostra
Vertimus, in saevās quod dedit ille ferās?
Dīvitis hōc vitium est aurī; nec bella fuērunt,
Fāginus adstābat cum scyphus ante dapēs.
Nōn arcēs, nōn vallus erat, somnumque petēbat
10 Sēcūrus variās dux gregis inter ovēs.
Tum mihi vīta foret, vigilī nec tristia nossem
Arma, nec audissem corde micante tubam.
Nunc ad bella trahor; etiam quis forsitan hostis
Haesūra in nostrō tēla gerit latere.
15 Sed patriī servāte Larēs; aluistis et īdem,
Cursārem vestrōs cum tener ante pedēs.

TIBULLUS i 10, 1–14.

17. *A Woman's Desperate Deed*

Livy tells this tragical story, to shew the miseries
caused by the misrule of Philip, King of Macedonia.
The date is about 182 B.C.

Hērodicum, principem Thessalōrum, multīs
ante annīs Philippus occīderat; generōs quoque
ēius posteā interfēcit; in viduitāte relictae fīliae,
singulōs fīliōs parvōs habentēs.   Theoxena et
Archō nōmina iīs erant mulieribus.   Theoxena, 5
multīs petentibus, aspernāta nuptiās est; Archō
Poridī cuidam nupsit, et apud eum plūrēs ēnīsa
partūs, parvīs admodum relictīs omnibus, dēcessit.
Theoxena, ut in suīs manibus līberī sorōris ēducā-
rentur, Poridī nupsit, et, tamquam omnēs ipsa 10
ēnīsa foret, suum sorōrisque fīliōs in eādem habēbat
cūrā.   Postquam rēgis ēdictum dē comprehen-
dendīs līberīs eōrum, quī interfectī essent, accēpit,
ad rem atrōcem animum adiēcit, ausaque est dīcere,
sē suā manū potius omnēs interfectūram, quam in 15
potestātem Philippī venīrent.   Poris, abōminātus
mentiōnem tam foedī facinoris, Athēnās dēportā-
tūrum eōs ad fīdōs hospitēs dixit, comitemque
ipsum fugae futūrum esse.   Proficiscuntur ab Thes-
salonīcā Aeniam; ibi nāvem, praeparātam ā Poride, 20
de tertiā vigiliā conscendunt, tamquam reditūrī
Thessalonīcam; sed trāicere in Euboeam erat prōpositum.   Cēterum in adversum ventum nēquīquam
eōs tendentēs prope terram lux oppressit; et rēgiī,
quī praeerant custōdiae portūs, lembum armātum 25

ad comprehendendam eam nāvim mīsērunt. Cum
iam appropinquābant, Poris quidem ad hortātiōnem
rēmigum nautārumque intentus erat; interdum,
manūs ad caelum tendens, deōs, ut ferrent opem,
30 ōrābat. Ferox interim fēmina, ad multō ante
praecōgitātum revolūta facinus, venēnum dīluit
ferrumque prōmit, et, positō in conspectū pōculō
strictīsque gladiīs, 'Mors' inquit 'ūna vindicta
est. Viae ad mortem hae sunt; quā quemque
35 animus fert, effugite superbiam rēgiam. Agite,
iuvenēs meī, prīmum, quī maiōres estis, capite
ferrum, aut haurīte pōculum, sī segnior mors
iuvat.' Et hostēs aderant, et auctor mortis in-
stābat. Aliī aliō lētō absumptī sēmianimēs ē
40 nāve praecipitantur. Ipsa deinde virum, comitem
mortis, complexa, in mare sēsē dēiēcit. Nāve,
vacuā dominīs, rēgiī potītī sunt.

LIVY xl 4, 2.

18. *The Building of Carthage*

Aeneas and his company, after a terrible storm, reach
the coast of Africa. They climb a hill, from which they
see the Tyrians busy in building the city of Carthage.

Corripuēre viam intereā, quā sēmita monstrat.
Iamque ascendēbant collem, quī plūrimus urbī
Imminet adversasque aspectat dēsuper arcēs.
Mīrātur mōlem Aenēas, māgālia quondam;
5 Mīrātur portās, strepitumque, et strāta viārum
Instant ardentēs Tyriī pars dūcere mūrōs

Mōlīrīque arcem et manibus subvolvere saxa,
Pars optāre locum tectō et conclūdere sulcō.
Hīc portūs aliī effodiunt, hīc alta theātrī
Fundāmenta locant aliī, immānēsque columnās 10
Rūpibus excīdunt, scaenīs decora alta futūrīs.
Quālis apēs, aestāte novā, per flōrea rūra
Exercet sub sōle labor, cum gentis adultōs
Ēdūcunt fētūs, aut cum līquentia mella
Stīpant, et dulcī distendunt nectare cellās, 15
Aut onera accipiunt venientum, aut, agmine factō,
Ignāvum fūcōs pecus ā praesēpibus arcent.
Fervet opus, redolentque thymō frāgrantia mella.

VIRGIL, Aeneid i 418–436.

19. *Drowned at Sea*

Paetus was drowned at sea on the voyage to Egypt.
His death was due to his wish to make money.

Ergō sollicitae tū causa, pecūnia, vitae es!
    Per tē immātūrum mortis adīmus iter.
Tū vitiīs hominum crūdēlia pābula praebēs;
    Sēmina cūrārum dē capite orta tuō.
Tū Paetum, ad Phariōs tendentem lintea portūs, 5
    Obruis insānō terque quaterque marī.
Nam, dum tē sequitur, prīmō miser excidit aevō,
    Et nova longinquīs piscibus esca natat;
Et māter nōn iusta piae dare dēbita terrae,
    Nec pote cognātōs inter humāre rogōs; 10

18   *A Woman's Brave Deed*

Sed tua nunc volucrēs adstant super ossa marīnae;
    Nunc tibi prō tumulō Carpathium omne mare
    est.
Infēlix Aquilō, raptae timor Orīthyīae,
    Quae spolia ex illō tanta fuēre tibi ?
15 Aut quidnam fractā gaudēs, Neptūne, carīnā ?
    Portābat sanctōs alveus ille virōs.
Paete, quid aetātem numerās ? Quid cāra natantī
    Māter in ōre tibi est ? Nōn habet unda deōs.

                        PROPERTIUS iv 7, 1–18.

20. *A Woman's Brave Deed*

Pliny remarks that courageous actions, if performed by
obscure persons, do not gain their due reward of fame.

Quam multum interest, ā quō quidque fīat !
Eadem enim facta, clāritāte vel obscūritāte faci-
entium, aut tolluntur altissimē aut humillimē
dēprimuntur. Nāvigābam per Lārium nostrum,
5 cum senior amīcus ostendit mihi villam atque
etiam cubiculum, quod in lacum prōminet; ' Ex
hōc ' inquit ' aliquandō mūniceps nostra cum
marītō se praecipitāvit.' Causam requīsīvi. Marītus ex diūtinō morbō ulceribus putrescēbat; uxor,
10 ut inspiceret, exēgit; neque enim quemquam fidē-
lius indicātūrum, possetne sānārī. Vīdit, dēspērāvit;
hortāta est ut morerētur, comesque ipsa mortis,
dux immō et exemplum et necessitās, fuit. Nam
sē cum marītō ligāvit abiēcitque in lacum. Quod

factum nē mihi quidem, quī mūniceps, nisi proximē 15
audītum est, nōn quia minus illō clārissimō Arriae
factō, sed quia minor ipsa.   Valē.

PLINY, *Letters* vi 24.

21. *An Irrelevant Speaker*

Martial complains that the barrister, whom he has
employed, will not speak about the facts of the case
and prefers to declaim on events of past history.

Nōn dē vī neque caede nec venēnō
Sed līs est mihi dē tribus capellīs.
Vīcīnī queror hās abesse furtō ;
Hōc iūdex sibi postulat probārī.
Tū Cannās Mithridāticumque bellum
Et periūria Pūnicī furōris
Et Sullās Mariōsque Mūciōsque
Magnā vōce sonās manūque tōtā.
Iam dīc, Postume, dē tribus capellīs.

MARTIAL vi 19.

22. *Dulce et Decorum est pro Patria Mori*

In April 43 B.C. Antony was defeated by the forces of
the senate which included the legion called *Martia*.
When the news reached Rome, Cicero made his last
speech in the senate, including this noble address to the
soldiers who had fallen.

Ō fortūnāta mors, quae, nātūrae dēbita, prō
patriā est potissimum reddita ! Vōs vērō patriae
nātōs iūdicō ; quōrum etiam nōmen ā Marte est,
ut īdem deus urbem hanc gentibus, vōs huic urbī,

5 genuisse videātur. In fugā foeda mors est, in victōriā glōriōsa; etenim Mars ipse ex aciē fortissimum quemque pignerārī solet. Illī igitur impiī, quōs cecīdistis, etiam ad inferōs poenās parricīdiī luent; vōs vērō, quī extrēmum spīritum 10 in victōriā effūdistis, piōrum estis sēdem et locum consecūtī. Brevis ā nātūrā nōbīs vīta data est; at memoria bene redditae vītae sempiterna; quae sī nōn esset longior quam haec vīta, quis esset tam āmens, quī maximīs labōribus et perīculīs ad 15 summam laudem glōriamque contenderet? Actum igitur praeclārē vōbīscum, fortissimī, dum vixistis, nunc vērō etiam sanctissimī mīlitēs, quod vestra virtūs neque oblīviōne eōrum, quī nunc sunt, nec reticentiā posterōrum sepulta esse poterit, cum vōbīs 20 immortāle monimentum suīs paene manibus senātus populusque Rōmānus exstruxerit. Multī saepe exercitūs Pūnicīs, Gallicīs, Italicīs bellīs clārī et magnī fuērunt, nec tamen ullīs tāle genus honōris tribūtum est. Atque utinam māiōra possēmus, 25 quandoquidem ā vōbīs maxima accēpimus! Vōs ab urbe furentem Antōnium āvertistis; vōs redīre mōlientem reppulistis. Erit igitur exstructa mōlēs opere magnificō, incīsaeque litterae, dīvīnae virtūtis testēs sempiternae; numquamque dē vōbīs eōrum, 30 quī aut vidēbunt vestrum monimentum aut audient, grātissimus sermō conticescet. Ita pro mortālī condiciōne vītae immortālitātem estis consecūtī.

Cicero, *Philippic* xiv 32, 33.

23.   *Sheep and Oxen*

Mere gratitude should make it impossible for man to
kill sheep and oxen for food, those animals which in life
feed him with their milk, clothe him with their wool,
plough his fields, and carry home his harvest.

Quid   meruistis,   ovēs,   placidum   pecus,   inque
    tuendōs
Nātum hominēs, plēnō quae fertis in ūbere nectar,
Mollia quae nōbīs vēstrās vēlāmina lānās
Praebētis, vītāque magis quam morte iuvātis?
Quid meruēre bovēs, animāl sine fraude dolīsque,   5
Innocuum, simplex, nātum tolerāre labōrēs?
Immemor est dēmum, nec frūgum mūnere dignus,
Quī potuit, curvī demptō modo pondere arātrī,
Rūricolam mactāre suum; quī trīta labōre
Illa, quibus totiens dūrum renovāverat arvum,   10
Condiderat messēs, percussit colla secūrī.
Nec satis est, quod tāle nefās committitur: ipsōs
Inscripsēre deōs scelerī, nūmenque supernum
Caede labōriferī crēdunt gaudēre iuvencī.
          OVID, *Metamorphoses* xv 116–129.

24.   *The Dead Sparrow*

Lesbia, whom Catullus loved, had lost her pet sparrow;
and upon this little sparrow, dead nearly 2000 years ago,
this famous and lovely poem was written.

Lūgēte, Ō Venerēs Cupīdinēsque,
Et quantum est hominum venustiōrum !
Passer mortuus est meae puellae,

Passer, dēliciae meae puellae,
5 Quem plūs illa oculīs suīs amābat;
Nam mellītus erat, suamque nōrat,
Ipsam tam bene quam puella mātrem,
Nec sēsē ā gremiō illius movēbat,
Sed, circumsiliens modo hūc, modo illūc,
10 Ad sōlam dominam usque pīpiābat.
Quī nunc it per iter tenēbricōsum
Illūc, unde negant redīre quemquam.
  At vōbīs male sit, malae tenēbrae
Orcī, quae omnia bella dēvorātis!
15 Tam bellum mihi passerem abstulistis.
Vae factum male! Vae miselle passer!
Tuā nunc operā meae puellae
Flendō turgidulī rubent ocellī.

                              CATULLUS iii.

25. *An Epitaph*

The epitaph was written for the tomb of Paris, a
famous actor, who was buried by the side of the *Via
Flaminia*, the great road leading from Rome to the north.

Quisquis Flāminiam teris, viātor,
Nōlī nōbile praeterīre marmor.
Urbis dēliciae salēsque Nīlī,
  Ars et grātia, lūsus et voluptās,
5 Rōmānī decus et dolor theātrī,
Atque omnēs Venerēs Cupīdinēsque
Hōc sunt condita, quō Paris, sepulcrō.

                              MARTIAL xi 13.

26. *Hannibal and Africanus*

This conversation took place about 193 B.C. when
Hannibal was an exile at the court of Antiochus and
Scipio Africanus came there on an embassy.

Hannibal implies that his conqueror, Scipio, is the
greatest of all military commanders.

Claudius P. Africānum in eā fuisse lēgātiōne
trādit, eumque Ephesī collocūtum cum Hannibale,
et sermōnem ūnum etiam refert: quaerentī Africānō,
quem fuisse maximum imperātōrem Hannibal crēderet, respondisse, Alexandrum Macedonum rēgem, 5
quod parvā manū innumerābilēs exercitūs fūdisset,
quodque ultimās orās, quās vīsere suprā spem
hūmānam esset, peragrasset. Quaerentī deinde,
quem secundum pōneret, Pyrrhum dixisse; castra
mētārī prīmum docuisse; ad hōc nēminem ēle- 10
gantius loca cēpisse, praesidia disposuisse; artem
etiam conciliandī sibi hominēs eam habuisse, ut
Italicae gentēs rēgis externī quam populī Rōmānī,
tam diū principis in eā terrā, imperium mallent.
Exsequentī, quem tertium dūceret, haud dubiē 15
sēmet ipsum dixisse. Tum rīsum obortum
Scīpiōnī, et subiēcisse: 'Quidnam tu dīcerēs, sī
mē vīcissēs?' 'Tum vērō mē' inquit 'et ante
Alexandrum et ante Pyrrhum et ante aliōs omnēs
imperātōrēs esse.'   20

LIVY XXXV 14, 5.

27. *The Good Old Days*

Horace has traced the disasters of Rome to the low standard of family life, and here says that the Italian soldiers, who beat all invaders, were born of very different parents and brought up in a very different way.

Nōn hīs iuventūs orta parentibus
Infēcit aequor sanguine Pūnicō,
    Pyrrhumque et ingentem cecīdit
        Antiochum Hannibalemque dīrum;

5 Sed rusticōrum mascula mīlitum
Prōlēs, Sabellīs docta ligōnibus
    Versāre glaebās, et sevērae
        Mātris ad arbitrium recīsōs

Portāre fustēs, sōl ubi montium
10 Mūtāret umbrās et iuga dēmeret
    Bōbus fatīgatīs, amīcum
        Tempus agens abeunte currū.

HORACE, *Odes* iii 6, 33–44.

28. *The Creation of Animals*

Each of the three divisions of this world, the earth, the sea, the sky, received at the beginning creatures to dwell in it. The highest of the animals, Man, was made either by the divine Creator, or by Prometheus out of earth and water, in order to rule all the rest.

Neu regiō foret ulla suīs animantibus orba,
Astra tenent caeleste solum formaeque deōrum,
Cessērunt nitidīs habitandae piscibus undae,

Terra ferās cēpit, volucrēs agitābilis āër.
Sanctius hīs animāl mentisque capācius altae   5
Deerat adhūc, et quod dominārī in cētera posset.
Nātus homo est; sīve hunc dīvīnō sēmine fēcit
Ille opifex rērum, mundī meliōris orīgō,
Sīve recens tellūs, sēductaque nūper ab altō
Aethere, cognātī retinēbat sēmina caelī;   10
Quam satus Īapetō, mixtam fluviālibus undīs,
Finxit in effigiem moderantum cuncta deōrum.
Prōnaque cum spectent animālia cētera terram,
Ōs hominī sublīme dedit, caelumque tuērī
Iussit, et ērectōs ad sīdera tollere vultūs.   15

OVID, *Metamorphoses* i 72–86.

29. *Cato welcomes Death*

Cicero here represents Cato the Censor in old age
as ready to die, and unwilling, if it were possible, to
live his life over again.

Sī quis deus mihi largiātur ut ex hāc aetāte
repuerascam et in cūnīs vāgiam, valdē recūsem,
nec vērō velim quasi dēcursō spatiō ad carcerēs ā
calce revocārī.   Quid enim habet vīta commodī?
Quid nōn potius labōris?   Sed habeat sānē, habet 5
certē tamen aut satietātem aut modum.   Nōn
libet enim mihi dēplōrāre vītam, neque mē vixisse
paenitet, quoniam ita vixī, ut nōn frustrā mē
nātum existimem; et ex vītā ita discēdō, tamquam ex hospitiō, nōn tamquam ē domō; com- 10
morandī enim nātūra dēvorsōrium nōbīs, nōn

habitandī, dedit. Ō praeclārum diem, cum in
illud dīvīnum animōrum concilium coetumque
proficiscar, cumque ex hāc turbā et colluviōne
15 discēdam ! Proficiscar enim nōn ad eōs sōlum
virōs, dē quibus ante dixī, vērum etiam ad
Catōnem meum, quō nēmō vir melior nātus est,
nēmō pietāte praestantior; cūius ā mē corpus est
cremātum—quod contrā decuit ab illō meum—,
20 animus vērō, nōn mē dēserens sed respectans, in ea
profectō loca discessit, quō mihi ipsī cernēbat esse
veniendum. Quem ego meum cāsum fortiter ferre
vīsus sum, nōn quō aequō animō ferrem, sed mē
ipse consōlābar, existimans nōn longinquum inter
25 nōs dīgressum et discessum fore.

CICERO, *De Senectute 83, 84.*

30. *A Social Pest*

Ligurinus, though a worthy man, inspires terror
because he insists on reciting his own poetry in and
out of season.

> Occurrit tibi nēmo quod libenter,
> Quod, quācunque venīs, fuga est et ingens
> Circā tē, Ligurīne, sōlitūdō,
> Quid sit, scīre cupis? Nimis poēta es.
> 5 Hoc valdē vitium perīculōsum est.
> Nōn tīgris catulīs citāta raptīs,
> Nōn dipsas, mediō perusta sōle,
> Nec sīc scorpios improbus timētur.
> Nam tantōs, rogo, quis ferat labōrēs?

Et stantī legis, et legis sedentī; 10
In thermās fugiō: sonās ad aurem.
Piscīnam peto: nōn licet natāre.
Ad cēnam properō: tenēs euntem.
Ad cēnam veniō: fugās edentem.
Lassus dormio: suscitās iacentem. 15
Vīs, quantum faciās malī, vidēre?
Vir iustus, probus, innocens, timēris.

MARTIAL iii **44.**

81. *Hannibal and Rome*

Antiochus, King of Syria, was now (B.C. 193) on the
eve of war with Rome. Hannibal, an exile at his court,
had lost favour with Antiochus, because of some inter-
views he had held with Villius, a Roman ambassador.
He states here his undying hostility to Rome.

Hannibal nōn adhibitus est in consilium,
propter colloquia cum Villiō suspectus rēgī et
in nullō posteā honōre habitus. Prīmō eam con-
tumēliam tacitus tulit; deinde melius esse ratus
et percunctārī causam repentīnae aliēnātiōnis et 5
purgāre sē, tempore aptō quaesītā simpliciter
īrācundiae causā audītāque, 'Pater Hamilcar,'
inquit, 'Antioche, parvum admodum mē, cum
sacrificāret, altāribus admōtum iūreiūrandō adēgit,
nunquam amīcum fore populī Rōmānī. Sub hōc 10
sacrāmentō sex et trīgintā annōs mīlitāvī; hōc mē
in pāce patriā meā expulit; hōc patriā extorrem
in tuam rēgiam adduxit; hōc duce, sī tū spem

meam destitueris, ubicumque vīrēs, ubi arma esse
15 sciam, inveniam tōtō orbe terrārum quaerens aliquōs Rōmānīs hostēs. Ōdī odiōque sum Rōmānīs.
Id mē vērum dīcere pater Hamilcar et deī testēs
sunt. Proinde, cum dē bellō Rōmānō cōgitābis,
inter prīmōs amīcōs Hannibalem habētō; sī qua
20 rēs tē ad pācem compellet, in id consilium, alium,
cum quō dēlīberēs, quaeritō.' Nōn mōvit modo
tālis ōrātiō rēgem sed etiam reconciliāvit Hannibalī.

LIVY xxxv 19.

32. *The Rape of Persephonē*

Persephone (also called Proserpīna) went with her
mother, Ceres, to Sicily, and, while gathering flowers at
Henna, was carried off by Pluto.

Terra tribus scopulīs vastum prōcurrit in aequor
    Trīnacris, ā positū nōmen adepta locī.
Grāta domus Cererī; multās ea possidet urbēs,
    In quibus est cultō fertilis Henna solō.
5 Frīgida caelestum mātrēs Arethūsa vocârat:
    Vēnerat ad sācras et dea flāva dapēs.
Fīlia, consuētīs ut erat comitāta puellīs,
    Errābat nūdō per sua prāta pede.
Valle sub umbrōsā locus est aspergine multā
10   Ūvidus ex altō dēsilientis aquae.
Tot fuerant illic, quot habet nātūra, colōrēs,
    Pictaque dissimilī flōre nitēbat humus.
Quam simul aspexit, 'Comitēs, accēdite!' dixit
    'Et mēcum plēnōs flōre referte sinūs.'

Praeda puellārēs animōs prōlectat inānis,⠀⠀⠀15
⠀⠀Et nōn sentītur sēdulitāte labor.
Carpendī studiō paulātim longius ītur,
⠀⠀Et domināin cāsū nulla secūta comes.
Hanc videt et vīsam patruus vēlōciter aufert,
⠀⠀Regnaque caeruleīs in sua portat equīs.⠀⠀20
Illa quidem clāmābat, 'Iō, cārissima māter,
⠀⠀Auferor!', ipsa suōs absciderataue sinūs.
Panditur intereā Dītī via; namque diurnum
⠀⠀Lūmen inadsuētī vix patiuntur equī.
At chorus aequālis, cumulātae flōre ministrae,⠀⠀25
⠀⠀'Persephonē,' clāmant 'ad tua dōna venī!'
⠀⠀⠀⠀⠀Ovid, *Fasti* iv 419–434; 443–452.

33. *A Father's Charge*

Aegeus, king of Athens, on parting with his son
Theseus, who was going to Crete to fight with the
Minotaur, hung black sails upon the ship, and told
Theseus to hoist white sails instead, if he came home
victorious.

Nāte, mihī longā iūcundior, ūnice, vītā,
Nāte, ego quem in dubiōs cōgor dīmittere cāsūs,
Reddite in extrēmā nūper mihi fīne senectae,
Quandoquidem fortūna mea ac tua fervida virtūs
Ēripit invītō mihi tē, cui languida nondum⠀⠀5
Lūmina sunt nātī cārā satiāta figūrā,
Nōn ego tē gaudens laetantī pectore mittam,
Nec tē ferre sinam fortūnae signa secundae;
Sed prīmum multās exprōmam mente querellās,
Cānitiem terrā atque infūsō pulvere foedans;⠀⠀10

Inde infecta vagō suspendam lintea mālō,
Nostrōs ut luctūs nostraeque incendia mentis
Carbasus obscūrāta dicet ferrūgine Hibērā.
Quod tibi si sanctī concesserit incola Itōnī,
15 Quae nostrum genus ac sēdēs dēfendere Erechthī
Adnuit, ut taurī respergās sanguine dextram,
Tum vērō facitō ut memorī tibi condita corde
Haec vigeant mandāta, nec ulla oblitteret aetās;
Ut, simul ac nostrōs invīsent lūmina collēs,
20 Fūnestam antennae dēpōnant undique vestem,
Candidaque intortī sustollant vēla rudentēs;
Quam prīmum cernens ut laetā gaudia mente
Agnoscam, cum tē reducem aetās prospera sistet

CATULLUS lxiv 215–237.

34. *Breathes there the Man with Soul so dead?*

Atticus and Cicero are together at Arpinum. Atticus
admires the simple and natural beauty of the place; Cicero
adds that he has a personal reason for loving it, because it
is his birthplace.

Atticus. Sed visne, quoniam et satis iam am-
bulātum est et tibi aliud dīcendī initium sūmendum
est, locum mūtēmus, et in insulā, quae est in
Fibrēnō (nam hōc, opīnor, illī alterī flūminī nōmen
5 est) sermōnī reliquō dēmus operam sedentēs?

Cicero. Sānē quidem; nam illō locō libentissimē soleō ūtī, sīve quid mēcum ipse cōgitō,
sīve quid scrībō aut legō.

Atticus. Equidem satiārī nōn queō, magnifi-
10 casque villās et pavīmenta marmorea et laqueāta

tecta contemnō ; ductūs vērō aquārum quis nōn,
cum haec videat, inrīserit? Itaque, ut tū paulō
ante, dē lēge et dē iūre disserens, ad nātūram
referēbās omnia, sīc in hīs ipsīs rēbus, quae ad
requiētem animī dēlectātiōnemque quaeruntur, 15
nātūra dominātur. Anteā mīrābar, tē tam valdē
hōc locō dēlectārī ; nunc contrā mīror, tē, cum
Rōmā absīs, usquam potius esse.

Cicero. Ego vērō, cum licet plūrēs diēs abesse,
praesertim hōc tempore annī, et amoenitātem hanc 20
et salubritātem sequor ; rārō autem licet. Sed
nīmīrum mē alia quoque causa dēlectat, quae tē
nōn attingit.

Atticus. Quae tandem ista causa est?

Cicero. Quia, si vērum dīcimus, haec est mea 25
et hūius frātris meī germāna patria ; hīc enim ortī
stirpe antīquissimā sumus ; hīc sacra, hīc genus,
hīc māiōrum multa vestīgia. Quid plūra? Hanc
vidēs villam, ut nunc quidem est, lautius aedifi-
cātam patris nostrī studiō, quī, cum esset infirmā 30
valētūdine, hīc ferē aetātem ēgit in litterīs ; sed
hōc ipsō in locō, cum avus vīveret et antīquō mōre
parva esset villa, mē scītō esse nātum. Quārē inest
nescio quid et latet in animō ac sensū meō, quō mē
plūs hic locus fortasse dēlectet, siquidem etiam ille 35
sapientissimus vir, Ithacam ut vidēret, immortālitātem scrībitur repudiasse.

Atticus. Ego vērō tibi istam iustam causam
puto, cūr hūc libentius veniās atque hunc locum
dīligās.   40

CICERO, *De Legibus* ii 1–4.

35. *The Praise of Italy* (1)

No land on earth can rival Italy : her soil is the most
fertile ; no wild beasts or poisonous plants or deadly
serpents are found in her borders.

Sed neque Mēdōrum silvae, dītissima terra,
Nec pulcher Gangēs atque aurō turbidus Hermus
Laudibus Ītaliae certent, nōn Bactra, neque Indī,
Tōtaque tūriferīs Panchāïa pinguis harēnīs.
5 Haec loca nōn taurī, spīrantēs nāribus ignem,
Invertēre, satīs immānis dentibus hȳdrī,
Nec galeīs densisque virûm seges horruit hastīs ;
Sed gravidae frūgēs et Bacchī Massicus ūmor
Implēvēre, tenent oleae armentaque laeta.
10 Hinc bellātor equus campō sēsē arduus infert ;
Hinc albī, Clītumne, gregēs et maxima taurus
Victima, saepe tuō perfūsī flūmine sācrō,
Rōmānōs ad templa deûm duxēre triumphōs.
Hīc vēr assiduum atque aliēnīs mensibus aestās,
15 Bis gravidae pecudēs, bis pōmīs ūtilis arbos.
At rabidae tīgrēs absunt et saeva leōnum
Sēmina, nec miserōs fallunt aconīta legentēs ;
Nec rapit immensōs orbēs per humum neque tantō
Squāmeus in spīram tractū sē colligit anguis.

VIRGIL, *Georgic* ii 136–154.

36. *The Praise of Italy* (2)

Italy too has noble cities, rivers, seas, lakes, and harbours; she has mines and metals; but her chief glory is her breed of men.

Adde tot ēgregiās urbēs operumque labōrem,
Tot congesta manū praeruptīs oppida saxīs,
Flūminaque, antīquōs subterlābentia mūrōs.
An mare, quod sūprā, memorem, quodque alluit
    infrā?
Anne lacūs tantōs, tē, Lārī maxime, tēque,   5
Fluctibus et fremitū adsurgens Bēnāce marīnō?
An memorem portūs Lūcrīnōque addita claustra,
Atque indignātum magnīs strīdōribus aequor,
Iūlia quā pontō longē sonat unda refūsō,
Tyrrhēnusque fretīs immittitur aestus Avernīs? 10
Haec eadem argentī rīvōs aerisque metalla
Ostendit vēnīs, atque aurō plūrima fluxit.
Haec genus ācre virûm, Marsōs, pūbemque Sabel-
    lam,
Adsuētumque malō Ligurem, Volscōsque verūtōs
Extulit, haec Deciōs, Mariōs, magnōsque Camillōs, 15
Scīpiadās dūrōs bellō, et tē, maxime Caesar,
Quī nunc extrēmīs Asiae iam victor in ōrīs
Imbellem āvertis Rōmānīs arcibus Indum.
    Sālvē, magna parens frūgum, Sāturnia tellūs,
Magna virûm! Tibi rēs antīquae laudis et artis 20
Ingredior, sanctōs ausus reclūdere fontēs,
Ascraeumque canō Rōmāna per oppida carmen.
        VIRGIL, *Georgic* ii 155–176.

37. *Philopoemen and the Achaean League*

In 192 B.C. the Achaean League, meeting under their
president, Philopoemen, declared war with Sparta, against
the advice of Flamininus.

Titus Quinctius Flamininus, who defeated Philip, king
of Macedonia, at Cynoscephalae (B.C. 197), was regarded
by the Greeks in general as their patron and protector.

Achaeī, nōn anteā ausī capessere bellum quam
ab Rōmā revertissent lēgātī, ut, quid senātuī
placēret, scīrent, post reditum lēgātōrum concilium ēdixērunt, et lēgātōs ad T. Quinctium
5 mīsērunt, quī consilium ab eō peterent. In conciliō omnium ad bellum extemplō capessendum
inclīnātae sententiae erant; litterae T. Quinctī
cunctātiōnem iniēcērunt, quibus auctor erat praetōrem classemque Rōmānam expectandī. Cum
10 principum aliī in sententiā permanērent, aliī
ūtendum ēius, quem ipsī consuluissent, consiliō
censērent, multitūdō Philopoemenis sententiam
expectābat. Praetor is tum erat, et omnēs eō
tempore et prūdentiā et auctōritāte anteībat. Is,
15 praefātus bene comparātum apud Aetōlōs esse, nē
praetor, cum dē bellō consuluisset, ipse sententiam
dīceret, statuere quam prīmum ipsōs, quid vellent,
iussit: praetōrem dēcrēta eōrum cum fidē et cūrā
exsecūtūrum, adnīsūrumque, ut, quantum in con-
20 siliō hūmānō positum esset, nec pācis eōs paenitēret
nec bellī. Plūs ea ōrātiō mōmentī ad incitandōs

ad bellum habuit, quam sī apertē suādendō cupiditātem rēs gerendī ostendisset. Itaque ingentī
consensū bellum dēcrētum est, tempus et ratiō
administrandī ēius lībera praetōrī permissa. 25

LIVY XXXV 25, 3–10.

38. *The Danger of Jealousy* (1)

Procris, believing that her husband, Cephalus, was
deceiving her and loved another woman, came to spy
upon him where he was resting after the chase.

Nē cito crēdideris : quantum cito crēdere laedat,
  Exemplum vōbīs nōn leve Prōcris erit.
Est prope purpureōs collēs flōrentis Hymettī
  Fons sacer et viridī caespite mollis humus;
Silva nemus nōn alta facit; tegit arbutus herbam; 5
  Rōs maris et laurī nīgraque myrtus olent.
Lēnibus impulsae zephyrīs aurāque salūbrī
  Tot generum frondēs herbaque summa tremit.
Grāta quiēs Cephalō; famulīs canibusque relictīs,
  Lassus in hāc iuvenis saepe resēdit humō, 10
'Quae'que ' meōs relevēs aestūs,' cantāre solēbat,
  ' Accipienda sinū, mōbilis aura, venī.'
Coniugis ad timidās aliquis male sēdulus aurēs
  Audītōs memorī dētulit ōre sonōs.
Prōcris ut accēpit nōmen, quasi paelicis, Aurae, 15
  Excidit, et subitō mūta dolōre fuit.
Ut rediit animus, tenuēs ā pectore vestēs
  Rumpit, et indignās sauciat ungue genās.
Nec mora, per mediās passīs furibunda capillīs
  Ēvolat, ut thyrsō concita Baccha, viās. 20

Ut prope perventum, comitēs in valle relinquit;
 Ipsa nemus tacitō clam pede fortis init.
Quid tibi mentis erat, cum sīc male sāna latērēs,
 Prōcri, quis attonitī pectoris ardor erat?
25 Iam iam ventūram, quaecumque erat Aura, putā-
 bas
 Scīlicet, atque oculīs prōbra videnda tuīs.

OVID, *Ars Amatoria* iii 685–690;
692–702; 707–716.

39. *The Danger of Jealousy* (2)

Cephalus, hearing a rustling in the bushes, shot an
arrow at what he supposed to be some wild animal, and
killed Procris.

Ecce, redit Cephalus silvīs, Cyllēnia prōlēs,
 Ōraque fontānā fervida pulsat aquā.
Anxia Prōcri, latēs; solitās iacet ille per herbās,
 Et 'Zephyrī mollēs auraque' dixit 'ades!'
5 Ut patuit miserae iūcundus nōminis error,
 Et mens et rediit vērus in ōra color.
Surgit, et oppositās agitātō corpore frondēs
 Mōvit, in amplexūs uxor itūra virī.
Ille, feram mōvisse ratus, iuvenāliter artūs
10 Corripit; in dextrā tēla fuēre manū.
Quid facis, infēlix? Nōn est fera, supprime tēla!
 Mē miserum! iaculō fixa puella tuō est.
'Ei mihi' conclāmat, 'fixistī pectus amīcum;
 Hīc locus ā Cephalō vulnera semper habet.

Ante diem morior, sed nullā paelice laesa ;   15
Hoc faciet positae tē mihi, terra, levem.
Nōmine suspectās iam spīritus exit in aurās ;
Lābor, iō ! cārā lūmina conde manū !'
Dixit, et incautō paulātim pectore lapsus
Excipitur miserī spīritus ōre virī.   20
Ille sinū dominae morientia corpora maestō
Sustinet, et lacrimīs vulnera saeva lavat.

OVID, Ars Amatoria iii 725–746.

40. *A Lesson in Modesty*

Cicero spent the year 75 B.C. as a young magistrate at
Lilybaeum in Sicily.   On his return he was disconcerted
to find how little people in Italy realised where he had
been and what he had been doing.

Cicero told this pleasant story at his own expense in a
speech addressed to a jury in 54 B.C.

Ita multa Rōmae geruntur, ut vix ea, quae
fīunt in prōvinciīs, audiantur.   Nōn vereor nē
mihi aliquid, iūdicēs, videar arrogāre, sī dē quaestūrā meā dixerō ; quamvīs enim illa flōruerit,
tamen eum me posteā fuisse in maximīs imperiīs 5
arbitror, ut nōn ita multum mihi glōriae sit ex
quaestūrae laude repetendum ; sed tamen nōn
vereor nē quis audeat dīcere, ullīus in Siciliā
quaestūram aut clāriōrem aut grātiōrem fuisse.
Vērē mehercule hōc dīcam : sīc tum existimābam, 10
nihil hominēs aliud Rōmae nisi dē quaestūrā meā
loquī.   Frūmentī in summā cāritāte maximum

numerum mīseram : negōtiātōribus cōmis, mercātōribus iustus, mancipibus līberālis, sociīs abstinens,
15 omnibus eram vīsus in omnī officiō dīligentissimus.
Excōgitātī quīdam erant ā Siculīs honōrēs in mē
inaudītī. Itaque hāc spē dēcēdēbam, ut mihi
populum Rōmānum ūltrō omnia dēlātūrum pu-
tārem. At ego cum cāsù diēbus eīs dēcēdens ē
20 prōvinciā Puteolōs forte vēnissem, cum plurimī et
lautissimī in eīs locīs solent˘ esse, concidī paene,
iūdicēs, cum ex mē quīdam quaesisset, quō diē
Rōmā exissem, et numquid esset novī. Cui cum
respondissem, mē ē prōvinciā dēcēdere, ' Etiam, me-
25 hercule,' inquit, ' ut opīnor, ex Africā.' Huic ego
iam stomachans fastīdiōsē 'Immō ex Siciliā' inquam.
Tum quīdam, quasi quī scīret, ' Quid ? tū nescīs '
inquit ' hunc quaestōrem Syrācūsīs fuisse ? ' Quid
multa ? Destitī stomachārī et mē ūnum ex eīs
30 fēcī, quī ad aquās vēnissent.

CICERO, *Pro Plancio* 63–65.

41. *Cynthia's Birthday*

**Propertius sends good wishes to Cynthia for her birth-
day.**

Mīrābar, quidnam mīsissent māne Camēnae,
 Ante meum stantēs sōle rubente torum.
Nātālis nostrae signum mīsēre puellae,
 Et manibus faustōs ter crepuēre sonōs.
5 Transeat hīc sine nūbe diēs ; stent āëre ventī ;
 Pōnat et in siccō molliter unda minās.

Adspiciam nullōs hodiernā lūce dolentēs,
  Et Niobēs lacrimās supprimat ipse lapis;
Alcyonum positīs requiescant ōra querellīs;
  Increpet absumptum nec sua māter Ityn.   10
Tūque, ō cāra mihī, fēlīcibus ēdita pinnīs,
  Surge, et poscentēs iusta precāre deōs.
Ac prīmum pūrā somnum tibi discute lymphā,
  Et nitidās pressō pollice finge comās.
Dein, quā prīmum oculōs cēpistī veste Propertī, 15
  Indue, nec vacuum flōre relinque caput.
Et pete, quā pollēs, ut sit tibi forma perennis,
  Inque meum semper stent tua regna caput.

Propertius iv 10, 1–18.

42.   *A Studious Sportsman*

Pliny tells Tacitus, the famous historian, who was his
friend and contemporary, how he has contrived to combine
study with sport. He seems to have bagged his boars
with very little exertion.

Rīdēbis, et licet rīdeās. Ego ille, quem nôstī,
aprōs trēs et quidem pulcherrimōs cēpī. Ipse?
inquis. Ipse; nōn tamen ut omnīnō ab inertiā
meā et quiēte discēderem. Ad rētia sedēbam;
erat in proximō non vēnābulum aut lancea sed 5
stilus et pugillārēs; meditābar aliquid ēnotā-
bamque, ut, sī manūs vacuās, plēnās tamen cērās
reportārem. Nōn est quod contemnās hōc studendī
genus: mīrum est, ut animus agitātiōne mōtūque

10 corporis excitētur. Iam undique silvae et sōlitūdō
ipsumque illud silentium, quod vēnātiōnī datur,
magna cōgitātiōnis incitāmenta sunt. Proinde,
cum vēnābere, licēbit, auctōre mē, ut pānārium
et laguncolam, sīc etiam pugillārēs ferās; ex-
15 periēris, non Diānam magis montibus quam
Minervam inerrāre. Valē.

PLINY, *Letters* i 6.

43. *Alphēus and Arethusa*

The nymph Arethusa tells how the river Alpheus loved
her and told his love one day when she was bathing and
swimming in his waters.

Lassa revertēbar, meminī, Stymphālide silvā;
Aestus erat, magnumque labor gemināverat aes-
tum.

Inveniō sine vortice aquās, sine murmure euntēs,
Perspicuās ad humum, per quās numerābilis altē
5 Calculus omnis erat, quās tū vix īre putārēs.
Cāna salicta dabant nūtrītaque pōpulus undā
Sponte suā nātās rīpīs dēclīvibus umbrās.
Accessī, prīmumque pedis vestīgia tinxī,
Poplite deinde tenus. Neque eō contenta, re-
cingor,
10 Molliaque impōnō salicī vēlāmina curvae,
Nūdaque mergor aquīs. Quās dum feriōque trahō-
que
Mille modīs lābēns, excussaque bracchia iactō,
Nescio quod mediō sensī sub gurgite murmur,

Territaque insistō propiōris margine rīpae.
'Quō properās, Arethūsa?' suīs Alphēus ab undīs, 15
'Quō properās?' iterum raucō mihi dixerat ōre.

OVID, *Metamorphoses* v 585–600.

44. *A Winter Scene*

Martial describes the crops and live-stock on an Italian
farm near Baiae.

Hīc farta premitur angulō Cerēs omnī,
Et multa frāgrat testa senibus auctumnīs.
Hīc post Novembrēs, imminente iam brūmā,
Sērās putātor horridus refert ūvās.
Trucēs in altā valle mūgiunt taurī, 5
Vitulusque inermī fronte prūrit in pugnam.
Vagātur omnis turba sordidae chortis—
Argūtus anser gemmeīque pāvōnēs,
Nōmenque dēbet quae rubentibus pinnīs,
Et picta perdix, Numidicaeque guttātae, 10
Et impiōrum phāsiāna Colchōrum.
Gemit hinc palumbus, inde cēreus turtur,
Sonantque turrēs plausibus columbārum
Avidī secuntur vīlicae sinum porcī,
Mātremque plēnam mollis agnus expectat. 15

MARTIAL iii 58, 6–21.

45. *Where the Strength of a Tortoise lies*

Flamininus warns the Achaeans that they will be safer
against attack if they do not claim the island of Zacynthus.
Zacynthus, now Zante, is one of the Ionian islands,
eight miles to the west of the Peloponnese.

Hieroclēs, missīs ultrō ad Diophanem, praetōrem Achaeōrum, nuntiīs, pecūniā pactus, in-
sulam Zacynthum Achaeīs trādidit. Id praemium
bellī suum esse aequum censēbant Rōmānī : nōn
5 enim M'. Acīlium consulem legiōnēsque Rōmānās
Diophanī et Achaeīs ad Thermopylās pugnasse.
Diophanēs adversus haec purgāre interdum sēsē
gentemque, interdum dē iūre factī disserere.
Quīdam Achaeōrum et initiō eam sē rem as-
10 pernātōs testābantur, et tunc pertināciam incre-
pitābant praetōris ; auctōribusque iīs dēcrētum
est, ut T. Quinctio ea rēs permitterētur. Erat
Quinctius sīcut adversantibus asper, ita, si cēderēs,
īdem plācābilis. Omissā contentiōne vōcis vul-
15 tūsque, 'Sī ūtilem' inquit 'possessiōnem ēius
insulae censērem Achaeīs esse, auctor essem senātuī
populōque Rōmānō, ut eam vōs habēre sinerent.
Cēterum, sīcut testūdinem, ubi collecta in suum
tegumen est, tūtam ad omnēs ictūs videō esse,
20 ubi exserit partēs aliquās, quodcumque nūdāvit,
obnoxium atque infirmum habēre, haud dissimiliter
vōs, Achaeī, clausōs undique marī, quae intrā
Peloponnēsī sunt terminōs, ea et iungere vōbīs et

iuncta tuērī facile, simul aviditāte plūra amplec-
tendī hinc excēdātis, nūda vōbīs omnia, quae extrā 25
sint, et exposita ad omnēs ictūs esse.' Adsentientī
omnī conciliō, nec Diophane ultrā tendere ausō,
Zacynthus Rōmānīs trāditur.

LIVY xxxvi 32.

46. *The Defeated Rival*

The bull, beaten by his rival, leaves his familiar pasture
and trains himself to renew the struggle. Then, when fit
for the fray, he dashes upon his foe like a great billow
rolling to land and crashing on the rocks.

Pascitur in magnā Sīlā formōsa iuvenca;
Illī alternantēs multā vī proelia miscent
Vulneribus crēbrīs, lavit āter corpora sanguis,
Versaque in obnixōs urgentur cornua vastō
Cum gemitū; reboant silvaeque et longus Olym-
     pus.   5
Nec mōs bellantēs unā stabulāre, sed alter
Victus abit, longēque ignōtīs exulat ōrīs,
Multa gemens ignōminiam plāgāsque superbī
Victōris, tum quōs āmīsit inultus amōrēs;
Et stabula aspectans regnīs excessit avītīs.   10
Ergō omnī cūrā vīrēs exercet, et inter
Dūra iacet pernox instrātō saxa cubīlī,
Frondibus hirsūtīs et cārice pastus acūtā,
Et temptat sēsē, atque īrascī in cornua discit,
Arboris obnixus truncō, ventosque lacessit   15
Ictibus, et sparsā ad pugnam prōlūdit harēnā.
Post, ubi collectum rōbur vīrēsque refectae,

Signa movet, praecepsque oblītum fertur in hos-
  tem ;
Fluctus utī, mediō coepit cum albescere pontō,
20 Longius ex altōque sinum trahit, utque volūtus
Ad terrās immāne sonat per saxa, neque ipsō
Monte minor prōcumbit ; at īma exaestuat unda
Vorticibus nīgramque altē subiectat harēnam.

Virgil, Georgic iii 219-241.

47. *Scipio Africanus*

Laelius, his most intimate friend, speaks of the glorious
life and death of Scipio.

Publius Cornelius Scipio, the younger Africanus, was
born about 185 b.c. He was consul in 147 b.c. when only
thirty-seven, and again in 134. He took and destroyed
Carthage in 146 b.c. and Numantia in Spain in 133. In
129 b.c., at a time of political unrest, he was found dead
in his bed at Rome ; it is uncertain whether his death was
due to violence or to natural causes.

Ego si Scīpiōnis dēsīderiō mē movērī negem,
quam id rectē faciam, vīderint sapientēs, sed certē
mentiar. Moveor enim tālī amīcō orbātus, quālis,
ut arbitror, nēmō umquam erit, ut confirmāre
5 possum, nēmō cērtē fuit. Sed nōn egeō medicīnā:
mē ipse consōlor, et maximē eō sōlāciō, quod eō
errōre careō, quō, amīcōrum dēcessū, plērīque angī
solent. Nihil malī accidisse Scīpiōnī puto : mihi
accidit, sī quid accidit ; suīs autem incommodīs
10 graviter angī nōn amīcum, sed sē ipsum, amantis

est. Cum illō vērō quis neget actum esse praeclārē? Nisi enim, quod ille minimē putābat,
immortālitātem optāre vellet, quid nōn adeptus
est, quod hominī fās esset optāre? Quī summam
spem cīvium, quam dē eō iam puerō habuerant, 15
continuō adulescens incrēdibilī virtūte superāvit;
quī consulātum petīvit numquam, factus consul
est bis, prīmum ante tempus, iterum sibi suō
tempore, reī publicae paene sērō; quī duābus
urbibus ēversīs, inimīcissimīs huic imperiō, nōn 20
modo praesentia vērum etiam futūra bella dēlēvit.
Quid dīcam dē mōribus facillimīs, dē pietāte in
mātrem, līberālitāte in sorōrēs, bonitāte in suōs,
iustitiā in omnēs? Nōta sunt vōbīs. Quam autem
cīvitātī cārus fuerit, maerōre fūneris indicātum est. 25
Quid igitur hunc paucōrum annōrum accessiō iu-
vāre potuisset? Senectūs enim, quamvīs nōn sit
gravis, tamen aufert eam viriditātem, in quā
etiam nunc erat Scīpiō. Quam ob rem vīta
quidem tālis fuit vel fortūnā vel glōriā, ut nihil 30
posset accēdere, moriendī autem sensum celeritās
abstulit.   Cicero, *De Amicitia* 10–12.

48. *Do Good by Stealth*

Martial declares that his benefactor cannot expect him
to publish his gratitude, while the benefactor himself
publishes his benefits to all the world.

Quae mihi praestiteris, meminī semperque tenēbō.
   Cūr igitur taceō, Postume? Tū loqueris.

Incipiō quotiens alicui tua dōna referre,
Prōtinus exclāmat, 'Dixerat ipse mihi.'
5 Nōn bellē quaedam faciunt duo; sufficit ūnus
Huic operī; sī vīs ut loquar, ipse tacē.
Crēde mihī, quamvīs ingentia, Postume, dōna
Auctōris pereunt garrulitāte suī.

MARTIAL v 52.

49. *A Memorial to a Wife*

Pliny expresses his approval of a friend, who had
provided a gladiatorial show at Verona in memory of
his wife.

The amphitheatre, in which these gladiators fought,
is still one of the most striking remains of ancient Italy.

Rectē fēcistī, quod gladiātōrum mūnus Vērōnen-
sibus nostrīs prōmīsistī, ā quibus ōlim amāris,
suspiceris, ornāris. Inde etiam uxōrem, cārissimam
tibi et probātissimam, habuistī, cūius memoriae
5 aut opus aliquod aut spectāculum dēbēbātur.
Praetereā tantō consensū rogābāris, ut negāre nōn
constans sed dūrum vidērētur. Illud quoque
ēgregiē, quod tam facilis, tam līberālis, in ēdendō
fuistī. Nam per haec etiam magnus animus
10 ostenditur. Vellem Africānae, quās coēmerās
plūrimās, ad praefīnītum diem occurrissent. Sed,
licet cessāverint illae, tempestāte dētentae, tū
tamen meruistī, ut acceptum tibi fīeret, quod quō
minus exhibērēs, nōn per tē stetit. Valē.

PLINY, *Letters* vi 34.

50. *The Flood*

Jupiter punished the sins of mankind by a Flood which covered the whole earth and drowned all human beings except one man and one woman, Deucalion and Pyrrha.

Iamque mare et tellūs nullum discrīmen habē-
    bant;
Omnia pontus erant; deerant quoque lītora
    pontō.
Occupat hīc collem, cumbā sedet alter aduncā
Et dūcit rēmōs illīc, ubi nūper arārat.
Ille super segetēs et mersae culmina villae   5
Nāvigat, hīc summā piscem dēprendit in ulmō.
Fīgitur in viridī, sī fors tulit, anchora prātō,
Aut subiecta terunt curvae vīnēta carīnae,
Et, modo quā gracilēs grāmen carpsēre capellae,
Nunc ibi dēformēs pōnunt sua corpora phōcae.   10
Mīrantur sub aquā lūcōs urbēsque domōsque
Nēreïdes; silvāsque tenent delphīnes, et altīs
Incursant rāmīs, agitātaque rōbora pulsant.
Nat lupus inter ovēs, fulvōs vehit unda leōnēs,
Unda vehit tīgrēs. Nec vīrēs fulminis āprō,   15
Crūra nec ablātō prōsunt vēlōcia cervō;
Quaesītīsque diū terrīs, ubi sistere dētur,
In mare lassātīs volucris vaga dēcidit ālīs.
Obruerat tumulōs immensa licentia pontī,
Pulsābantque novī montāna cacūmina fluctūs.   20

Ovid, *Metamorphoses* i 291–310.

51. *An Ally is found Loyal*

Rome was now at war with Antiochus, king of Syria.
Lucius Scipio, the general, proposed to lead his army
through Macedonia where the king, Philip, was still an
ally of Rome. Scipio Africanus, who was on his brother's
staff, advises him first to test the loyalty of Philip.

Tum Africānus frātrī: 'Iter, quod insistis,
L. Scīpiō, ego quoque approbō; sed tōtum id
vertitur in voluntāte Philippī, quī, sī imperiō
nostrō fīdus est, et iter et commeātūs et omnia,
5 quae in longō itinere exercitūs alunt iuvantque,
nōbīs suppeditābit; sī is destituat, nihil per
Thraeciam satis tūtum habēbis; itaque prius rēgis
animum explōrārī placet. Optimē explōrābitur,
si nihil ex praeparātō agentem opprimet quī
10 mittētur.' Ti. Semprōnius Gracchus, longē tum
ācerrimus iuvenum, ad id dēlectus, per dispositōs
equōs prope incrēdibilī celeritāte ab Amphissā diē
tertiō Pellam pervēnit. In convīviō rex erat et in
multum vīnī prōcesserat; ea ipsa remissiō animī
15 suspīciōnem dempsit, novāre eum quicquam velle.
Et tum quidem cōmiter acceptus, hospes posterō
diē commeātus exercituī parātōs benignē, pontēs in
flūminibus factōs, viās, ubi transitūs difficilēs
erant, mūnītās vīdit. Haec referens eādem, quā
20 ierat, celeritāte Thaumacīs occurrit consulī. Inde
certiōre et māiōre spē laetus, exercitus ad prae-
parāta omnia in Macedoniam pervēnit. Venientēs
rēgiō apparātū et accēpit et prōsecūtus est rex.

Multa in eō et dexteritās et hūmānitās vīsa, quae
commendābilia apud Africānum erant, virum sīcut 25
ad cētera ēgregium, ita ā cōmitāte, quae sine
luxuriā esset, nōn āversum.

LIVY xxxvii 7, 8.

52. *The Ghost of Creusa*

At the sack of Troy, Aeneas was seeking frantically
through the city for his lost wife, Creusa, when her ghost
appeared and foretold his voyage to Italy.

Quaerentī et tectīs urbis sine fīne furentī
Infēlix simulācrum atque ipsius umbra Creūsae
Vīsa mihi ante oculōs, et nōtā māior imāgō.
Obstipuī, stetĕruntque comae, et vox faucibus
    haesit.
Tum sīc adfārī et cūrās hīs dēmere dictīs :   5
'Quid tantum insānō iuvat indulgēre dolōrī,
Ō dulcis coniunx? Nōn haec sine nūmine dīvûm
Ēveniunt, nec tē comitem portāre Creūsam
Fās aut ille sinit superī regnātor Olympī.
Longa tibi exilia, et vastum maris aequor aran-
    dum ;   10
Et terram Hesperiam veniēs, ubi Lȳdius arva
Inter opīma virûm lēnī fluit agmine Thȳbris.
Illīc rēs laetae regnumque et rēgia coniunx
Parta tibī. Lacrimās dīlectae pelle Creūsae ;
Nōn ego Myrmidonum sēdēs Dolopumve superbās 15
Aspiciam, aut Graiīs servītum mātribus ībō ;
Sed mē magna deûm Genetrix hīs dētinet ōrīs.

Iamque valē, et nātī servā commūnis amōrem.'
   Haec ubi dicta dedit, lacrimantem et multa
     volentem
20 Dīcere dēseruit, tenuēsque recessit in aurās.
Ter cōnātus ibī collō dare bracchia circum;
Ter, frustrā comprensa, manūs effūgit imāgō,
Pār levibus ventīs volucrīque simillima somnō.

          Virgil, *Aeneid* ii 771–794.

53. *A Brother's Grave*

  The brother of Catullus died in Asia Minor; and
Catullus visited his grave later and made offerings there.

Multās per gentēs et multa per aequora vectus,
   Adveniō hās miserās, frāter, ad inferiās,
Ut tē postrēmō dōnārem mūnere mortis,
   Et mūtam nēquīquam alloquerer cinerem,
5 Quandoquidem Fortūna mihī tēte abstulit ipsum,
   Heu miser indignē frāter adempte mihi!
Nunc tamen intereā haec, priscō quae mōre pa-
     rentum
   Trādita sunt, tristēs mūnera ad inferiās,
Accipe, frāternō multum mānantia flētū,
10   Atque in perpetuum, frāter, avē atque valē!

            Catullus ci.

54.　*Fame as a Motive*

The hope of future fame is the spur to virtuous action
and future fame depends mainly upon written records.

This passage occurs in Cicero's defence of the poet
Archias : see no. 13.

Nullam virtūs aliam mercēdem labōrum perīcu-
lōrumque dēsīderat praeter hanc laudis et glōriae ;
quā quidem dētractā, iūdicēs, quid est quod in hōc
tam exiguō vītae curriculō tantīs nōs in labōribus
exerceāmus ?　Certē sī nihil animus praesentīret 5
in posterum, et, sī, quibus regiōnibus vītae spatium
circumscriptum est, eīsdem omnēs cōgitātiōnēs
termināret suās, nec tantīs sē labōribus frangeret,
neque tot cūrīs vigiliīsque angerētur, nec totiens
de ipsā vītā dīmicāret.　Nunc insidet quaedam in 10
optimō quōque virtūs, quae noctēs ac diēs animum
glōriae stimulīs concitat, atque admonet, nōn cum
vītae tempore esse dīmittendam commemorātiōnem
nōminis nostrī, sed cum omnī posteritāte adae-
quandam.　An vērō tam parvī animī videāmur 15
esse omnēs, quī in rē publicā atque in hīs vītae
perīculīs labōribusque versāmur, ut, cum usque ad
extrēmum spatium nullum tranquillum neque
ōtiōsum spīritum duxerimus, nōbīscum simul
moritūra omnia arbitrēmur ?　An statuās et 20
imāginēs, nōn animōrum simulācra sed corporum,
studiōsē multī summī hominēs relīquērunt, consiliōrum relinquere ac virtūtum nostrārum effigiem
nonne multō malle dēbēmus, summīs ingeniīs ex-
pressam et polītam ?　Cicero, *Pro Archia* 28–30. 25

55. *Riches and Poetry*

Martial says that he should try to compose some
immortal work, if his friend would give him ease and
wealth, such as Maecenas gave to Horace and Virgil.

Saepe mihī dīcis, Lūcī cārissime Iūlī,
  'Scrībe aliquid magnum; dēsidiōsus homo es.'
Ōtia dā nōbīs, sed quālia fēcerat ōlim
  Maecēnās Flaccō Vergiliōque suō;
5 Condere victūrās temptem per saecula cūrās,
  Et nōmen flammīs ēripuisse meum.
In sterilēs nōlunt campōs iuga ferre iuvencī·
  Pingue solum lassat, sed iuvat ipse labor.

MARTIAL i 107.

56. *The Romans besiege Phocaea*

Phocaea, an ancient Greek colony in Asia Minor and
the mother-city of Marseilles, made a desperate resistance
against a Roman fleet, during the war with Antiochus
B.C. 190.

Hōs portūs tūtissimōs cum occupasset Rōmāna
classis, priusquam aut scālīs aut operibus moenia
aggrederētur, mittendōs censuit praetor, quī
principum magistrātuumque animōs temptārent.
5 Postquam obstinātōs vīdit, duōbus simul locīs
oppugnāre est adortus. Altera pars infrequens
aedificiīs erat; templa deûm aliquantum tenēbant
locī; eā prius, ariete admōtō, quatere mūrōs
turrēsque coepit; dein, cum eō multitūdō occur-
10 reret ad dēfendendum, alterā quoque parte

admōtus ariēs; et iam utrimque sternēbantur
mūrī. Ad quōrum cāsum cum impetum Rōmānī
mīlitēs per ipsam strāgem ruīnārum facerent, aliī
scālīs etiam ascensum in mūrōs temptārent, adeō
obstinātē restitēre oppidānī, ut facile appārēret, 15
plūs in armīs et virtūte quam in moenibus auxiliī
esse. Coactus ergō perīculō mīlitum, praetor
receptuī canī iussit, nē obiceret incautōs furentibus
despērātiōne ac rabiē. Diremptō proeliō, nē tum
quidem ad quiētem versī, sed undique omnēs ad 20
mūnienda et obmōlienda, quae ruīnīs strāta erant,
concurrērunt. Huic operī intentīs supervēnit
Antōnius a praetōre missus, quī, castīgātā perti-
nāciā eōrum, māiōrem cūram Rōmānīs quam illīs
ostenderet esse, nē in perniciem urbis pugnārētur; 25
sī absistere furōre vellent, potestātem iīs darī
eādem condiciōne, quā prius Līviī in fidem
vēnissent, sē trādendī. Haec cum audissent,
quinque diērum spatiō ad dēlīberandum sumptō,
temptātā interim spē auxiliī ab Antiochō, post- 30
quam lēgātī, missī ad rēgem, nihil in eō esse
praesidiī retulerant, tum portās aperuērunt, pactī,
nē quid hostīle paterentur.

LIVY xxxvii 32.

57. *The Teaching of Homer*

Horace declares that the Iliad and the Odyssey teach
better lessons than all the philosophers.

Trōiānī bellī scriptōrem, Maxime Lollī,
Dum tū dēclāmās Rōmae, Praeneste relēgī;

Quī quid sit pulchrum, quid turpe, quid ūtile,
  quid nōn,
Plānius ac melius Chrȳsippō et Crantore dīcit.
5 Cūr ita crēdiderim, nisi quid tē dētinet, audī.
Fābula, quā Paridis propter narrātur amōrem
Graecia Barbariae lentō collīsa duellō,
Stultōrum rēgum et populōrum continet aestūs.
Antēnor censet bellī praecīdere causam.
10 Quid Paris? Ut salvus regnet vīvatque beātus,
Cōgi posse negat. Nestor compōnere lītēs
Inter Pēlīdēn festīnat et inter Atrīdēn;
Hunc amor, īra quidem commūniter ūrit utrum-
  que.
Quicquid dēlīrant rēgēs, plectuntur Achīvī.
15 Sēditiōne, dolīs, scelere atque libīdine et īrā
Īliacōs intrā mūrōs peccātur et extrā.
Rursus, quid virtūs et quid sapientia possit,
Ūtile prōposuit nōbīs exemplar Ulixen,
Quī, domitor Trōiae, multōrum prōvidus urbēs
20 Et mōrēs hominum inspexit, lātumque per aequor,
Dum sibi, dum sociīs reditum parat, aspera multa
Pertulit, adversīs rērum immersābilis undīs.
Sīrēnum vōcēs et Circae pōcula nōstī;
Quae sī cum sociīs stultus cupidusque bibisset,
25 Vixisset canis immundus vel amīca lutō sūs.

HORACE, *Epistles* i 2, 1–26.

58. *The Conquest of Gaul*

Cicero dwells on the immense service to his country rendered by Julius Caesar in his conquest of Gaul.

Cicero's speech was delivered in the senate in June 56 B.C.

C. Caesaris longē aliam video fuisse ratiōnem. Nōn enim sibi sōlum cum eīs, quōs iam armātōs contrā populum Rōmānum vidēbat, bellandum esse duxit, sed tōtam Galliam in nostram diciōnem esse redigendam. Itaque cum ācerrimīs nātiōni- 5 bus et maximīs Germānōrum et Helvetiōrum proeliīs fēlīcissimē dēcertāvit; cēterās conterruit, domuit, imperiō populī Rōmānī pārēre adsuēfēcit; et quās regiōnēs quasque gentēs nullae nōbīs ante litterae, nulla vox, nulla fāma nōtās fēcerat, eās 10 noster imperātor nosterque exercitus et populī Rōmānī arma peragrārunt. Sēmitam tantum Galliae tenēbāmus anteā, patrēs conscriptī; cēterae partēs ā gentibus, aut inimīcīs huic imperiō aut in- fīdīs aut incognitīs aut certē immānibus et barbarīs 15 et bellicōsīs, tenēbantur. Quās nātiōnēs nēmō umquam fuit quīn frangī domārīque cuperet; nēmō sapienter dē rē publicā nostrā cōgitāvit iam inde a principiō hūius imperiī, quīn Galliam maximē timendam huic imperiō putāret; sed 20 propter vim et multitūdinem gentium illārum numquam est anteā cum omnibus dīmicātum; restitimus semper lacessītī. Nunc dēnique est perfectum ut imperiī nostrī terrārumque illārum

25 idem esset extrēmum.   Alpibus Italiam mūnierat
anteā nātūra, nōn sine aliquō dīvīnō nūmine; nam,
sī ille aditus Gallōrum immānitātī multitūdi-
nīque patuisset, numquam haec urbs summō
imperiō domicilium ac sēdem praebuisset.   Quae
30 iam licet consīdant; nihil est enim ultrā illam
altitūdinem montium usque ad Ōceanum, quod
sit Ītaliae pertimescendum.

CICERO, *De Provinciis Consularibus* 32–34.

59.   *The Palace of the Sun*

Phaëthon, in order to assure himself that Phoebus the
Sun-god was his father, visited him in his palace.   When
the god promised to grant any request he made, Phaethon
asked to drive the chariot of the sun for one day.

Purpureā vēlātus veste sedēbat
In soliō Phoebus clārīs lūcente smaragdīs.
A dextrā laevāque Diēs et Mensis et Annus
Saeculaque et positae spatiīs aequālibus Hōrae,
5 Verque novum stābat, cinctum flōrente corōnā,
Stābat nūda Aestās et spīcea serta gerēbat,
Stābat et Auctumnus, calcātis sordidus ūvīs,
Et glaciālis Hiemps, cānōs hirsūta capillōs.
Inde locō medius, rērum novitāte paventem
10 Sōl oculīs iuvenem, quibus aspicit omnia, vīdit,
'Quae 'que 'viae tibi causa?   quid hāc' ait 'arce
petistī,
Prōgeniēs, Phaethōn, haud infitianda parentī?'
Ille refert, 'Ō lux immensī publica mundī,

Phoebe pater, sī dās hūius mihi nōminis ūsum,
Pignora dā, genitor, per quae tua vēra propāgō 15
Crēdar, et hunc animīs errōrem dētrahe nostrīs.'
Dixerat; at genitor circum caput omne micantēs
Dēposuit radiōs, propiusque accēdere iussit,
Amplexūque datō, ' Nec tū meus esse negārī
Dignus es, et Clymenē vērōs ' ait ' ēdidit ortūs. 20
Quōque minus dubitēs, quodvīs pete mūnus, ut
    illud
Mē tribuente ferās.   Prōmissī testis adestō
Dīs iūranda palūs, oculīs incognita nostrīs.'
Vix bene dēsierat, currūs rogat ille paternōs,
Inque diem ālipedum iūs et moderāmen equōrum. 25

OVID, *Metamorphoses* ii 23–48.

60. *Humanity to Slaves*

A Roman slave had no legal right to make a will:
whatever he left belonged to his master. Pliny, however,
carried out the provisions of any wills made by his slaves,
and found in this some consolation for the grief caused to
him by their deaths.

Confēcērunt mē infirmitātēs meōrum, mortēs
etiam, et quidem iuvenum. Sōlācia duo, nēquāquam
paria tantō dolōrī, sōlācia tamen. Ūnum facilitās
manūmittendī; videor enim nōn omnīnō immā-
tūrōs perdidisse, quōs iam līberōs perdidī. Alterum, 5
quod permittō servīs quoque quasi testāmenta
facere, eaque ut lēgitima custōdiō. Mandant

rogantque, quod vīsum; dīvidunt, dōnant, re-
linquunt, dumtaxat intrā domum; nam servīs rēs
10 publica quaedam et quasi cīvitās domus est. Sed
quamquam hīs sōlaciīs acquiescam, dēbilitor et
frangor eādem illā hūmānitāte, quae mē, ut hōc
ipsum permitterem, induxit. Nōn ideō tamen
velim dūrior fīeri. Nec ignōrō aliōs ēiusmodī
15 cāsūs nihil amplius vocāre quam damnum, eōque
sibi magnōs hominēs et sapientēs vidērī. Quī an
magnī sapientēsque sint, nescio; hominēs nōn
sunt. Hominis est enim afficī dolōre, sentīre,
resistere tamen et sōlācia admittere, nōn sōlāciīs
20 nōn egēre

PLINY, *Letters* viii **16.**

61. *A Child's Epitaph*

Martial asks his father and mother, now dead, to
befriend Erotion in the world below. Erotion was a little
slave and died just before she was six years old.

Hanc tibi, Fronto pater, genetrix Flaccilla, puel-
     lam
Oscula commendō dēliciāsque meās,
Parvula nē nīgrās horrescat Erōtion umbrās
Ōraque Tartareī prōdigiōsa canis.
5 Implētūra fuit sextae modo frīgora brūmae,
Vixisset totidem nī minus illa diēs.
Mollia nōn rigidus caespes tegat ossa; nec illī,
Terra, gravis fueris: nōn fuit illa tibi.

MARTIAL v **34.**

62. *The Stricken Deer*

Iulus, son of Aeneas, wounds a pet stag which belonged
to Silvia, and thus excites the hostility of the Italians.

Cervus erat formā praestantī et cornibus ingens,
Tyrrhīdae puerī quem mātris ab ūbere raptum
Nūtrībant Tyrrhusque pater, cui rēgia pārent
Armenta et lātē custōdia crēdita campī.
Adsuētum imperiīs soror omnī Silvia curā   5
Mollibus intexens ornābat cornua sertīs,
Pectēbatque ferum, pūrōque in fonte lavābat.
Ille, manum patiens mensaeque adsuētus erīlī,
Errābat silvīs, rursusque ad līmina nōta
Ipse domum sērā quamvīs sē nocte ferēbat.   10
Hunc procul errantem rabidae vēnantis Iūlī
Commōvēre canēs, fluviō cum forte secundō
Dēflueret rīpāque aestūs viridante levāret.
Ipse etiam, eximiae laudis succensus amōre,
Ascanius curvō dīrexit spīcula cornū ;   15
Nec dextrae errantī deus āfuit, actaque multō
Perque uterum sonitū perque īlia vēnit harundō.
Saucius at quadrupēs nōta intrā tecta refūgit,
Successitque gemens stabulīs, questūque cruentus
Atque implōrantī similis tectum omne replēbat. 20
Silvia prīma soror, palmīs percussa lacertōs,
Auxilium vocat et dūrōs conclāmat agrestēs.

VIRGIL, *Aeneid* vii 483–504.

63. *Eumenes addresses the Senate*

Eumĕnes, king of Pergămus, did good service to the
Romans in their war against Antiochus, king of Syria.
When the war was over, he came to Rome and claimed
his reward from the Senate. He wished part of Asia,
which had belonged to Antiochus, to be added to his own
kingdom.

Ego nullī omnium neque populōrum neque
rēgum, quōs in magnō honōre habētis, nōn ausim
mē comparāre. Māsinissa hostis vōbīs ante quam
socius fuit, nec, incolumī regnō, cum auxiliīs suīs,
5 sed extorris, expulsus, āmissīs omnibus cōpiīs, cum
turmā equitum in castra confūgit vestra. Tamen
eum, quia in Africā adversus Syphācem et Car-
thāginiensēs fidēliter atque impigrē vōbiscum stetit,
nōn in patrium sōlum regnum restituistis, sed,
10 adiectā opulentissimā parte Syphācis regnī, prae-
potentem inter Africae rēgēs fēcistis. Quō tandem
igitur nōs praemiō atque honōre dignī apud vōs
sumus, quī nunquam hostēs, semper sociī fuimus?
Pater, ego, frātrēs meī, nōn in Asiā tantum sed
15 etiam procul ab domō, terrā marīque prō vōbīs
arma tulimus. Quid ergō postulās? dīcat aliquis.
Ego, patrēs conscriptī, quoniam dīcere utique
volentibus vōbīs pārendum est, si vōs eā mente
ultrā Taurī iuga ēmōvistis Antiochum, ut ipsī
20 tenēretis eās terrās, nullōs accolās nec fīnitimōs
habēre quam vōs mālō, nec ullā rē aliā tūtius
stabiliusque regnum meum futūrum spērō. Sed
sī vōbīs dēcēdere inde atque dēdūcere exercitūs in

animō est, nēminem digniōrem esse ex sociīs
vestrīs, qui bellō ā vōbīs parta possideat, quam 25
mē, dīcere ausim. At enim magnificum est līberāre
cīvitātēs servās. Ita opīnor, sī nihil hostīle adversus vōs fēcērunt; sīn autem Antiochī partis
fuērunt, quantō est vestrā prūdentiā et aequitāte
dignius, sociīs bene meritīs quam hostibus vōs 30
consulere ?

LIVY xxxvii 53, 20.

64. *A Mighty Conqueror*

Epicurus, by his genius, rescued mankind from the
pressure of superstitious fears. He ascertained the laws
of Nature, the knowledge of which sets man free.

Hūmāna ante oculōs foedē cum vīta iacēret
In terrīs oppressa gravī sub relligiōne,
Quae caput ā caelī regiōnibus ostendēbat,
Horribilī super aspectū mortālibus instans,
Prīmum Graius homō mortālēs tollere contrā   5
Est oculōs ausus, prīmusque obsistere contrā ;
Quem neque fāma deûm, nec fulmina, nec mini-
     tantī
Murmure compressit caelum, sed eō magis ācrem
Inrītāt animī virtūtem, effringere ut arta
Nātūrae prīmus portārum claustra cupīret.   10
   Ergō vīvida vīs animī pervīcit, et extrā
Prōcessit longē flammantia moenia mundī,
Atque omne immensum peragrāvit mente animō-
     que ;
Unde refert nōbīs victor, quid possit orīrī,

15 Quid nequeat—fīnīta potestās dēnique cuique
   Quānam sit ratiōne atque altē terminus haerens.
   Quārē relligiō, pedibus subiecta, vicissim
   Obteritur; nōs exaequat victōria caelō.

                                   LUCRETIUS i 62–79.

65. *Pompey and the Pirates*

Pirates had long swarmed in the Mediterranean and
even dared to make descents on Italy itself. At last
Pompey was appointed to deal with them; and in 66 B.C.
he performed his task with complete success within fifty
days of his departure from Italy.

This speech was addressed to the people in 66 B.C.

   Quis enim tōtō marī locus per hōs annōs aut
tam firmum habuit praesidium, ut tūtus esset, aut
tam fuit abditus, ut latēret? Quis nāvigāvit, quī
nōn sē aut mortis aut servitūtis perīculō com-
5 mitteret, cum aut hieme aut refertō praedōnum
marī nāvigāret? Hōc tantum bellum, tam turpe,
tam vetus, tam lātē dīvīsum atque dispersum, quis
umquam arbitrārētur aut ab omnibus imperātōribus
ūnō annō aut omnibus annīs ab ūnō imperātōre
10 conficī posse? Quam prōvinciam tenuistis ā praedōnibus līberam per hōsce annōs? Quod vectīgal
vōbīs tūtum fuit? Quem socium dēfendistis?
Cui praesidiō classibus vestrīs fuistis? Quam
multās existimātis insulās esse dēsertās? Quam
15 mūltās aut metū relictās, aut ā praedōnibus captās,
urbēs esse sociōrum? Sed quid ego longinqua
commemorō? Fuit hōc quondam, fuit proprium

populī Rōmānī longē ā domō bellāre, et prōpugnā-
culīs imperiī sociōrum fortūnās, nōn sua tecta,
dēfendere. Sociīs ego nostrīs mare per hōs annōs 20
clausum fuisse dīcam, cum exercitūs vestrī numquam ā Brundisiō nisi hieme summā transmī-
serint? Quī ad vōs ab exterīs nātiōnibus venīrent,
captōs querar, cum lēgātī populī Rōmānī redemptī
sint? Mercātōribus tūtum mare nōn fuisse dīcam, 25
cum duodecim secūrēs in praedōnum potestātem
pervēnerint? Prō dī immortālēs! Tantamne
ūnīus hominis incrēdibilis ac dīvīna virtūs tam
brevī tempore lūcem adferre reī publicae potuit,
ut vōs, quī modo ante ostium Tiberīnum classem 30
hostium vidēbātis, eī nunc nullam intrā Ōceanī
ostium praedōnum nāvem esse audiātis?

Cicero, *De Imperio Pompeii* 31–33.

66. *A Baby's Epitaph*

The child itself is supposed to speak. Its name was
Urbicus; it died when two and a half years old.

Conditus hīc ego sum, Bassī dolor, Urbicus infans,
 Cui genus et nōmen maxima Rōma dedit.
Sex mihi dē prīmā deerant trietēride mensēs,
 Rūpērunt tetricae cum mea pensa deae.
Quid speciēs, quid lingua mihī, quid prōfuit aetās? 5
 Dā lacrimās tumulō, quī legis ista, meō.
Sīc ad Lēthaeās, nisi Nestore sērius, undās
 Nōn eat, optābis quem superesse tibi.

Martial vii 96.

67. *A Prudent Hero*

A Roman soldier, who had been rewarded for leading a forlorn hope, was less willing to run risks a second time now that he was rich.

Lūcullī mīles collecta viātica multīs
Aerumnīs, lassus dum noctū stertit, ad assem
Perdiderat; post hōc vehemens lupus, et sibi et
    hostī
Īrātus pariter, iēiūnīs dentibus ācer,
5 Praesidium rēgāle locō dēiēcit, ut aiunt,
Summē mūnītō et multārum dīvite rērum.
Clārus ob id factum dōnīs ornātur honestīs,
Accipit et bis dēna super sestertia nummûm.
Forte sub hōc tempus castellum ēvertere praetor
10 Nescio quod cupiens hortārī coepit eundem
Verbīs, quae timidō quoque possent addere men-
    tem:
'I, bone, quō virtūs tua tē vocat! ī pede faustō,
Grandia lātūrus meritōrum praemia! Quid stās?'
Post haec ille catus, quantumvīs rusticus, 'Ibit,
15 Ibit eō quō vīs, quī zōnam perdidit' inquit.

HORACE, *Epistles* ii 2, 26–40.

68.   *The Last Speech of Crassus*

Lucius Crassus, a Roman statesman and one of the greatest of Roman orators, died in B.C. 91, seven days after he had delivered a speech of extraordinary power in the Senate. The Social War broke out the next year; Marius fled from Italy in 88 B.C.; and his restoration in 87 was followed by atrocious massacres of his political opponents.

Illa tamquam cycnēa fuit dīvīnī hominis vox et ōrātiō ; namque tum latus eī dīcentī condoluisse sūdōremque multum consecūtum esse audiēbāmus ; ex quō cum cohorruisset, cum fēbrī domum rediit, diēque septimō lateris dolōre consumptus est. 5 Ō fallācem hominum spem fragilemque fortūnam et inānēs nostrās contentiōnēs, quae mediō in spatiō saepe franguntur et corruunt, aut ante in ipsō cursū obruuntur quam portum conspicere potuērunt !   Nam, quamdiū Crassī fuit ambitiōnis 10 labōre vīta districta, tamdiū prīvātīs magis officiīs et ingeniī laude flōruit quam fructū amplitūdinis aut reī publicae dignitāte ; quī autem annus eī prīmus ab honōrum perfunctiōne aditum, omnium concessū, ad summam auctōritātem dabat, is ēius 15 omnem spem atque omnia vītae consilia morte pervertit. Fuit hōc luctuōsum suīs, acerbum patriae, grave bonīs omnibus ; sed eī tamen reī publicae cāsūs consecūti sunt, ut mihi nōn ērepta L. Crassō a dīs immortālibus vīta sed dōnāta mors 20 esse videātur.   Nōn vīdit flagrantem bellō Ītaliam,

nōn ardentem invidiā senātum, nōn acerbissimam
C. Mariī fugam, nōn illam post reditum ēius
caedem omnium crūdēlissimam.

Cicero, De Oratore iii 6–8.

69. *A Storm at Sea*

This is part of the narrative of his wanderings told by
Aeneas to Dido when she shewed hospitality to the Trojan
fugitives.

Postquam altum tenuēre ratēs, nec iam amplius
 ullae
Appārent terrae, caelum undique et undique pontus,
Tum mihi caeruleus sūprā caput adstitit imber,
Noctem hiememque ferens, et inhorruit unda tenē-
 bris.
5 Continuō ventī volvunt mare, magnaque surgunt
Aequora; dispersī iactāmur gurgite vastō;
Involvēre diem nimbī, et nox ūmida caelum
Abstulit; ingeminant abruptīs nūbibus ignēs.
Excutimur cursū, et caecīs errāmus in undīs.
10 Ipse diem noctemque negat discernere caelō
Nec meminisse viae mediā Palinūrus in undā.
Trēs adeō incertōs caecā cālīgine sōlēs
Errāmus pelagō, totidem sine sīdere noctēs.
Quartō terra diē prīmum sē attollere tandem
15 Vīsa, aperīre procul montēs ac volvere fūmum.
Vēla cadunt; rēmīs insurgimus; haud mora nautae
Adnixī torquent spūmās et caerula verrunt.

Virgil, Aeneid iii 192–208.

70. *Pyramus and Thisbe*

Long ago in Babylon two lovers, when prevented by their parents from meeting, talked to each other through a hole in the wall which separated their houses. The fate of the lovers may be read in Shakespeare's *Midsummer Night's Dream.*

Pȳramus et Thisbē, iuvenum pulcherrimus alter,
Altera, quās oriens habuit, praelāta puellīs,
Contiguās tenuēre domōs, ubi dīcitur altam
Coctilibus mūrīs cinxisse Semīramis urbem.
Nōtitiam prīmōsque gradūs vīcīnia fēcit;   5
Tempore crēvit amor. Taedae quoque iūre co-
    issent,
Sed vetuēre patrēs. Quod nōn potuēre vetārī,
Ex aequō captīs ardēbant mentibus ambō.
Conscius omnis abest; nūtū signīsque loquuntur,
Quōque magis tegitur, tectus magis aestuat ignis. 10
Fissus erat tenuī rīmā, quam duxerat ōlim
Cum fieret, pariēs domuī commūnis utrīque.
Id vitium, nullī per saecula longa notātum,
(Quid nōn sentit amor?) prīmī vīdistis, amantēs,
Et vōcis fēcistis iter; tūtaeque per illud   15
Murmure blanditiae minimō transīre solēbant.
Saepe ubi constiterant, hinc Thisbē, Pȳramus illinc,
Inque vicēs fuerat captātus anhēlitus ōris,
'Invide' dīcēbant 'pariēs, quid amantibus obstās?
Nec sumus ingrātī: tibi nōs dēbēre fatēmur,   20
Quod datus est verbīs ad amīcās transitus aurēs.'

      Ovɪᴅ, *Metamorphoses* iv 55–77.

71. *The Revolt of Athamania*

Amynander, the king of Athamania in Aetolia, had
been driven out, and the country was now ruled by
the officers of Philip, king of Macedonia. As their rule
was harsh and unpopular, a plot for their expulsion was
formed and carried out successfully.

Exulantī tum Amȳnandrō in Aetōliā litterīs
suōrum, indicantium statum Athamāniae, spēs
recuperandī regnī facta est. Remissīque ab eō
nuntiant principibus Argitheam (id enim caput
5 Athamāniae erat), sī populārium animōs satis
perspectōs habēret, impetrātō ab Aetōlīs auxiliō,
in Athamāniam sē ventūrum cum Aetōlōrum
dēlectīs. Quōs ubi ad omnia parātōs esse vīdit,
certiōrēs subinde facit, quō diē cum exercitū
10 Athamāniam ingressūrus esset. Quattuor prīmō
fuērunt coniūrātī adversus Macedonum praesidium.
Hī sēnōs sibi adiūtōrēs ad rem gerendam adsump-
sērunt; dein paucitāte parum frētī, quae cēlandae
reī quam agendae aptior erat, parem priōrī nu-
15 merum adiēcērunt. Ita duo et quinquāgintā factī
quadrifāriam sē dīvīsērunt; pars ūna Hēraclēam,
altera Tetraphȳliam petit, ubi custōdia rēgiae
pecuniae esse solita erat, tertia Theudōriam, quarta
Argitheam. Ita inter omnēs convēnit, ut prīmō
20 quiētī, velut ad prīvātam rem agendam vēnissent,
in forō obversārentur, diē certā multitūdinem
omnem convocārent ad praesidia Macedonum
arcibus expellenda. Ubi ea diēs advēnit, et

Amȳnander cum mille Aetōlīs in fīnibus erat,
ex compositō quattuor simul locīs praesidia 25
Macedonum expulsa, litteraeque in aliās urbēs
passim dīmissae, ut vindicārent sēsē ab impotentī
dominātiōne Philippī et restituerent in patrium
ac lēgitimum regnum. Undique Macedones expel-
luntur. 30

LIVY xxxviii 1, 3.

72. *A Sentence of Exile*

For some offence, the nature of which is not known,
Ovid was banished from Italy by Augustus.   He was sent
to Tomi on the Black Sea in 8 A.D. and remained there till
his death in 18 A.D.

Cum subit illīus tristissima noctis imāgō,
   Quā mihi suprēmum tempus in urbe fuit,
Cum repetō noctem, quā tot mihi cāra relīquī,
   Lābitur ex oculīs nunc quoque gutta meīs.
Iam prope lux aderat, quā mē discēdere Caesar 5
   Fīnibus extrēmae iusserat Ausoniae.
Nec spatium fuerat, nec mens satis apta, parandī;
   Torpuerant longā pectora nostra morā.
Nōn mihi servōrum, comitēs nōn cūra legendī,
   Nōn aptae profugō vestis opisve fuit. 10
Nōn aliter stupuī, quam quī, Iovis ignibus ictus,
   Vīvit et est vītae nescius ipse suae.
Ut tamen hanc animī nūbem dolor ipse remōvit,
   Et tandem sensūs convaluēre meī,
Alloquor extrēmum maestōs abitūrus amīcōs, 15
   Quī modo dē multīs ūnus et alter erant.

Uxor amans flentem, flens acrius ipsa, tenēbat,
  Imbre per indignās usque cadente genās.
20 Nāta procul Libycīs aberat dīversa sub ōrīs,
  Nec poterat fātī certior esse meī.
Quōcumque aspicerēs, luctus gemitusque sonābant,
  Formaque nōn tacitī fūneris intus erat.
Fēmina virque meō, puerī quoque, fūnere maerent;
  Inque domō lacrimās angulus omnis habet.

OVID, *Tristia* i 3, 1–24.

73. *A Roman Orator and Greek Sculptors*

Cicero describes some statues, which Verres, when
governor of Sicily, had stolen from the chapel of Heius,
a leading citizen of Messana. As he is addressing a Roman
jury, Cicero pretends ignorance of Greek art and especially
of Greek artists.

Erat apud Hēium sacrārium magnā cum dignitāte in aedibus, ā māiōribus trāditum, perantīquum,
in quō signa pulcherrima quattuor, summō artificiō,
summā nōbilitāte, quae nōn modo istum, hominem
5 ingeniōsum et intellegentem, vērum etiam quemvīs
nostrûm, quōs iste idiōtās appellat, dēlectāre
possent; ūnum Cupīdinis marmoreum Praxitelī.
Nīmīrum didicī etiam, dum in istum inquīrō,
artificum nōmina. Īdem, opīnor, artifex Cupīdinem
10 fēcit illum, quī est Thespiīs, propter quem Thespiae
vīsuntur; nam alia vīsendī causa nulla est; atque
ille L. Mummius, cum Thespiadās, quae ad aedem
Fēlīcitātis sunt, cēteraque profāna ex illō oppidō

signa tolleret, hunc marmoreum Cupīdinem, quod
erat consecrātus, nōn attigit.   Vērum, ut ad illud 15
sacrārium redeam, signum erat hōc, quod dīcō,
Cupīdinis ē marmore ; ex alterā parte Herculēs,
ēgregiē factus ex aere.   Is dīcēbātur esse Myrōnis,
ut opīnor.   Item ante hōs deōs erant ārulae, quae
cuivīs religiōnem sacrāriī significāre possent.   Erant 20
aēnea duo praetereā signa, non maxima vērum
eximiā venustāte, virginālī habitū atque vestītū,
quae manibus sublātīs sacra quaedam mōre Athē-
niensium virginum reposita in capitibus sustinē-
bant.   Canēphoroe ipsae vocābantur ; sed eārum 25
artificem—quem ?   quemnam ?   Rectē admonēs ;
Polyclītum esse dīcēbant.   Messānam ut quisque
nostrûm vēnerat, haec vīsere solēbat ; omnibus
haec ad vīsendum patēbant cotīdiē ; domus erat
nōn dominō magis ornāmentō quam cīvitātī.   Haec 30
omnia, quae dixī, signa ab Hēiō e sacrāriō Verrēs
abstulit.

                CICERO, *In Verrem* ii 4, 4, 5.

74.   *A Boy's Epitaph*

No marble tomb is to cover the ashes of Alcimus, but
grass and trees. The poet desires that the same tribute
may be given to his own grave.

Alcime, quem raptum dominō crescentibus annīs
   Lāvīcāna levī caespite vēlat humus,
Accipe nōn Pariō nūtantia pondera saxō,
   Quae cinerī vānus dat ruitūra labor ;

5 Sed facilēs buxōs et opācās palmitis umbrās,
  Quaeque virent lacrimīs roscida prāta meīs,
  Accipe, cāre puer, nostrī monimenta dolōris:
  Hīc tibi perpetuō tempore vīvet honor.
  Cum mihi suprēmōs Lachesis pernēverit annōs,
10 Nōn aliter cinerēs mando iacēre meōs.

                                    MARTIAL i 88.

75. *The Passion of Dido*

   Dido is distraught by her love for Aeneas. She seeks
   to be with him all day, and cannot sleep at night for
   thinking of him. The building of her city comes to
   a standstill.

Ūritur infēlix Dīdō tōtāque vagātur
Urbe furens, quālis coniectā cerva sagittā,
Quam procul incautam nemora inter Crēsia fixit
Pastor agens tēlīs, līquitque volātile ferrum
5 Nescius; illa fugā silvās saltūsque perāgrat
Dictaeōs; haeret laterī lētālis harundō.
Nunc media Aenēān sēcum per moenia dūcit,
Sīdoniāsque ostentat opēs urbemque parātam;
Incipit effārī mediāque in vōce resistit.
10 Nunc eadem lābente diē convīvia quaerit,
Īliacōsque iterum dēmens audīre labōrēs
Exposcit, pendetque iterum narrantis ab ōre.
Post, ubi dīgressī, lūmenque obscūra vicissim
Lūna premit, suādentque cadentia sīdera somnōs,
15 Sōla domō maeret vacuā, strātīsque relictīs
Incubat; illum absens absentem auditque videtque;

Aut gremiō Ascanium, genitōris imāgine capta,
Dētinet, infandum sī fallere possit amōrem.
Nōn coeptae adsurgunt turrēs, nōn arma iuventūs
Exercet, portūsve aut prōpugnācula bellō   20
Tūta parant; pendent opera interrupta minaeque
Mūrōrum ingentēs aequātaque māchina caelō.

VIRGIL, Aeneid iv 68–89.

76. *The Folly of Race-goers*

Chariot-races were the most popular public spectacle
in imperial Rome. Four chariots took part in each race,
and each had its own colour (*pannus*), red, white, green,
or blue. The popular excitement was extraordinary.
Christian converts, when rebuked by their pastors for
caring too much for the races, pleaded in their defence
that Elijah had gone up to heaven in a chariot!

Omne hōc tempus inter pugillārēs ac libellōs
iūcundissimā quiēte transmīsī. 'Quemadmodum'
inquis 'in urbe potuistī?' Circensēs erant, quō
genere spectāculī nē levissimē quidem teneor.
Nihil novum, nihil varium, nihil quod nōn semel 5
spectasse sufficiat. Quō magis mīror tot mīlia
virōrum tam puerīliter identidem cupere currentēs
equōs, insistentēs curribus hominēs vidēre. Sī
tamen aut vēlōcitāte equōrum aut hominum arte
traherentur, esset ratiō nōn nulla; nunc fa- 10
vent pannō, pannum amant; et, sī in ipsō
cursū mediōque certāmine hīc color illūc, ille
hūc transferātur, studium favorque transībit, et

repente agitātōrēs illōs, equōs illōs, quōs procul
15 noscitant, quōrum clāmitant nōmina, relinquent.
Tanta grātia, tanta auctōritās in ūnā vīlissimā
tunicā, mittō apud vulgus, quod vīlius tunicā,
sed apud quōsdam gravēs hominēs; quōs ego cum
recordor in rē inānī, frīgidā, adsiduā tam insatiā-
20 biliter dēsidēre, capiō aliquam voluptātem, quod
hāc voluptāte nōn capior. Ac per hōs diēs
libentissimē ōtium meum in litterīs conlocō, quōs
aliī ōtiōsissimīs occupātiōnibus perdunt. Valē.

PLINY, Letters ix 6.

77. *Perseus slays the Monster*

**Andromĕda was chained to the rocks for a sea-monster
to devour. Perseus flew down from the sky, like an eagle
upon a snake, and slew the monster with his scimitar.**

Ecce velut nāvis praefixō concita rostrō
Sulcat aquās, iuvenum sūdantibus acta lacertīs,
Sīc fera, dīmōtīs impulsū pectoris undīs,
Tantum aberat scopulīs, quantum Baleārica tortō
5 Funda potest plumbō mediī transmittere caelī;
Cum subitō iuvenis, pedibus tellūre repulsā,
Arduus in nūbēs abiīt. Ut in aequore summō
Umbra virī vīsa est, vīsam fera saevit in umbram.
Utque Iovis praepes, vacuō cum vīdit in arvō
10 Praebentem Phoebō līventia terga dracōnem,
Occupat āversum, neu saeva retorqueat ōra,
Squāmigerīs avidōs fīgit cervīcibus unguēs;
Sīc celer, immissō praeceps per ināne volātū,

Terga ferae pressit, dextrōque frementis in armō
Īnachidēs ferrum curvō tenus abdidit hāmō.   15
Vulnere laesa gravī, modo sē sublīmis in aurās
Attollit, modo subdit aquīs, modo mōre ferōcis
Versat aprī, quem turba canum circumsona terret.
Ille avidōs morsūs vēlōcibus effugit ālīs.

OVID, *Metamorphoses* iv 706–724.

78. *A Stolen Statue*

Verres, as governor of Sicily, had oppressed and robbed
the Sicilians in every possible way. He carried off statues
among other things, although he was quite unable to
appreciate works of art.

Nam Sapphō, quae sublāta dē prytanīō est, dat
tibi iustam excūsātiōnem, prope ut concēdendum
atque ignoscendum tibi videātur; Silāniōnis opus
tam perfectum, tam ēlegans, tam ēlabōrātum,
quisquam nōn modo prīvātus sed populus potius 5
habēret quam homo ēlegantissimus atque ērudītis-
simus, Verrēs? Nīmīrum contrā dīcī nihil potest.
Nostrûm enim ūnus quisque, quī tam beātī, quam
iste est, nōn sumus, tam dēlicātī esse nōn possumus,
sī quandō aliquid istīus modī vidēre volet, eat ad 10
aedem Fēlīcitātis, ad monumentum Catulī, in porti-
cum Metellī; det operam ut admittātur in alicūius
istōrum Tusculānum; spectet forum ornātum, sī
quid iste suōrum aedīlibus commodārit; Verrēs
haec habeat domī, Verrēs ornāmentōrum fānōrum 15
atque oppidōrum habeat plēnam domum, villās

refertās. Etiamne hūius operāriī studia ac dēliciās,
iūdicēs, perferētis, quī ita nātus, ita ēducātus est,
ita factus et animō et corpore, ut multō appositior
20 ad ferenda quam auferenda signa esse videātur ?
Atque haec Sapphō sublāta quantum dēsīderium
suī relīquerit, dīcī vix potest. Nam cum ipsa
fuit ēgregiē facta, tum epigramma Graecum per-
nōbile incīsum est in basī ; quod iste ērudītus
25 homō et graeculus, sī ūnam litteram Graecam
scisset, certē ūnā sustulisset ; nunc enim, quod
scriptum est inānī in basī, dēclārat quid fuerit,
et id ablātum indicat. Itaque eī, quī hospitēs
ad ea quae vīsenda sunt, solent dūcere et ūnum
30 quidque ostendere, conversam iam habent dēmon-
strātiōnem suam. Nam, ut ante dēmonstrābant,
quid ubīque esset, item nunc, quid undique ablātum
sit, ostendunt.

CICERO, *In Verrem* ii 4, 126, 127, 132.

79. *All must Die*

When we think that no one has escaped death, that
kings and conquerors and poets and philosophers have
all suffered the common doom, how can we think death a
hardship for ourselves ?

Hōc etiam tibi tūte interdum dīcere possīs .
'Lūmina sīs oculīs etiam bonus Ancu' relīquit,
Quī melior multīs quam tū fuit, improbe, rēbus.
Inde aliī multī rēgēs rērumque potentēs
5 Occiderunt, magnīs quī gentibus imperitārunt.

Ille quoque ipse, viam qui quondam per mare
    magnum
Strāvit, iterque dedit legiōnibus īre per altum,
Ac pedibus salsās docuit superāre lacūnās,
Et contempsit equīs insultans murmura pontī,
Lūmine ademptō, animam moribundō corpore
    fūdit.   10
Scīpiadās, bellī fulmen, Carthāginis horror,
Ossa dedit terrae, proinde ac famul infimus esset.
Adde repertōrēs doctrīnārum atque lepōrum;
Adde Helicōniadum comitēs, quōrum ūnus Ho-
    mērus
Sceptra potītus eādem aliīs sōpītu' quiēte est.   15
Dēnique Dēmocritum postquam mātūra vetustās
Admonuit memorēs mōtūs languescere mentis,
Sponte suā lētō caput obvius obtulit ipse.
Ipse EPICŪRUS obīt, dēcursō lūmine vītae,
Quī genus hūmānum ingeniō superāvit, et omnēs 20
Restinxit, stellās exortus ut aetherius sōl.
Tū vērō dubitābis et indignābere obīre?'
              LUCRETIUS iii 1024–1045.

80. *A Battle under Ground*

Ambracia was besieged by the Romans during their
war with the Aetolians B.C. 189.

Rōmānī ad Ambraciam, plūribus locīs quatiendō
arietibus mūrōs, aliquantum urbis nūdāverant, nec
tamen penetrāre in urbem poterant; nam et parī
celeritāte novus prō dīrutō mūrus obiciēbātur, et
armātī, ruīnīs superstantēs, instar mūnīmentī erant. 5

Itaque, cum apertā vī parum prōcēderet consulī
rēs, cunīculum, occultum vīneīs ante contectō locō,
agere instituit; et aliquamdiū, cum noctēs diēsque
in opere essent, nōn sōlum sub terrā fodientēs, sed
10 ēgerentēs etiam humum, fefellēre hostem. Cumulus
repente terrae ēminens index operis oppidānīs fuit;
pavidīque, nē, iam subrutīs mūrīs, facta in urbem
via esset, fossam intrā mūrum ē regiōne ēius operis,
quod vīneīs contectum erat, dūcere instituunt.
15 Cūius ubi ad tantam altitūdinem, quantae esse
solum infimum cunīculī poterat, pervēnērunt,
silentiō factō, plūribus locīs aure admōtā, sonitum fodientium captābant. Quem ubi accēpērunt,
aperiunt rectam in cunīculum viam. Nec fuit
20 magnī operis: mōmentō enim ad ināne, suspensō
furculīs ab hostibus mūrō, pervēnērunt. Ibi, com-
missīs operibus, cum ē fossā in cunīculum patēret
iter, ipsīs ferrāmentīs, quibus in opere ūsī erant,
occultam sub terrā ēdidērunt pugnam.

Livy xxxviii 7, 4.

81.   *The Mission of Aeneas*

Aeneas excuses himself to Dido for his departure from
Carthage, pleading his divine mission to settle in Italy.
He had been urged to settle nowhere except in Italy by
oracles of the gods, by the ghost of his father, by a divine
messenger from Jupiter, and by the interests of his son.

Mē sī fāta meīs paterentur dūcere vītam
Auspiciīs, et sponte meā compōnere cūrās,

Urbem Trōiānam prīmum dulcēsque meōrum
Relliquiās colerem,
Et recidīva manū posuissem Pergama victīs.   5
Sed nunc Ītaliam magnam Grȳnēus Apollō,
Ītaliam Lyciae iussēre capessere sortēs;
Hīc amor, haec patria est. Sī tē Carthāginis arcēs,
Phoenissam, Libycaeque aspectus dētinet urbis,
Quae tandem Ausoniā Teucrōs consīdere terrā   10
Invidia est? Et nōs fās extera quaerere regna.
   Mē patris Anchīsae, quotiens ūmentibus umbrīs
Nox operit terrās, quotiens astra ignea surgunt,
Admonet in somnīs et turbida terret imāgō,
Mē puer Ascanius capitisque iniūria cārī,   15
Quem regnō Hesperiae fraudō et fātālibus arvīs.
Nunc etiam interpres dīvûm, Iove missus ab ipsō,
(Testor utrumque caput) celerēs mandāta per aurās
Dētulit; ipse deum manifestō in lūmine vīdī
Intrantem mūrōs, vōcemque hīs auribus hausī.   20
Dēsine mēque tuīs incendere tēque querellīs;
Ītaliam nōn sponte sequor.

                        VIRGIL, *Aeneid* iv 340-361.

82. *A Dishonest Trick*

A Syracusan banker induced a Roman knight to buy
some land much above its value by making him believe
that the land carried with it a monopoly.

C. Cānius eques Rōmānus, nec infacētus et
satis litterātus, cum sē Syrācūsās ōtiandī, ut ipse
dīcere solēbat, nōn negōtiandī, causā contulisset,

dictitābat se hortulōs aliquōs emere velle, quō invī-
5 tāre amīcōs et ubi sē oblectāre sine interpellātōribus
posset. Quod cum percrēbuisset, Pȳthius eī quīdam,
quī argentāriam faceret Syrācūsīs, vēnālēs quidem
sē hortōs nōn habēre, sed licēre ūtī Cāniō, sī vellet,
ut suīs; et simul ad cēnam hominem in hortōs
10 invītāvit in posterum diem. Cum ille prōmīsisset,
tum Pȳthius, quī esset, ut argentārius, apud omnēs
ordinēs grātiōsus, piscātōrēs ad sē convocāvit, et
ab iīs petīvit, ut ante suōs hortulōs piscārentur,
dixitque quid eōs facere vellet. Ad cēnam temperī
15 vēnit Cānius; opiparē ā Pȳthiō apparātum convīvium; cumbārum ante oculōs multitūdō; prō
sē quisque, quod cēperat, afferēbat; ante pedēs
Pȳthiī piscēs abiciēbantur. Tum Cānius, 'Quaesō,'
inquit, 'quid est hōc, Pȳthī? tantumne piscium?
20 tantumne cumbārum?' Et ille 'Quid mīrum?'
inquit; 'hōc locō est Syrācūsīs quidquid est
piscium, hīc aquātiō; hāc villā istī carēre nōn
possunt.' Incensus Cānius cupiditāte contendit ā
Pȳthiō ut venderet. Gravātē ille prīmō. Quid
25 multa? Impetrat. Ēmit homō cupidus et locuplēs,
quantī Pȳthius voluit. Invītat Cānius postrīdiē
familiārēs suōs, venit ipse mātūrē, scalmum nullum
videt. Quaerit ex proximō vīcīnō, num fēriae
quaedam piscātōrum essent, quod eōs nullōs vi-
30 dēret. 'Nullae, quod sciam,' inquit, 'sed hīc
piscārī nullī solent; itaque herī mīrābar quid
accidisset.' Stomachārī Cānius, sed quid faceret?

CICERO, *De Officiis* iii 58, 59.

83. *So Near and yet so Far*

An instance of what we all know : that, when it is in
our power to see a friend daily, we see less of him than we
should, if he lived further off.

Vīcīnus meus est manūque tangī
Dē nostrīs Novius potest fenestrīs.
Quis nōn invideat mihī, putetque
Hōrīs omnibus esse mē beātum,
Iunctō cui liceat fruī sodāle?   5

   Tam longē est mihi quam Terentiānus,
Quī nunc Nīliacam regit Syēnēn.
Nōn convīvere, nec vidēre saltem,
Nōn audīre licet; nec urbe tōtā
Quisquam est tam prope tam proculque nōbīs. 10
Mīgrandum est mihi longius vel illī.
Vīcīnus Noviō vel inquilīnus
Sit, sī quis Novium vidēre nōn vult.

MARTIAL i 86.

84. *A Plea for an Offending Servant*

A freedman had in some way incurred the anger of his
master, and Pliny in this letter intercedes, in order to get
him forgiven.

Lībertus tuus, cui suscensēre tē dixerās, vēnit
ad mē advolūtusque pedibus meīs tamquam tuīs
haesit. Flēvit multum, multum rogāvit, multum
etiam tacuit; in summā, fēcit mihi fidem paenitentiae. Vērē crēdō ēmendātum, quia dēlīquisse 5

sē sentit. Īrasceris, scio; et īrasceris meritō, id
quoque scio; sed tunc praecipua mansuētūdinis
laus, cum īrae causa iustissima est. Amastī
hominem, et, ut spērō, amābis; interim sufficit,
10 ut exōrārī tē sinās. Licēbit rursus īrascī, sī
meruerit, quod exōrātus excūsātius faciēs. Remitte aliquid adulescentiae ipsīus, remitte lacrimīs,
remitte indulgentiae tuae; nē torseris illum, nē
torseris etiam tē. Torquēris enim, cum tam lēnis
15 īrasceris. Vereor nē videar nōn rogāre sed cōgere,
sī precibus ēius meās iunxerō. Iungam tamen
tantō plēnius et effūsius, quantō ipsum ācrius
sevēriusque corripuī, destrictē minātus, nunquam
mē posteā rogātūrum. Hōc illī, quem terrērī
20 oportēbat, tibi nōn idem. Nam fortasse iterum
rogābō, impetrābō iterum; sit modo tāle, ut
rogāre mē, praestāre tē deceat. Valē.

PLINY, *Letters* ix 21.

85. *The Death of Dido*

When Aeneas had sailed from Carthage for Italy,
Dido, unable to endure the separation, ascended a pyre,
which she had previously made in her palace, and stabbed
herself with a sword which had belonged to Aeneas.

At trepida et coeptīs immānibus effera Dīdō,
Sanguineam volvens aciem, maculīsque trementēs
Interfūsa genās, et pallida morte futūrā,
Interiōra domūs inrumpit līmina, et altōs
5 Conscendit furibunda rogōs, ensemque reclūdit

Dardanium, nōn hōs quaesītum mūnus ad ūsūs.
Hīc postquam Īliacās vestēs nōtumque cubīle
Conspexit, paullum lacrimīs et mente morāta,
Incubuitque torō dixitque novissima verba.
'Dulcēs exuviae, dum fāta deusque sinēbat,   10
Accipite hanc animam, mēque hīs exsolvite cūrīs!
Vixī, et, quem dederat cursum Fortūna, perēgī,
Et nunc magna meī sub terrās ībit imāgō.
Urbem praeclāram statuī; mea moenia vīdī;
Ulta virum, poenās inimīcō ā frātre recēpī;   15
Fēlix, heu nimium fēlix, sī lītora tantum
Numquam Dardaniae tetigissent nostra carīnae.'
Dixit, et, ōs impressa torō, 'Moriēmur inultae?
Sed moriāmur' ait; 'sīc, sīc iuvat īre sub umbrās!
Hauriat hunc oculīs ignem crūdēlis ab altō   20
Dardanus, et nostrae sēcum ferat ōmina mortis.'
   Dixerat, atque illam media inter tālia ferrō
Collapsam aspiciunt comitēs, ensemque cruōre
Spūmantem, sparsāsque manūs.

Virgil, Aeneid iv 642–665.

86. *Youth and Age*

Horace describes the characteristics of man at the different periods of his life.

Reddere quī vōcēs iam scit puer, et pede certō
Signat humum, gestit paribus collūdere, et īram
Colligit ac pōnit temere, et mūtātur in hōrās.
Imberbis iuvenis, tandem custōde remōtō,
Gaudet equīs canibusque et aprīcī grāmine campī, 5

Cēreus in vitium flectī, monitōribus asper,
Ūtilium tardus prōvīsor, prōdigus aeris,
Sublīmis, cupidusque, et amāta relinquere pernix.
Conversīs studiīs aetās animusque virīlis
10 Quaerit opēs et amīcitiās, inservit honōrī,
Commīsisse cavet, quod mox mūtāre labōret.
Multa senem circumveniunt incommoda, vel quod
Quaerit et inventīs miser abstinet ac timet ūtī,
Vel quod rēs omnēs timidē gelidēque ministrat,
15 Dīlātor, spē longus, iners, avidusque futūrī,
Difficilis, querulus, laudātor temporis actī
Sē puerō, castīgātor censorque minōrum.
Multa ferunt annī venientēs commoda sēcum,
Multa recēdentēs adimunt.

HORACE, *Ars Poetica* 158–176.

87. *The Death of Philopoemen*

Philopoemen, 'the last of the Greeks,' was born about
252 B.C. A brave soldier and good general, he was long
president of the Achaean League. In 183 B.C., when old
and in bad health, he was taken prisoner while fighting
against Messene and put to death.

Iam invesperascēbat, et nōn modo cētera, sed
nē in proximam quidem noctem ubi satis tūtō
cus ōdīrētur, expediēbant. Obstupuerant ad mag-
nitūdinem pristinae ēius fortūnae virtūtisque, et
5 neque ipsī domum recipere custōdiendum audēbant,
nec cuiquam ūnī custōdiam ēius satis crēdēbant.
Admonent deinde quīdam, esse thēsaurum publicum

sub terrā, saxō quadrātō saeptum. Eō vinctus
dēmittitur, et saxum ingens māchinā superim-
positum est. Ita locō potius quam hominī cuiquam 10
crēdendam custōdiam ratī, lūcem insequentem ex-
pectāvērunt. Posterō diē multitūdō quidem
integra, memor pristinōrum ēius in cīvitātem
meritōrum, parcendum ac per eum remedia
quaerenda esse praesentium malōrum censēbant; 15
sed dēfectiōnis auctōrēs, quōrum in manū rēs
publica erat, in sēcrētō consultantēs, omnēs ad
necem ēius consentiēbant; sed, utrum mātūrārent
an differrent, ambigēbātur. Vīcit pars avidior
poenae; missusque quī venēnum ferret. Acceptō 20
pōculō nihil aliud locūtum ferunt quam quaesisse,
sī incolumis Lycortas (is alter imperātor Achaeōrum
erat) equitēsque ēvāsissent. Postquam dictum est
incolumēs esse, 'Bene habet,' inquit, et, pōculō
impavidē exhaustō, haud ita multō post exspīrāvit. 25

LIVY xxxix 50.

88. *Unconquerable Rome*

Horace puts these words in the mouth of Hannibal,
who speaks thus of Rome after the death of Hasdrubal at
the Metaurus in 207 B.C.

Gens, quae cremātō fortis ab Īliō,
Iactāta Tuscīs aequoribus, sacra
    Nātōsque mātūrōsque pātrēs
        Pertulit Ausoniās ad urbēs,

5   Dūrīs ut īlex tonsa bipennibus
     Nīgrae ferācī frondis in Algidō,
          Per damna, per caedēs, ab ipsō
          Dūcit opēs animumque ferrō.

     Nōn hȳdra sectō corpore firmior
10   Vincī dolentem crēvit in Herculem,
          Monstrumve submīsēre Colchī
          Māius Echīoniaeve Thēbae.

     Mersēs profundō, pulchrior ēvenit;
     Luctēre, multā prōruet integrum
15   Cum laude victōrem, geretque
          Proelia coniugibus loquenda.

                    HORACE, *Odes* iv 4, 53–68.

89.   *Baucis and Philemon*

Jupiter and Mercury in disguise sought hospitality on
earth and found it only in the poor cottage of Baucis and
Philemon.   In return for their hospitality, the gods turned
the poor cottage into a temple.

Mille domōs adiēre, locum requiemque petentēs;
Mille domōs clausēre serae.   Tamen ūna recēpit,
Parva quidem, stipulīs et cannā tecta palustrī;
Sed pia Baucis anus parilīque aetāte Philēmōn
5 Illā sunt annīs iunctī iuvenīlibus, illā
Consenuēre casā; paupertātemque fatendō
Effēcēre levem nec inīquā mente ferendō.
Nec rēfert, dominōs illīc famulōsne requīrās;
Tōta domus duo sunt, īdem pārentque iubentque.
10 Ūnicus anser erat, minimae custōdia villae,

Quem dīs hospitibus dominī mactāre parābant.
Ille celer pennā tardōs aetāte fatīgat
Ēlūditque diū, tandemque est vīsus ad ipsōs
Confūgisse deōs. Superī vetuēre necārī,
'Dī 'que 'sumus, meritāsque luet vīcīnia poenas   15
Impia' dixērunt; 'vōbīs immūnibus hūius
Esse malī dabitur. Modo vestra relinquite tecta,
Ac nostrōs comitāte gradūs, et in ardua montis
Īte simul.' Pārent ambō, baculīsque levātī
Nītuntur longō vestīgia pōnere clīvō.   20
'Tantum aberant summō, quantum semel īre sa-
      gitta
Missa potest; flexēre oculōs, et mersa palūde
Cētera prospiciunt, tantum sua tecta manēre.
Dumque ea mīrantur, dum dēflent fāta suōrum,
Illa vetus, dominīs etiam casa parva duōbus,   25
Vertitur in templum. Furcās subiēre columnae;
Strāmina flāvescunt, aurātaque tecta videntur,
Caelātaeque forēs, adopertaque marmore tellūs.
      Ovid, *Metamorphoses* viii 628–636;
                              684–703.

90. *A Tribute to Caesar*

Cicero here reminds Antony that Caesar, a far greater
and nobler man than he, could not escape assassination,
and warns him to beware of a like fate.

This speech was never actually spoken but was com-
posed by Cicero in the autumn of 44 B.C.

Quod sī nōn metuis virōs fortēs ēgregiōsque
cīvēs, quod ā corpore tuō prohibentur armīs, tuī

tē, mihi crēde, diūtius nōn ferent. Quae est autem
vīta diēs et noctēs timēre ā suīs? Nisi vērō aut
5 māiōribus habēs beneficiīs obligātōs, quam ille
quosdam habuit ex eīs, ā quibus est interfectus,
aut tū es ullā rē cum eō comparandus. Fuit in
illō ingenium, ratiō, memoria, litterae, cūra, cōgitātiō, dīligentia; rēs bellō gesserat, quamvīs reī
10 publicae calāmitōsās, at tamen magnās; multōs
annōs regnāre meditātus, magnō labōre, multīs
perīculīs, quod cōgitārat, effēcerat; mūneribus,
monimentīs, congiāriīs, epulīs multitūdinem im-
perītam dēlēnierat; suōs praemiīs, adversāriōs
15 clēmentiae speciē dēvinxerat. Quid multa?
Attulerat iam līberae cīvitātī, partim metū,
partim patientiā, consuētūdinem serviendī. Cum
illō ego tē dominandī cupiditāte conferre possum,
ceterīs vērō rēbus nullō modō comparandus es.
20 Sed ex plūrimīs malīs, quae ab illō reī publicae
sunt inusta, hōc tamen bonī est, quod didicit iam
populus Rōmānus, quantum cuique crēderet, quibus
sē committeret, ā quibus cavēret. Haec nōn cōgi-
tās? Nec intellegis satis esse virīs fortibus didicisse,
25 quam sit rē pulchrum, beneficiō grātum, fāmā
glōriōsum, tyrannum occīdere? An, cum illum
hominēs nōn tulerint, tē ferent? Certātim posthāc,
mihi crēde, ad hōc opus currētur, neque occāsionis
tarditās expectābitur.

CICERO, *Philippic* ii 116–118.

91. *A Father's Grave*

Aeneas returns to Sicily from Africa. Exactly a year
has elapsed since he buried his father, Anchises, in Sicily;
and he decides to celebrate the day with games.

Postera cum prīmō stellās oriente fugârat
Clāra diēs, sociōs in coetum lītore ab omnī
Advocat Aenēās, tumulīque ex aggere fātur.
' Dardanidae magnī, genus altō ā sanguine dīvûm,
Annuus exactīs complētur mensibus orbis,   5
Ex quō relliquiās dīvīnīque ossa parentis
Condidimus terrā, maestāsque sacrāvimus ārās.
Iamque diēs, nisi fallor, adest, quem semper acer-
      bum,
Semper honōrātum (sīc, dī, voluistis) habēbō.
Hunc ego Gaetūlīs agerem sī Syrtibus exul,   10
Argolicōve marī dēprensus et urbe Mycēnae,
Annua vōta tamen sollemnesque ordine pompās
Exsequerer, strueremque suīs altāria dōnīs.
Nunc ultrō ad cinerēs ipsīus et ossa parentis
(Haud equidem sine mente, reor, sine nūmine
      dīvûm)   15
Adsumus, et portūs dēlātī intrāmus amīcōs.
Ergō agite, et laetum cunctī celebrēmus honōrem ;
Poscāmus ventōs, atque haec mē sācra quotannīs
Urbe velit positā templīs sibi ferre dicātīs.'

      VIRGIL, *Aeneid* v 42-60.

92. *The Death of Hannibal*

At the end of his life Hannibal was an exile living at
the court of Prusias, king of Bithynia. After defeating
Antiochus, the Romans sent Flamininus to require the
surrender of their inveterate foe; and Hannibal took
poison (B.C. 183).

Mīlitēs extemplō ad domum Hannibalis cus-
tōdiendam missī sunt. Semper tālem exitum
vītae suae Hannibal prospexerat animō, et Rō-
mānōrum inexpiābile odium in sē cernens, et fideī
5 rēgum nihil sānē frētus; Prūsiae vērō levitātem
etiam expertus erat; Flāminīnī quoque adventum
velut fātālem sibi horruerat. Ad omnia undique
infesta, ut iter semper aliquod praeparātum fugae
habēret, septem exitūs ē domō fēcerat, et ex eīs
10 quosdam occultōs, nē custōdiā saepīrentur. Sed
grave imperium rēgum nihil inexplōrātum, quod
vestīgārī volunt, efficit. Tōtīus circuitum domūs
ita custōdiīs complexī sunt, ut nēmō inde ēlābī
posset. Hannibal, postquam est nuntiātum,
15 mīlitēs rēgiōs in vestibulō esse, postīcō fugere
cōnātus, ut id quoque occursū mīlitum obsaeptum
sensit et omnia circā clausa custōdiīs dispositīs
esse, venēnum, quod multō ante praeparātum ad
tālēs habēbat cāsūs, poposcit. 'Līberēmus' inquit
20 'diūturnā cūrā populum Rōmānum, quandō mortem
senis expectāre longum censent. Nec magnam nec
memorābilem ex inermī prōditōque Flāminīnus
victōriam feret. Mōrēs quidem populī Rōmānī

quantum mūtāverint, vel hīc diēs argūmentō erit.
Hōrum patrēs Pyrrhō rēgī, hostī armātō, exercitum 25
in Italiā habentī, ut ā venēnō cavēret, praedixērunt;
hī lēgātum consulārem, quī auctor esset Prūsiae
per scelus occīdendī hospitis, mīsērunt.' Exse-
crātus deinde in caput regnumque Prūsiae, et
hospitālēs deōs violātae ab eō fideī testēs invocans, 30
pōculum exhausit. Hīc vītae exitus fuit Hannibalis.

LIVY xxxix 51, 3.

93. *The Noisy Schoolmaster*

Schools in Rome began work at a very early hour; and
Martial complains that his sleep is ruined by the noise this
schoolmaster makes.

Quid tibi nōbiscum est, lūdī scelerāte magister,
  Invīsum puerīs virginibusque caput?
Nondum cristātī rūpēre silentia gallī;
  Murmure iam saevō verberibusque tonās.
Tam grave percussīs incūdibus āera resultant,   5
  Causidicō medium cum faber aptat equum;
Mītior in magnō clāmor furit amphitheātrō,
  Vincentī parmae cum sua turba favet.
Vīcīnī somnum nōn tōtā nocte rogāmus;
  Nam vigilāre leve est, pervigilāre grave est.   10
Discipulōs dīmitte tuōs. Vīs, garrule, quantum
  Accipis ut clāmēs, accipere ut taceās?

MARTIAL ix 68.

94. *A Haunted House*

Erat Athēnīs domus spatiōsa sed infāmis.
Per silentium noctis strepitus vinculōrum, longius
prīmō, deinde ē proximō reddēbātur. Mox ap-
pārēbat īdōlon, senex maciē et squālōre confectus;
5 crūribus compedēs, manibus catēnās gerēbat quati-
ēbatque. Inde inhabitantibus tristēs dīraeque
noctēs per metum vigilābantur; vigiliam morbus
et, crescente formīdine, mors sequēbātur. Dēserta
inde et damnāta sōlitūdine domus tōtaque illī
10 monstrō relicta. Venit Athēnās philosophus
Athēnodōrus, legit titulum, audītōque pretiō,
quia suspecta vīlitās, percunctātus, omnia docētur,
ac nihilō minus, immō tantō magis, condūcit. Ubi
coepit advesperascere, iubet sternī sibi in prīmā
15 domūs parte, poscit pugillārēs, stilum, lūmen; ad
scrībendum animum, oculōs, manum intendit, nē
vacua mens audīta simulācra fingeret. Initiō,
quāle ubīque, silentium noctis; dein concutī
ferrum, vincula movērī; ille nōn tollere oculōs,
20 nōn remittere stilum; tum crēbrescere fragor, ad-
ventāre et iam ut in līmine, iam ut intrā līmen,
audīrī. Respicit; videt agnoscitque narrātam sibi
effigiem. Stābat, innuēbatque digitō, similis vo-
cantī; hīc contrā, ut paulum expectāret, manū
25 significat, rursusque cērīs et stilō incumbit; illa
scrībentis capitī catēnīs insonābat; respicit rursus
idem quod prius innuentem, nec morātus tollit
lūmen et sequitur. Ībat illa lentō gradū, quasi

gravis vinculīs; postquam dēflexit in āream domūs,
repente dīlapsa dēserit comitem ; dēsertus herbās 30
et folia concerpta signum locō pōnit.   Posterō diē
adit magistrātūs, monet ut illum locum effodī
iubeant.   Inveniuntur ossa inserta catēnīs ; collecta
publicē sepeliuntur.   Domus posteā rīte conditīs
mānibus caruit.   35

Pliny, *Letters* vii 27, 5.

95.   *Thanks to the Muse*

Ovid, in his exile by the Danube, finds consolation in
his poetry and in his fame as a poet.

Ergō quod vīvō, dūrisque labōribus obstō,
  Nec mē sollicitae taedia lūcis habent,
Grātia, Mūsa, tibī.   Nam tū sōlācia praebēs,
  Tū cūrae requiēs, tū medicīna venīs ;
Tū dux et comes es ; tū nōs abdūcis ab Histrō, 5
  In mediōque mihī dās Helicōne locum.
Tū mihi, quod rārum est, vīvō sublīme dedistī
  Nōmen, ab exsequiīs quod dare fāma solet.
Nec, quī dētrectat praesentia, Līvor inīquō
  Ullum dē nostrīs dente momordit opus.   10
Nam, tulerint magnōs cum saecula nostra poētās,
  Nōn fuit ingeniō fāma maligna meō ;
Cumque ego praepōnam multōs mihi, nōn minor
    illīs
Dīcor, et in tōtō plūrimus orbe legor.
Si quid habent igitur vātum praesāgia vērī,   15
  Prōtinus ut moriar, nōn ero, terra, tuus.

Ovid, *Tristia* iv 10, 115-130.

96. *After Death*

Lucretius has been giving proofs that the soul dies
with the body. He now draws the conclusion, that death
is nothing to us—that we cannot be affected by anything
that happens after our death, any more than we were
affected by what happened before our birth.

Nīl igitur mors est ad nōs neque pertinet hīlum,
Quandoquidem nātūra animī mortālis habētur.
Et, velut anteactō nīl tempore sensimus aegrī,
Ad conflīgendum venientibus undique Poenīs,
5 Omnia cum, bellī trepidō concussa tumultū,
Horrida contremuēre sub altīs aetheris ōrīs,
In dubiōque fuēre, ūtrōrum ad regna cadendum
Omnibus hūmānīs esset terrāque marīque—
Sīc, ubi nōn erimus, cum corporis atque animāi
10 Discidium fuerit, quibus ē sumus ūniter aptī,
Scīlicet haud nōbīs quicquam, quī nōn erimus
        tum,
Accidere omnīnō poterit sensumque movēre,
Nōn sī terra marī miscēbitur et mare caelō.

                              LUCRETIUS iii 830–842.

97. *A Roll of Great Men*

Cicero claims that, by preserving Rome from the conspiracy of Catiline, he deserves to be ranked with the
greatest of victorious generals.

This speech was delivered in the Senate on Dec. 5,
63 B.C.

Ego, quanta manus est coniūrātōrum (quam
vidētis esse permagnam), tantam mē inimīcōrum

multitūdinem suscēpisse videō; sed eam iūdicō
esse turpem et infirmam et abiectam. Quod sī
aliquandō, alicūius furōre et scelere concitāta, 5
manus ista plūs valuerit quam vestra ac reī
publicae dignitās, mē tamen meōrum factōrum
atque consiliōrum numquam, patrēs conscriptī,
paenitēbit. Etenim mors, quam illī fortasse
minitantur, omnibus est parāta; vītae tantam 10
laudem, quantā vōs mē vestrīs dēcrētīs honestastis,
nēmō est assecūtus. Cēterīs enim semper bene
gestā, mihi ūnī conservātā rē publicā congrātulā-
tiōnem dēcrēvistis. Sit Scīpiō ille clārus, cūius
consiliō atque virtūte Hannibal in Africam redīre 15
atque Ītaliā dēcēdere coactus est; ornētur alter
eximiā laude Africānus, quī duās urbēs huic imperiō infestissimās, Carthāginem Numantiamque,
dēlēvit; habeātur vir ēgregius Paulus ille, cūius
currum rex potentissimus quondam et nōbilissimus 20
Persēs honestāvit; sit aeternā glōriā Marius, quī
bis Ītaliam obsidiōne et metū servitūtis līberāvit;
antepōnātur omnibus Pompeius, cūius rēs gestae
atque virtūtēs eisdem, quibus sōlis cursūs, regiōnibus ac terminīs continentur: erit profectō inter 25
hōrum laudēs aliquid locī nostrae glōriae, nisi
forte māius est patefacere nōbīs prōvinciās, quō
exīre possīmus, quam cūrāre ut etiam illī, quī
absunt, habeant quō victōrēs revertantur.

CICERO, *In Catilinam* iv 20, 21.

98.   *Signs of a Storm*

Virgil tells farmers of the signs by which they can tell
that wind or rain is coming.

Continuō, ventīs surgentibus, aut freta pontī
Incipiunt agitāta tumescere, et āridus altīs
Montibus audīrī fragor, aut resonantia longē
Lītora miscērī, et nemorum increbrescere murmur.
5 Iam sibi tum ā curvīs male temperat unda carīnīs,
Cum mediō celerēs revolant ex aequore mergī,
Clāmōremque ferunt ad lītora, cumque marīnae
In siccō lūdunt fulicae, nōtāsque palūdēs
Dēserit atque altam sūprā volat ardea nūbem.
10 Saepe etiam stellās, ventō impendente, vidēbis
Praecipitēs caelō lābī, noctisque per umbram
Flammārum longōs ā tergō albescere tractūs,
Saepe levem paleam et frondēs volitāre cadūcās,
Aut summā nantēs in aquā collūdere plūmās.
15 At Boreae dē parte trucis cum fulminat, et cum
Eurīque Zephyrīque tonat domus, omnia plēnīs
Rūra natant fossīs, atque omnis nāvita pontō
Ūmida vēla legit. Numquam imprūdentibus imber
Obfuit. aut illum surgentem vallibus īmīs
20 Āëriae fūgēre gruēs; aut būcula, caelum
Suspiciens, patulīs captāvit nāribus aurās,
Aut argūta lacūs circumvolitāvit hirundō,
Et veterem in līmō rānae cecinēre querellam.

VIRGIL, *Georgic* i 356-378.

99. *Demetrius Defends Himself*

Demetrius, the younger son of Philip, the Macedonian king, was accused by his brother Perseus of having plotted to kill his brother and so to secure the succession. A review of the army had been held, and Perseus had gone to visit his brother late in the evening. The accusation was brought next morning; and Philip sat to hear what both his sons had to say. Demetrius ends with these words.

E convīviō et cōmissātiōne prope sēmisomnus raptus sum ad causam parricīdiī dīcendam. Sine advocātīs, sine patrōnīs, ipse prō mē dīcere cōgor. Sī prō aliō dīcendum esset, tempus ad meditandum et compōnendam ōrātiōnem sumpsissem. Ignārus, 5 quid arcessītus essem, tē īrātum et iubentem dīcere causam, frātrem accūsantem, audīvī. Ille diū ante praeparātā ac meditātā in mē ōrātiōne est ūsus; ego id tantum temporis, quō accūsātus sum, ad cognoscendum, quid agerētur, habuī. Utrum 10 mōmentō illō hōrae accūsātōrem audīrem, an dēfensiōnem meditārer? Attonitus repentīnō atque inopīnātō malō, vix quid obicerētur intellegere potuī; nēdum satis sciam, quōmodo mē tuear. Quid mihi speī esset, nisi patrem iūdicem habērem? 15 Apud quem, etiam sī cāritāte ā frātre māiōre vincor, misericordiā certē, reus, vincī nōn dēbeō. Ego enim, ut mē mihi tibique servēs, precor; ille, ut mē in sēcūritātem suam occīdās, postulat. Quid eum, cum regnum eī trādideris, factūrum crēdis 20 in mē esse, quī iam nunc sanguinem meum sibi indulgērī aequum cēnset? LIVY xl 15, 11.

100.   *The Vengeance of Demeter*

When Demeter was wandering over the earth in search
of her daughter, Persephone, who had been carried off by
Pluto, the god of the nether world, she was mocked by a
rude boy and punished him by turning him into a lizard.

Intereā pavidae nēquīquam fīlia mātrī
Omnibus est terrīs, omnī quaesīta profundō.
Illam nōn ūdīs veniens Aurōra capillīs
Cessantem vīdit, nōn Hesperus.   Illa duābus
5 Flammiferās pīnūs manibus succendit ab Aetnā,
Perque pruīnōsās tulit inrequiēta tenēbrās.
Rursus ubi alma diēs hebetârat sīdera, nātam
Sōlis ab occāsū, sōlis quaerēbat ad ortūs.
Fessa labōre sitim collēgerat, ōraque nullī
10 Colluerant fontēs, cum tectam strāmine vīdit
Forte casam, parvāsque forēs pulsāvit.   At inde
Prōdit anus, dīvamque videt, lymphamque rogantī
Dulce dedit, tostā quod texerat ante polentā.
Dum bibit illa datum, dūrī puer ōris et audax
15 Constitit ante deam, rīsitque, avidamque vocāvit.
Offensa est ; neque adhūc ēpōtā parte loquentem
Cum liquidō mixtā perfūdit dīva polentā.
Combibit ōs maculās, et quae modo bracchia gessit,
Crūra gerit.   Cauda est mūtātīs addita membrīs ;
20 Inque brevem formam, nē sit vīs magna nocendī,
Contrahitur, parvāque minor mensūra lacertā est.

OVID, *Metamorphoses* v 438-458.

101.   *The Warning of a Vision*

Aeneas was faltering in his purpose and inclined to settle in Sicily, when the ghost of his father, Anchises, appeared to him and warned him that he must go to Italy but first descend to Hades and meet his father.

'Nāte, mihī vītā quondam, dum vīta manēbat,
Cāre magis, nāte, Iliacīs exercite fātīs,
Imperiō Iovis hūc veniō, quī classibus ignem
Dēpulit, et caelō tandem miserātus ab altō est.
Consiliīs pārē, quae nunc pulcherrima Nautēs   5
Dat senior; lectōs iuvenēs, fortissima corda,
Dēfer in Ītaliam.   Gens dūra atque aspera cultū
Dēbellanda tibī Latiō est.   Dītis tamen ante
Infernās accēde domōs, et Averna per alta
Congressūs pete, nāte, meōs.   Nōn mē impia namque   10
Tartara habent tristēsve umbrae, sed amoena piōrum
Concilia Elysiumque colō.   Hūc casta Sibylla
Nīgrārum multō pecudum tē sanguine dūcet.
Tum genus omne tuum et, quae dentur moenia, discēs.
Iamque valē; torquet mediōs nox ūmida cursūs,   15
Et mē saevus equīs Oriens adflāvit anhēlīs.'
Dixerat, et tenuēs fūgit ceu fūmus in aurās.

VIRGIL, *Aeneid* v 724–741.

102. *Athens, Sparta, Massilia*

In 59 b.c. Cicero defended Lucius Flaccus, who was
accused of extortion in his province of Asia. The witnesses
from Asia bore hard on Flaccus; but Cicero brought
evidence in favour of the accused from Athens and Sparta,
and poured scorn on the testimony of the Asiatic Greeks.

Adsunt Athēniensēs, unde hūmānitās, doctrīna,
religiō, frūgēs, iūra, lēgēs ortae atque in omnēs
terrās distribūtae putantur; dē quōrum urbis
possessiōne propter pulchritūdinem etiam inter
5 deōs certāmen fuisse prōditum est; quae vetustāte
eā est, ut ipsa ex sēsē suōs cīvēs genuisse dīcātur,
auctōritāte autem tantā est, ut iam fractum prope
et dēbilitātum Graeciae nōmen hūius urbis laude
nītātur.   Adsunt Lacedaemoniī, cūius cīvitātis
10 spectāta ac nōbilitāta virtūs non sōlum nātūrā
corrōborāta vērum etiam disciplīnā putātur; quī
sōlī tōtō orbe terrārum septingentōs iam annōs
amplius ūnīs mōribus et numquam mūtātīs lēgibus
vīvunt.   Adsunt ex Achaiā cunctā multī lēgātī,
15 Boeōtiā, Thessaliā, quibus locīs nūper lēgātus
Flaccus imperātōre Metellō praefuit.   Neque vērō
tē, Massilia, praetereō, quae L. Flaccum tribūnum
mīlitum quaestōremque cognōstī; cūius ego cīvitātis disciplīnam atque gravitātem nōn sōlum
20 Graeciae sed haud scio an cunctīs gentibus ante-
pōnendam dīcam; quae tam procul a Graecōrum
omnium regiōnibus, disciplīnīs, linguāque dīvīsa,
cum in ultimīs terrīs, cincta Gallōrum gentibus,

barbariae fluctibus alluātur, sīc optimātium consiliō gubernātur, ut omnēs ēius institūta laudāre 25
facilius possint quam imitārī.   Hīsce ūtitur laudā-
tōribus Flaccus, hīs innocentiae testibus, ut Graecōrum cupiditātī Graecōrum auxiliō resistāmus.

CICERO, *Pro Flacco* 62–64.

103. *A Client's Duty*

Candidus expects Martial to escort him through the
streets and to applaud his speeches in the law-court.
Martial offers to send his freedman instead and says that
he will do that kind of work much better.

Exigis ā nōbīs operam sine fīne togātam.
  Nōn eo, lībertum sed tibi mitto meum.
'Nōn est' inquis 'idem.' Multō plūs esse pro-
  bābō.
Vix ego lectīcam subsequar, ille feret.
In turbam incideris, cunctōs umbōne repellet;   5
  Invalidum est nōbīs ingenuumque latus.
Quidlibet in causā narrāveris, ipse tacēbō;
  At tibi tergeminum mūgiet ille sophōs.
Līs erit, ingentī faciet convīcia vōce;
  Esse pudor vetuit fortia verba mihi.   10
'Ergo nihil nōbīs' inquis 'praestābis amīcus?'
  Quidquid lībertus, Candide, nōn poterit.

MARTIAL iii 46.

104. *Eumenes warns the Senate*

Philip, king of Macedonia, died in 179 B.C. and was
succeeded by his son, Perseus. Perseus tried in all ways
to increase his power, in view of a conflict with Rome.
Eumenes, king of Pergamus, who had received from Rome
great accessions of territory after the defeat of Antiochus,
came to warn the senate of what Perseus was doing.

Eumenēs ut Rōmam vēnit, exceptus cum tantō
honōre, quantum nōn meritīs tantum ēius sed
beneficiīs etiam suīs, ingentia quae in eum congesta erant, existimāret dēbērī populus Rōmānus,
5 in senātum est intrōductus.   Causam veniendī
sibi Rōmam fuisse dixit, praeter cupiditātem
vīsendī deōs hominēsque, quōrum beneficiō in eā
fortūnā esset, sūprā quam nē optāre quidem
audēret, etiam ut cōram monēret senātum, ut
10 Perseī cōnātīs obviam īret.   Orsus inde ā Philippī
consiliīs, necem Dēmētriī fīliī rettulit, adversantis
Rōmānō bellō;   Bastarnārum gentem excītam
sēdibus suīs, quōrum auxiliīs frētus in Ītaliam
transīret;   haec sēcum volūtantem in animō,
15 oppressum fātō, regnum eī relīquisse, quem in-
festissimum esse sensisset Rōmānīs.   Itaque Persea
hērēditārium ā patre relictum bellum, et simul cum
imperiō traditum, alere ac fovēre omnibus consiliīs.
Flōrēre praetereā iuventūte, quam stirpem longa
20 pax ēdiderit, flōrēre opibus regnī, flōrēre etiam
aetāte.   Quae cum corporis rōbore ac vīribus
vigeat, animum esse inveterātum diutinā arte

atque ūsū bellī. Iam inde ā puerō, patris con-
tuberniō, Rōmānīs quoque bellīs, nōn fīnitumīs
tantum adsuētum, missum ā patre in expedītiōnes 25
multās variāsque. Iam ex quō ipse accēpisset
regnum, multa, quae nōn vī, nōn dolō Philippus,
omnia expertus, potuisset mōlīrī, admīrandō rērum
successū tenuisse.

LIVY xlii 11, 2.

105. *A Churlish Refusal*

Latona was wandering through Lycia, carrying her
two divine children. Weary and thirsty, she stooped to
draw the cool water of a lake ; but the unkind country-
people refused to allow her ; and she rebuked them.

Accessit positōque genū Tītānia terram
Pressit, ut haurīret gelidōs pōtūra liquōrēs.
Rustica turba vetant. Dea sīc affāta vetantēs :
' Quid prohibētis aquīs ? ūsus commūnis aquārum
    est.
Nec sōlem proprium nātūra, nec āëra fēcit,   5
Nec tenuēs undās ; ad publica mūnera vēnī.
Quae tamen ut dētis, supplex peto. Nōn ego
    nostrōs
Abluere hīc artūs lassātaque membra parābam,
Sed relevāre sitim. Caret ōs hūmōre loquentis,
Et faucēs ārent, vixque est via vōcis in illīs.   10
Haustus aquae mihi nectar erit, vītamque fatēbor
Accēpisse simul ; vītam dederītis in undā.
Hī quoque vōs moveant, quī nostrō bracchia ten-
    dunt

Parva sinū,' et cāsū tendēbant bracchia nātī.
15 Quem nōn blanda deae potuissent verba movēre?
Hī tamen ōrantem perstant prohibēre, mināsque,
Nī procul abscēdat, convīciaque insuper addunt.
Nec satis est: ipsōs etiam pedibusque manūque
Turbāvēre lacūs, īmōque ē gurgite mollem
20 Hūc illūc līmum saltū mōvēre malignō.

OVID, *Metamorphoses* vi 346–365.

106. *Charon's Ferry*

Aeneas descends to the world below and there sees
Charon, the grim ferryman, who conveys the souls of the
dead across the river of Acheron.

Portitor hās horrendus aquās et flūmina servat
Terribilī squālōre Charōn, cui plūrima mentō
Cānitiēs inculta iacet; stant lūmina flammā;
Sordidus ex umerīs nōdō dēpendet amictus.
5 Ipse ratem contō subigit, vēlīsque ministrat,
Et ferrūgineā subvectat corpora cumbā,
Iam senior, sed crūda deō viridisque senectūs.
Hūc omnis turba ad rīpās effūsa ruēbat,
Mātrēs atque virī, dēfunctaque corpora vitā
10 Magnanimûm hērōum, puerī innuptaeque puellae,
Impositīque rogīs iuvenēs ante ōra parentum;
Quam multa in silvīs autumnī frīgore prīmō
Lapsa cadunt folia, aut ad terram gurgite ab altō
Quam multae glomerantur avēs, ubi frīgidus annus
15 Trans pontum fugat et terrīs immittit aprīcīs.

Stābant ōrantēs prīmī transmittere cursum,
Tendēbantque manūs rīpae ulteriōris amōre.
Nāvita sed tristis nunc hōs, nunc accipit illōs,
Ast aliōs longē summōtos arcet harēnā.

VIRGIL, Aeneid vi 298-316.

107. *The Quality of Mercy*

In 46 B.C. Caesar, now ruler of the state, consented to
pardon Marcellus, who had taken a strong part against
him. This act of clemency induced Cicero to make a
speech of thanks in the senate, in which he set Caesar's
acts of clemency above his military exploits.

Domuistī gentēs immānitāte barbarās, multitūdine innumerābilēs, locīs infīnītās, omnī cōpiārum
genere abundantēs. Sed tamen ea vīcistī, quae et
nātūram et condiciōnem, ut vincī possent, habē-
bant; nulla est enim tanta vīs, quae nōn ferrō 5
et vīribus dēbilitārī frangīque possit. Animum
vincere, īrācundiam cohibēre, victōriam temperāre,
adversārium nōbilitāte, ingeniō, virtūte prae-
stantem nōn modo extollere iacentem sed etiam
amplificāre ēius pristinam dignitātem—haec quī 10
facit, nōn ego eum cum summīs virīs comparō sed
simillimum deō iūdicō. Itaque, C. Caesar, bellicae
tuae laudēs celebrābuntur illae quidem nōn sōlum
nostrīs sed paene omnium gentium litterīs atque
linguīs, nec ulla umquam aetās dē tuīs laudibus 15
conticescet; sed tamen ēius modī rēs nescio quō

modo, etiam cum leguntur, obstrepī clāmōre mīlitum videntur et tubārum sonō ; at vērō cum
aliquid clēmenter, mansuētē, iustē, moderātē,
20 sapienter factum, in īrācundiā praesertim, quae est
inimīca consiliō, et in victōriā, quae nātūrā insolens
et superba est, audīmus aut legimus, quō studiō
incendimur, nōn modo in gestīs rēbus sed etiam
in fictīs, ut eōs saepe, quōs numquam vīdimus,
25 dīligāmus ! Tē vērō, quem praesentem intuēmur,
cūius mentem sensūsque et ōs cernimus, ut, quidquid bellī fortūna reliquum reī publicae fēcerit,
id esse salvum velīs, quibus laudibus efferēmus ?
quibus studiīs prōsequēmur ? quā benevolentiā
30 complectēmur ?

CICERO, *Pro Marcello* 8–10.

108.   *The Fate of Palinurus*

In Hades Aeneas meets Palinurus, his steersman, who
had been lost at sea and killed on landing. He tells his
fate and begs his lord for burial.

Trēs Notus hībernās immensa per aequora noctēs
Vexit mē violentus aquā ; vix lūmine quartō
Prospexī Ītaliam summā sublīmis ab undā.
Paullātim adnābam terrae ; iam tūta tenēbam,
5 Nī gens crūdēlis madidā cum veste gravātum,
Prensantemque uncīs manibus capita aspera montis,
Ferrō invāsisset praedamque ignāra putasset.
Nunc mē fluctus habet, versantque in lītore ventī.
Quod tē per caelī iūcundum lūmen et aurās,

Per genitōrem ōrō, per spēs surgentis Iūlī,   10
Ēripe mē hīs, invicte, malīs.   Aut tū mihi terram
Inice (namque potes), portūsque requīre Velīnōs;
Aut tū, sīqua via est, sīquam tibi dīva creātrix
Ostendit, (neque enim, crēdō, sine nūmine dīvûm
Flūmina tanta parās Stygiamque innāre palū-
          dem),   15
Dā dextram miserō et tēcum mē tolle per undās,
Sēdibus ut saltem placidīs in morte quiescam.

                    VIRGIL, *Aeneid* vi 355–371.

109. *Cultivate the Mind*

Ovid writes from exile to his friend Perilla and reminds
her that time, which will destroy her beauty, has less
power over the mind and its acquirements. In his exile he
is still the master of his own genius.

Ergō dēsidiae removē, doctissima, causās;
    Inque bonās artēs et tua sācra redī.
Ista decens faciēs longīs vitiābitur annīs,
    Rūgaque in antīquā fronte senīlis erit;
Inicietque manum formae damnōsa Senectūs,   5
    Quae strepitum passū nōn faciente venit.
Cumque aliquis dīcet 'Fuit haec formōsa,' dolēbis,
    Et speculum mendax esse querēre tuum.
Sunt tibi opēs modicae, cum sīs dignissima
    magnīs;
    Finge sed immensīs censibus esse parēs;   10
Nempe dat id cuicumque libet Fortūna rapitque,
    Īrus et est subitō quī modo Croesus erat.

Singula quid referam ?　Nīl nōn mortāle tenēmus,
　Pectoris exceptīs ingeniīque bonīs.
15 Ēn ego, cum patriā caream vōbīsque domōque,
　Raptaque sint, adimī quae potuēre mihi,
Ingeniō tamen ipse meō comitorque fruorque;
　Caesar in hōc potuit iūris habēre nihil.
Quīlibet hanc saevō vītam mihi fīniat ense,
20 　Mē tamen extinctō fāma superstes erit;
Dumque suīs septem victrix dē montibus orbem
　Prospiciet domitum Martia Rōma, legar.

OVID, *Tristia* iii 7, 31–52.

110.　*A Meeting of Two Great Powers*

In 171 B.C., when war with Macedonia had been
declared, the Romans sent Q. Marcius Philippus, with
other ambassadors, to Greece.　Perseus asked for an
interview with Marcius; and, after some points of etiquette
were settled, this took place by the river Penēus.

Post diēs paucōs ad constitūtum locum vēnērunt.　Magnus comitātus fuit rēgius, cum amīcōrum, tum clientium turbā stīpante. Nōn minōre
agmine lēgātī vēnērunt, et ab Lārissā multīs
5 prōsequentibus et lēgātiōnibus cīvitātium, quae
convēnerant Lārissam, et renuntiāre domum certa,
quae audissent, volēbant.　Mōverat cūra insita
mortālibus videndī congredientēs nōbilem rēgem
et populī, principis terrārum omnium, lēgātōs.
10 Ut in conspectū stetērunt, dirimente amnī, pau-

lisper internuntiandō cunctātiō fuit, utrī trans-
grederentur. Aliquid illī rēgiae māiestātī, hī
aliquid populī Rōmānī nōminī, cum praesertim
Perseus petisset conloquium, existimābant dēbērī.
Iocō etiam Marcius cunctantēs mōvit. 'Minor' 15
inquit 'ad māiōrem et' (quod Philippō ipsī cognōmen erat) 'fīlius ad patrem transeat.' Facile
persuāsum id rēgī. Aliud deinde ambigēbatur,
cum quam multīs transīret. Rex cum omnī
comitātū transīre aequum censēbat; lēgātī vel 20
cum tribus venīre iubēbant, vel, sī tantum agmen
trādūceret, obsidēs dare, nihil fraudis fore in
conloquiō. Hippian et Pantauchum, principēs
amīcōrum, obsidēs dedit. Salūtātiō nōn tanquam
hostium sed hospitālis ac benigna fuit; positīsque 25
sēdibus consēdērunt.

LIVY xlii 39, 1.

111. *Dido in Hades*

Aeneas meets the spirit of Dido in Hades and is unable
to appease her wrath by his words.

Inter quās Phoenissa, recens ā vulnere, Dīdō
Errābat silvā in magnā. Quam Trōïus hērōs
Ut prīmum iuxtā stetit agnōvitque per umbrās
Obscūram, quālem prīmō quī surgere mense
Aut videt, aut vīdisse putat, per nūbila lūnam, 5
Dēmīsit lacrimās dulcīque adfātus amōre est.
'Infēlix Dīdō, vērus mihi nuntius ergō
Vēnerat, extinctam ferrōque extrēma secūtam!
Fūneris heu tibi causa fuī? Per sīdera iūrō,

10 Per superōs, et sīqua fidēs tellūre sub īmā est,
    Invītus, rēgīna, tuō dē littore cessī.
    Sed mē iussa deûm, quae nunc hās īre per umbrās,
    Per loca senta sitū cōgunt noctemque profundam,
    Imperiīs ēgēre suīs ; nec crēdere quīvī,
15 Hunc tantum tibi mē discessū ferre dolōrem.
    Siste gradum, tēque aspectū nē subtrahe nostrō!
    Quem fugis ? Extrēmum fātō, quod tē alloquor,
        hōc est.`
    Tālibus Aenēās ardentem et torva tuentem
    Lēnībat dictīs animum, lacrimasque ciēbat.
20 Illa solō fixōs oculōs āversa tenēbat,
    Nec magis inceptō vultum sermōne movētur
    Quam sī dūra silex aut stet Marpēsia cautēs.

                              VIRGIL, *Aeneid* vi 450–471.

112. *Loveliness and Desolation*

This poem was written on the eruption of Vesuvius
which destroyed Pompeii and Herculaneum in 79 A.D.

Hīc est pampineīs viridis modo Vesvius umbrīs;
    Presserat hīc madidōs nōbilis ūva lacūs ;
Haec iuga quam Nȳsae collēs plūs Bacchus amā-
        vit ;
    Hōc nūper Satyrī monte dedēre chorōs ;
5 Haec Veneris sēdēs, Lacedaemone grātior illī ;
    Hīc locus Herculeō nūmine clārus erat.
Cuncta iacent flammīs et tristī mersa favillā ;
    Nec superī vellent hōc licuisse sibi.

                              MARTIAL iv 44.

113. *A Champion of Freedom*

Cicero urges the people of Rome to fight for their freedom against the tyrant Antony.

The speech was delivered to the people on Jan. 4, 43 B.C.

Quam ob rem, Quirītēs, consiliō quantum po- terō, labōre plūs paene quam poterō, excubābō vigilābōque prō vōbīs. Etenim quis est cīvis, praesertim hōc gradū, quō mē vōs esse voluistis, tam oblītus beneficiī vestrī, tam immemor patriae, tam 5 inimīcus dignitātis suae, quem nōn excitet, nōn inflammet tantus vester iste consensus? Multās magnāsque habuī consul contiōnēs, multīs interfuī : nullam umquam vīdī tantam, quanta nunc vestrûm est. Ūnum sentītis omnēs, ūnum studētis, M. An- 10 tōniī cōnātūs āvertere ā rē publicā, furōrem ex- tinguere, opprimere audāciam. Idem volunt omnēs ordinēs; eōdem incumbunt mūnicipia, colōniae, cuncta Ītalia; itaque senātum, bene suā sponte firmum, firmiōrem vestrā auctōritāte fēcistis. Vēnit 15 tempus, Quirītēs, sērius omnīnō quam dignum populō Rōmānō fuit, sed tamen ita mātūrum, ut differrī iam hōra nōn possit. Populum Rōmānum servīre fās nōn est, quem dī immortālēs omnibus gentibus imperāre voluērunt. Rēs in extrēmum 20 adducta est discrīmen ; dē lībertāte dēcernitur ; aut vincātis oportet, Quirītēs, quod profectō et pietāte vestrā et tantā concordiā consequēminī,

aut quidvīs potius quam serviātis.   Aliae nātiōnēs
25 servitūtem patī possunt; populī Rōmānī est pro-
pria lībertās.

Cicero, Philippic vi 18, 19.

114.   *Father and Son*

**Aeneas descends to the world below and there meets
and greets the spirit of his dead father, Anchises.**

Isque, ubi tendentem adversum per grāmina vīdit
Aenēān, alacris palmās ūtrasque tetendit;
Effūsaeque genīs lacrimae, et vox excidit ōre.
'Vēnistī tandem, tuaque expectāta parentī
5 Vīcit iter dūrum pietās?   Datur ōra tuērī,
Nāte, tua, et nōtās audīre et reddere vōcēs?
Sīc equidem dūcēbam animō rēbarque futūrum,
Tempora dīnumerans; nec mē mea cūra fefellit.
Quās ego tē terrās et quanta per aequora vectum
10 Accipiō! quantīs iactātum, nāte, perīclīs!
Quam metuī, nēquid Libyae tibi regna nocērent!'
    Ille autem, 'Tua mē, genitor, tua tristis imāgō,
Saepius occurrens, haec līmina tendere adēgit;
Stant sale Tyrrhēnō classēs.   Dā iungere dextram,
15 Dā, genitor, tēque amplexū nē subtrahe nostrō.'
Sīc memorans largō flētū simul ōra rigābat.
Ter cōnātus ibī collō dare bracchia circum;
Ter, frustrā comprensa, manūs effūgit imāgō,
Pār levibus ventīs volucrīque simillima somnō

Virgil, Aeneid vi 684–702.

115. *The Lore of Pythagoras*

This is part of an address by the philosopher Pythagoras. He taught that when the body dies the soul passes into the bodies of other men or of animals, and that, for this reason, men should abstain from eating the flesh of animals.

Ō genus attonitum gelidae formīdine mortis !
Quid Styga, quid tenebrās et nōmina vāna timētis,
Māteriem vātum, falsīque perīcula mundī ?
Corpora, sīve rogus flammā seu tābe vetustās
Abstulerit, mala posse patī nōn ulla putētis.   5
Morte carent animae, semperque, priōre relictā
Sēde, novīs domibus vīvunt habitantque receptae.
Omnia mūtantur, nihil interit. Errat, et illinc
Hūc venit, hinc illūc, et quoslibet occupat artūs
Spīritus, ēque ferīs hūmāna in corpora transit,   10
Inque ferās noster, nec tempore dēperit ullō.
Utque novīs facilis signātur cēra figūrīs,
Nec manet ut fuerat, nec formās servat easdem,
Sed tamen ipsa eadem est, animam sīc semper eandem
Esse, sed in variās doceō mīgrāre figūrās.   15
Ergō, nē pietās sit victa cupīdine ventris,
Parcite, vāticinor, cognātās caede nefandā
Exturbāre animās ; nec sanguine sanguis alātur.

OVID, *Metamorphoses* xv 153–159
165–175.

116.   *Scipio on his Defence*

P. Scipio Africanus destroyed the power of Carthage
by defeating Hannibal at Zama Oct. 19 B.C. 202.   He thus
became the idol of the Romans.   But his popularity waned;
and he was brought to trial by the tribunes for unconsti-
tutional action B.C. 187.   He defended himself by reminding
the people that the day was the anniversary of Zama.

Ubi diēs vēnit, tribūnī in Rostrīs prīmā lūce
consēdērunt. Citātus reus magnō agmine amīcōrum
clientiumque per mediam contiōnem ad Rostra
subiit, silentiōque factō, 'Hōc' inquit 'diē, tri-
5 būnī plēbis vosque, Quirītēs, cum Hannibale et
Carthāginiensibus signīs collātīs in Africā bene
ac fēlīciter pugnāvī. Itaque, cum hodiē lītibus
et iurgiīs supersedērī aequum sit, ego hinc extemplō in Capitōlium ad Iovem optimum maximum
10 Iūnōnemque et Minervam cēterōsque deōs, quī
Capitōliō atque arcī praesident, salūtandōs ībō;
hisque grātiās agam, quod mihi et hōc ipsō diē
et saepe aliās ēgregiē gerendae reī publicae mentem
facultātemque dedērunt. Vestrûm quoque quibus
15 commodum est, Quirītēs, īte mēcum; et ōrāte
deōs, ut meī similēs principēs habeātis.' Ab
Rostrīs in Capitōlium ascendit. Simul sē ūni-
versa contiō āvertit et secūta Scīpiōnem est, adeō
ut postrēmō scrībae viātōrēsque tribūnōs relinque-
20 rent, nec cum iīs, praeter servīlem comitātum et
praecōnem quī reum ex Rostrīs citābat, quisquam
esset. Scīpiō nōn in Capitōliō modo sed per
tōtam urbem omnia templa deûm cum populō

Rōmānō circumiit. Celebrātior is prope diēs
favōre hominum et aestimātiōne vērae magni- 25
tūdinis ēius fuit, quam quō, triumphans dē
Syphāce rēge et Carthāginiensibus, urbem est
invectus.

LIVY xxxviii 51, 6.

117. *A Picture of Spring*

Lucretius argues that things never die but only change
into something else. Thus the rain, which appears to die,
passes into the plants as food ; and the plants in turn pass
into the animals: and this process results in all the life
and beauty of the Spring.

Postrēmō, pereunt imbrēs, ubi eōs pater aethēr
In gremium mātris terrāī praecipitāvit ;
At nitidae surgunt frūgēs, rāmīque virescunt
Arboribus ; crescunt ipsae fētūque gravantur.
Hinc alitur porrō nostrum genus atque ferārum ; 5
Hinc laetās urbēs puerīs flōrēre vidēmus,
Frondiferāsque novīs avibus canere undique silvās;
Hinc fessae pecudēs pinguī per pābula laeta
Corpora dēpōnunt, et candens lacteus ūmor
Ūberibus mānat distentīs ; hinc nova prōlēs 10
Artubus infirmīs tenerās lascīva per herbās
Lūdit, lacte merō mentēs perculsa novellās.
Haud igitur penitus pereunt, quaecumque vi-
    dentur,
Quandō alid ex aliō reficit Nātūra, nec ullam
Rem gignī patitur nisi morte adiūta aliēnā. 15

LUCRETIUS i 250-264.

118. *The Rape of the Locks*

Pliny relates an incident which had occurred twice
over in his house and for which he cannot account,
though he suggests that it was a sign. It seems more
likely that there was some practical joker in Pliny's
household.

The Carus, of whom he speaks, was an informer ; and
he had laid an information against Pliny, which might
have been ruinous but for the death of the emperor,
Domitian (A.D. 96).

Est lībertus mihi nōn inlitterātus ; cum hōc
minor frāter eōdem lectō quiescēbat ; is vīsus est
sibi cernere quemdam in torō residentem, admo-
ventemque capitī suō cultrōs, atque etiam ex ipsō
5 vertice amputantem capillōs. Ubi inluxit, ipse
circā verticem tonsus, capillī iacentēs reperiuntur.
Exiguum temporis medium, et rursus simile aliud
priōrī fidem fēcit. Puer in paedagōgiō mixtus
plūribus dormiēbat. Vēnērunt per fenestrās (ita
10 narrat) in tunicīs albīs duo cubantemque dēton-
dērunt, et, quā vēnerant, recessērunt. Hunc
quoque tonsum sparsōsque circā capillōs diēs
ostendit. Nihil notābile secūtum, nisi forte quod
nōn fuī reus, futūrus, si Domitiānus, sub quō haec
15 accidērunt, diūtius vixisset. Nam in scrīniō ēius
datus ā Cārō dē mē libellus inventus est ; ex quō
coniectārī potest, quia reīs mōris est summittere
capillum, recīsōs meōrum capillōs dēpulsī, quod
imminēbat, perīculī signum fuisse. Proinde rogō

ērudītiōnem tuam intendās. Digna rēs est, quam 20
diū multumque consīderēs, nē ego quidem indignus,
cui cōpiam scientiae tuae faciās.

PLINY, Letters vii 28, 12.

119. *A Living Missile*

When Camilla was an infant, her father, Mĕtăbus, being
pursued by enemies, tied her to a javelin and threw her
thus over a flooded river.

Ecce fugae mediō summīs Amasēnus abundans
Spumābat rīpīs ; tantus sē nūbibus imber
Rūperat. Ille, innāre parans, infantis amōre
Tardātur, cārōque onerī timet. Omnia sēcum
Versantī subitō vix haec sententia sēdit.   5
Tēlum immāne, manū validā quod forte gerēbat
Bellātor, solidum nōdīs et rōbore cōctō—
Huic nātam, librō et silvestrī sūbere clausam,
Implicat, atque habilem mediae circumligat has-
            tae ;
Quam dextrā ingenti lībrans ita ad aethera fātur : 10
'Alma, tibi hanc, nemorum cultrix, Lātōnia
            virgō,
Ipse pater famulam voveō. Tua prīma per aurās
Tēla tenens supplex hostem fugit. Accipe, testor,
Dīva, tuam, quae nunc dubiīs committitur aurīs.'
Dixit et adductō contortum hastīle lacertō   15
Immittit ; sonuēre undae, rapidum super amnem
Infēlix fugit in iaculō strīdente Camilla.

At Metabus, magnā propius iam urguente catervā,
Dat sēsē fluviō, atque hastam cum virgine victor
20 Grāmineō, dōnum Triviae, dē caespite vellit.

VIRGIL, *Aeneid* xi 547–566.

120. *A Poet's Youth*

Ovid tells of his birth and youth, of his youthful
attempts at poetry, and of the famous poets whom he
knew.

Sulmo mihī patria est, gelidīs ūberrimus undīs,
Mīlia quī noviēs distat ab Urbe decem.
Ēditus hinc ego sum, nec nōn, ut tempora nōris,
Cum cecidit fātō consul uterque parī.
5 Nec stirps prīma fuī : genitō sum frātre creātus,
Quī tribus ante quater mensibus ortus erat.
Prōtinus excolimur tenerī, cūrāque parentis
Īmus ad insignēs Urbis ab arte virōs.
Frāter ad ēloquium viridī tendēbat ab aevō,
10 Fortia verbōsī nātus ad arma forī ;
At mihi iam puerō caelestia sācra placēbant,
Inque suum furtim Mūsa trahēbat opus.
Saepe pater dixit, 'Studium quid inūtile temptās?
Maeonidēs nullās ipse relīquit opēs.'
15 Mōtus eram dictīs, tōtōque Helicōne relictō
Scrībere cōnābar verba solūta modīs.
Sponte suā carmen numerōs veniēbat ad aptōs,
Et quod temptābam dīcere, versus erat.
Temporis illīus coluī fōvīque poētās,
20 Quotque aderant vātēs, rēbar adesse deōs.

Saepe suās volucrēs lēgit mihi grandior aevō,
  Quaeque necet serpens, quae iuvet herba, Macer;
Saepe suōs solitus recitāre Propertius ignēs,
  Iūre sodāliciō quī mihi iunctus erat.
Et tenuit nostrās numerōsus Horātius aurēs,   25
  Dum ferit Ausoniā carmina culta lyrā.
Vergilium vīdī tantum; nec amāra Tibullō
  Tempus amīcitiae fāta dedēre meae.
Successor fuit hīc tibi, Galle, Propertius illī;
  Quartus ab hīs seriē temporis ipse fuī.   30

OVID, *Tristia* iv 10, 3–6; 15–26; 41–54.

121. *An Old Hand*

Aemilius Paullus was now in command of the Roman
army in Macedonia.   He had penetrated into the enemy's
country and was now facing his army.   After a long and
hard march the Roman officers were eager for battle, but
the wary old general decided that the army should have a
night's rest.   The next day (Sept. 4, 168 B.C.) he won the
battle of Pydna and destroyed for ever the Macedonian
power.

Paullus prīmīs ordinibus imperat, mētārentur
frontem castrōrum et impedīmenta constituerent.
Quod ubi fierī mīlitēs sensēre, aliī nōn molestē
ferre, aliī gaudēre palam, quod fessōs viae labōre
flagrantissimō aestū nōn coēgisset pugnāre.   Lēgātī 5
circā imperātōrem ducēsque externī erant, omnēs
approbantēs, cum pugnātūrum consulem crēdēbant;
neque enim nē hīs quidem cunctātiōnem aperuerat

120 A Heroic Victim

suam. Tunc mūtātiōne consiliī subitā cum aliī
10 silērent, Nāsīca ūnus ex omnibus ausus est monēre
consulem, nē hostem, lūdificātum priōrēs imperātōrēs, fugiendō certāmen, manibus ēmitteret; sē
magnopere suādēre, dum in campō patentī hostem
habeat, aggrediātur, nec oblātam occāsiōnem vin-
15 cendī āmittat. Consul, nihil offensus admonitiōne
tam clārī adulescentis, 'Et ego' inquit 'animum
istum habuī, Nāsīca, quem tū nunc habēs, et, quem
ego nunc habeō, tū habēbis. Multīs bellī cāsibus
didicī, quandō pugnandum, quandō abstinendum
20 pugnā sit. Nōn operae est stantī nunc in aciē
docēre, quibus de causīs hodiē quiesse melius sit.
Ratiōnēs aliās reposcito; nunc auctōritāte veteris
imperātōris contentus eris.' Conticuit adulescens;
haud dubiē vidēre aliqua impedīmenta pugnae
25 consulem, quae sibi nōn appārērent.

LIVY xliv 36, 6.

122. A Heroic Victim

Troy was taken, and the Greeks were returning home.
On the Thracian shore the ghost of the dead Achilles
appeared to them and claimed a human victim for his
tomb. Polyxena, one of Priam's daughters, was offered
up to appease the dead warrior.

Lītore Thrēiciō classem religârat Atrīdēs,
Dum mare pācātum, dum ventus amīcior esset.
Hīc subitō, quantus, cum vīveret, esse solēbat,
Exit humō lātē ruptā similisque minantī

Temporis illīus vultum referēbat Achillēs, 5
Quō ferus iniustō petiīt Agamemnona ferrō:
'Immemorēs'que 'meī discēditis' inquit, ' Achīvī?
Obrutaque est mēcum virtūtis grātia nostrae?
Nē facite! utque meum nōn sit sine honōre
 sepulcrum,
Plācet Achillēōs mactāta Polyxena mānēs.' 10
Dixit; et, immītī sociīs pārentibus umbrae,
Rapta sinū mātris, quam iam prope sōla fovēbat,
Fortis et infēlix et plūs quam fēmina virgō
Dūcitur ad tumulum, dīrōque fit hostia bustō.
Quae memor ipsa suī, postquam crūdēlibus ārīs 15
Admōta est, sensitque sibī fera sācra parārī,
Utque Neoptolemum stantem ferrumque tenentem
Inque suō vīdit fīgentem lūmina vultū,
' Ūtere iamdūdum generōsō sanguine' dixit;
' Nulla mora est; at tū iugulō vel pectore tēlum 20
Conde meō!' iugulumque simul pectusque retexit:
' Mors tantum vellem mātrem mea fallere posset.'

OVID, *Metamorphoses* xiii 439–461.

123. *A Cruel Murder*

Trebonius, one of the murderers of Caesar, had been
murdered himself at Smyrna by Dolabella. Cicero
declares that Antony, if he had the power, would be as
merciless as Dolabella.

Imāginem M. Antōniī crūdēlitātis in Dolābellā
cernitis; ex hōc illa efficta est; ab hōc Dolābellae

scelerum praecepta sunt trādita. Num lēniōrem,
quam in Asiā Dolābella fuit, in Italiā, sī liceat,
5 fore putātis Antōnium? Mihi quidem et ille
pervēnisse vidētur, quoad prōgredī potuerit ferī
hominis āmentia, neque Antōnius ullīus suppliciī
adhibendī, sī potestātem habeat, ullam esse partem
relictūrus. Pōnite igitur ante oculōs, patrēs con-
10 scriptī, miseram illam quidem et flēbilem speciem
sed ad incitandōs nostrōs animōs necessāriam:
nocturnum impetum in urbem Asiae clārissimam,
irruptiōnem armātōrum in Trebōniī domum, cum
miser ille prius latrōnum gladiōs vidēret quam,
15 quae rēs esset, audisset; furentis introitum Dolābellae, vōcem impūram atque ōs illud infāme,
vincla, verbera, eculeum, tortōrem, carnificem;
quae tulisse illum fortiter et patienter ferunt.
Magna laus meōque iūdiciō omnium maxima; est
20 enim sapientis, quicquid hominī accidere possit,
id praemeditārı ferendum modicē esse, sī ēvēnerit.
Māiōris omnīnō est consiliī prōvidēre nē quid tāle
accidat, animī nōn minōris fortiter ferre, sī ēvēnerit.
Ac Dolābella quidem tam fuit immemor hūmāni-
25 tātis (quamquam ēius numquam particeps fuit),
ut suam insatiābilem crūdēlitātem exercuerit nōn
sōlum in vīvō sed etiam in mortuō, atque in ēius
corpore lacerandō atque vexandō, cum animum
satiāre nōn posset, oculōs pāverit suōs. Ō multō
30 miserior Dolābella quam ille, quem tū miserrimum
esse voluistī!

CICERO, Philippic xi 6–8.

124. *Two Crimes*

Pompey was killed by Pothīnus, to please the king of
Egypt; Cicero was killed by Antony, to please himself.
Cicero was the mouthpiece of Rome, Pompey her repre-
sentative as a victorious general.

Pār scelus admīsit Phariīs Antōnius armīs;
   Abscīdit vultūs ensis uterque sacrōs.
Illud, laurigerōs agerēs cum laeta triumphōs,
   Hōc tibi, Rōma, caput, cum loquerēris, erat.
Antōnī tamen est pēior quam causa Pothīnī;   5
   Hīc facinus dominō praestitit, ille sibi.
                  MARTIAL iii 66.

125. *A Night Attack*

Two friends, Euryǎlus and Nisus, son of Hyrtǎcus,
sally forth from the camp of Aeneas by night and slaughter
the enemy who are sleeping off the effects of a carouse.

Ēgressī superant fossās, noctisque per umbram
Castra inimīca petunt, multīs tamen ante futūrī
Exitiō. Passim somnō vīnōque per herbam
Corpora fūsa vident, arrectōs lītore currūs,
Inter lōra rotāsque virōs, simul arma iacēre,   5
Vīna simul.
          Prior Hyrtacidēs sīc ōre locūtus.
'Euryale, audendum dextrā; nunc ipsa vocat rēs;
Hāc iter est. Tū, nēqua manus sē attollere nōbīs
A tergō possit, custōdī et consule longē;
Haec ego vasta dabō et lātō tē līmite dūcam.'   10
Sīc memorat, vōcemque premit; simul ense super-
   bum

Rhamnētem aggreditur, quī forte, tapētibus altīs
Exstructus, tōtō prōflābat pectore somnum—
Rex īdem et rēgī Turnō grātissimus augur;
15 Sed nōn auguriō potuit dēpellere pestem.
Trēs iuxtā famulōs temere inter tēla iacentēs
Armigerumque Remī premit aurīgamque, sub ipsīs
Nactus equīs, ferrōque secat pendentia colla;
Tum caput ipsī aufert dominō, truncumque re-
    linquit
20 Sanguine singultantem; ātrō tepefacta cruōre
Terra torīque madent. Nec nōn Lamyrumque
    Lamumque
Et iuvenem Serrānum, illā quī plūrima nocte
Lūserat, insignis faciē, multōque iacēbat
Membra deō victus; fēlix, sī prōtinus illum
25 Aequasset noctī lūdum in lūcemque bibisset.
Impastus ceu plēna leō per ovīlia turbans
(Suādet enim vaesāna famēs) manditque trahitque
Molle pecus mūtumque metū; fremit ōre cruentō.
                    VIRGIL, *Aeneid* ix 312–339.

126. *Invisible Motion*

The furniture of a room appears to us to be at rest,
yet the atoms, of which the tables and chairs are made,
are in constant motion. We cannot see that motion,
because the atoms are so minute. Just so, we cannot
catch the movements of a flock of sheep on a distant hill
or of an army manœuvring on a distant plain.

Illud in hīs rēbus nōn est mīrābile, quārē,
Omnia cum rērum prīmordia sint in mōtū,

Summa tamen summā videātur stāre quiēte,
Praeterquam sī quid propriō dat corpore mōtūs.
Omnis enim longē nostrīs ab sensibus infrā   5
Prīmōrum nātūra iacet; quapropter, ubi ipsa
Cernere iam nequeās, mōtūs quoque surpere
   dēbent;
Praesertim cum, quae possīmus cernere, cēlent
Saepe tamen mōtūs, spatiō dīducta locōrum.
Nam saepe in collī tondentēs pābula laeta   10
Lānigerae reptant pecudēs, quō quamque vocantēs
Invītant herbae gemmantēs rōre recentī;
Et satiātī agnī lūdunt blandēque coruscant;
Omnia quae nōbīs longē confūsa videntur,
Et velut in viridī candor consistere collī.   15
Praetereā, magnae legiōnēs cum loca cursū
Campōrum complent, bellī simulācra cientēs,
Fulgor ibi ad caelum sē tollit, tōtaque circum
Aere renīdescit tellūs, subterque virûm vī
Excītur pedibus sonitus, clāmōreque montēs   20
Ictī rēiectant vōcēs ad sīdera mundī,
Et circumvolitant equitēs mediōsque repente
Transmittunt validō quatientēs impete campōs.
Et tamen est quīdam locus altīs montibus, unde
Stāre videntur, et in campīs consistere fulgor.   25

Lucretius ii 308–332.

127. *Paullus and his Prisoner*

After the defeat of Pydna the king of Macedonia was forced to surrender to his conqueror and was kindly treated by him. The old general drew a moral from the king's downfall for the benefit of his young officers; but he did this in Latin, that the king might not be hurt.

Consurrexit consul, et, iussīs sedēre aliīs prō-
gressusque paulum, introeuntī rēgī dextram porrexit, summittentemque sē ad pedēs sustulit, nec
attingere genua passus, intrōductum in tabernā-
5 culum, considēre iussit. Prīma percontātiō fuit,
quā subactus iniūriā contrā populum Rōmānum
bellum tam infestō animō suscēpisset, quō sē regnumque suum ad ultimum discrīmen addūceret?
Cum, responsum expectantibus cunctīs, terram
10 intuens diū tacitus flēret, rursum consul: ‘ Sī
iuvenis regnum accēpissēs, minus equidem mīrārer
ignōrasse tē, quam gravis aut amīcus aut inimīcus
esset populus Rōmānus ; nunc vērō, cum et bellō
patris tuī, quod nōbīscum gessit, interfuissēs, et
15 pācis posteā, quam cum summā fidē adversus eum
coluimus, meminissēs, quod fuit consilium, quōrum
et vim in bellō et fidem in pāce expertus essēs,
cum iīs tibi bellum esse quam pācem malle?’
Nec interrogātus nec accūsātus cum respondēret,
20 ‘ Utcumque tamen haec, sīve errōre hūmānō, seu
cāsū, seu necessitāte, incidērunt, bonum animum
habē ; multōrum rēgum et populōrum cāsibus
cognita populī Rōmānī clēmentia nōn modo spem

tibi sed prope certam fīdūciam salūtis praebet.'
Haec Graecō sermōne Perseō; Latīnē deinde suīs: 25
'Exemplum insigne cernitis' inquit 'mūtātiōnis
rērum hūmānārum. Vōbīs hōc praecipuē dīcō,
iuvenēs. Ideō in secundīs rēbus nihil in quemquam superbē ac violenter consulere decet, nec
praesentī crēdere fortūnae. Is dēmum vir erit, 30
cūius animum neque prospera flātū suō efferet
nec adversa infringet.'

LIVY xlv 8.

128. *The Happy Life*

Martial tells his friend Martialis what the necessary
conditions are for happiness in life. It would be hard
to make a better list.

Vītam quae faciant beātiōrem,
Iūcundissime Martiālis, haec sunt:
Rēs nōn parta labōre sed relicta;
Nōn ingrātus ager, focus perennis;
Līs numquam, toga rāra, mens quiēta; 5
Vīrēs ingenuae, salūbre corpus;
Prūdens simplicitās, parēs amīcī;
Convictus facilis, sine arte mensa;
Nox nōn ēbria sed solūta cūrīs;
Somnus, quī faciat brevēs tenēbrās; 10
Quod sīs, esse velīs nihilque mālīs;
Summum nec metuās diem nec optēs.

MARTIAL x 47.

129.   *The Prayer of Orpheus*

Eurydĭcē, the young wife of Orpheus, was bitten by a snake and died. Orpheus went after her to the world below and besought Pluto and Persephone to send her back to the upper world.

Per ego haec loca plēna timōris,
Per Chaos hōc ingens vastīque silentia regnī,
Eurydicēs, ōrō, properāta retexite fāta.
Omnia dēbēmur vōbīs, paulumque morātī
5 Sērius aut citius sēdem properāmus ad ūnam.
Tendimus hūc omnēs; haec est domus ultima;
        vōsque
Hūmānī generis longissima regna tenētis.
Haec quoque, cum iustōs mātūra perēgerit annōs,
Iūris erit vestrī; prō mūnere poscimus ūsum.
10 Quod sī fāta negant veniam prō coniuge, certum
        est
Nolle redīre mihī: lētō gaudēte duōrum.

                    Ovid, *Metamorphoses* x 29–39.

130.   *The Secret of Pompey's Success*

After Pompey's brilliant success in clearing the Mediterranean of pirates, it was proposed by the tribune Manilius that Pompey, who was still in the East, should be appointed to supersede the Roman generals conducting the war against Mithridates, king of Pontus.

In support of this proposal Cicero, then praetor, made a speech to the people.

Age vērō, cēterīs in rēbus quā ille sit temperantiā, consīderāte. Unde illam tantam celeritātem

et tam incrēdibilem cursum inventum putātis?
Nōn enim illum eximia vīs rēmigum, aut ars
inaudīta quaedam gubernandī, aut ventī aliquī 5
novī, tam celeriter in ultimās terrās pertulērunt;
sed eae rēs, quae cēterōs remorārī solent, nōn
retardābant. Nōn avāritia ab institūtō cursū ad
praedam aliquam dēvocāvit, nōn amoenitās ad
dēlectātiōnem, nōn nōbilitās urbis ad cognitiōnem, 10
nōn dēnique labor ipse ad quiētem; postrēmō
signa et tabulās cēteraque ornāmenta Graecōrum
oppidōrum, quae cēterī tollenda esse arbitrantur,
ea sibi ille nē vīsenda quidem existimāvit. Itaque
omnēs nunc in iīs locīs Pompeium, sīcut aliquem 15
nōn ex hāc urbe missum sed dē caelō dēlapsum,
intuentur; nunc dēnique incipiunt crēdere, fuisse
hominēs Rōmānōs hāc quondam continentiā, quod
iam nātiōnibus exterīs incrēdibile ac falsō memoriae
prōditum vidēbātur; nunc imperiī vestrī splendor 20
illīs gentibus lūcem adferre coepit; nunc in-
tellegunt nōn sine causā māiōrēs suōs tum, cum eā
temperantiā magistrātūs habēbāmus, servīre populō
Rōmānō quam imperāre aliīs māluisse. Iam vērō
ita facilēs aditūs ad eum prīvātōrum, ita līberae 25
querimōniae dē aliōrum iniūriīs esse dīcuntur, ut
is, quī dignitāte principibus excellit, facilitāte
infimīs pār esse videātur.

CICERO, *De Imperio Pompeii*, 40–42.

131. *The Death of Fame*

Nisus and Euryalus had sallied forth by night from the camp of Aeneas and slain many of the Rutulian army. At last Euryalus was killed; Nisus first slew the slayer and then fell himself. Both earned immortal fame.

Volvitur Euryalus lētō, pulchrōsque per artūs
It cruor, inque humerōs cervix collapsa recumbit;
Purpureus velutī cum flōs, succīsus arātrō,
Languescit moriens, lassōve papāvera collō
5 Dēmīsēre caput, pluviā cum forte gravantur.
    At Nīsus ruit in mediōs, sōlumque per omnēs
Volscentem petit, in sōlō Volscente morātur.
Quem circum glomerātī hostēs hinc cōminus atque
        hinc
Prōturbant; instat nōn sētius, ac rotat ensem
10 Fulmineum, dōnec Rutulī clāmantis in ōre
    Condidit adversō et moriens animam abstulit
        hostī.
Tum super exanimum sēsē prōiēcit amīcum
Confossus, placidāque ibi dēmum morte quiēvit.
    Fortūnātī ambō! Sī quid mea carmina possunt,
15 Nulla diēs umquam memorī vōs eximet aevō,
    Dum domus Aenēae Capitōlī immōbile saxum
    Accolet, imperiumque pater Rōmānus habēbit.

VIRGIL, *Aeneid* ix 431–447.

132. *A Change of Rulers*

When Trajan became emperor of Rome in 98 A.D., the language of flattery, which had been so freely used to Domitian, became unfashionable; and Martial bids it depart to Parthia, where kings are still flattered.

Frustrā, Blanditiae, venītis ad mē,
Attrītīs miserābilēs labellīs.
Dictūrus dominum deumque nōn sum.
Iam nōn est locus hāc in urbe vōbīs;
Ad Parthōs procul īte pilleātōs,   5
Et turpēs, humilēsque, supplicēsque
Pictōrum sola bāsiāte rēgum.
Nōn est hīc dominus sed imperātor,
Sed iustissimus omnium senātor,
Per quem dē Stygiā domō reducta est   10
Siccīs rustica Vēritās capillīs.
Hōc sub principe, sī sapis, cavēto,
Verbīs, Rōma, priōribus loquāris.

MARTIAL x 72.

133. *A Short Way of Dealing with Kings*

In 168 B.C. Antiochus, king of Syria, invaded Egypt and had taken most of the country except Alexandria, when he was met by an embassy from Rome, the chief of which was M. Popilius Laenas. By this time the great Republic felt that she was a match for any of the kings of the East: and Popilius expressed the feelings of his country.

Antiochus Ptolemaeī lēgātīs respondit, nōn
aliter neque classem revocātūrum neque exercitum

9—2

reductūrum, nisi sibi et tōtā Cyprō et Pēlūsiō
cēderētur; diemque praestituit, intrā quam dē
5 condiciōnibus peractīs responsum acciperet. Postquam diēs data indūtiīs praeteriit, ad Alexandrēam
modicīs itineribus descendit. Ad Eleusīnem trans-
gressō flūmen, quī locus quattuor mīlia ab Alex-
andrēā abest, lēgātī Rōmānī occurrērunt. Quōs
10 cum advenientēs salūtasset dextramque Popiliō
porrigeret, tabellās eī Popilius, senātūs consultum
scriptum habentēs, trādit, atque omnium prīmum
id legere iubet. Quibus perlectīs cum sē con-
sīderātūrum, adhibitīs amīcīs, quid faciendum sibi
15 esset, dixisset, Popilius, prō cēterā asperitāte
animī, virgā, quam in manū gerēbat, circum-
scripsit rēgem, ac 'Priusquam hōc circulō excēdās'
inquit 'redde responsum, senātuī quod referam.'
Obstupefactus tam violentō imperiō parumper
20 cum haesitasset, 'Faciam' inquit 'quod censet
senātus.' Tum dēmum Popilius dextram rēgī
tamquam sociō atque amīcō porrexit.

LIVY xlv 11, 10.

134. *The Claim of Ulysses*

After the death of Achilles there was a contest among
the Greek chieftains before Troy for the right to inherit his
divine armour. Ulysses here begins a speech in which he
denies the right of Ajax to the armour and asserts his own
superior claims.

'Sī mea cum vestrīs valuissent vōta, Pelasgī,
Nōn foret ambiguus tantī certāminis hērēs,

Tūque tuīs armīs, nōs tē poterēmur, Achille.
Quem quoniam nōn aequa mihī vōbīsque negārunt
Fāta' (simulque manū velutī lacrimantia tersit 5
Lūmina) 'quis magnō melius succēdat Achillī,
Quam per quem magnus Danaīs successit Achillēs.
Huic modo nē prōsit, quod, uti est, hebes esse
    vidētur,
Nēve mihī noceat, quod vōbīs semper, Achīvī,
Prōfuit ingenium; meaque haec fācundia, sīqua 10
    est,
Quae nunc prō dominō, prō vōbīs saepe locūta est,
Invidiā careat; bona nec sua quisque recūset.
Nam genus et proavōs et quae nōn fēcimus ipsī,
Vix ea nostra vocō. Sed enim, quia rettulit Āiax
Esse Iovis pronepōs, nostrī quoque sanguinis 15
    auctor
Iuppiter est, totidemque gradūs distāmus ab illō.'

OVID, *Metamorphoses* xiii 128–143.

135. *The Warrior Dead*

Pallas, the young son of Evander, fought in Italy on
the side of Aeneas and was killed in his first battle by
Turnus. Aeneas mourns over his body.

Ipse caput niveī fultum Pallantis et ōra
Ut vīdit, lēvique patens in pectore vulnus
Cuspidis Ausoniae, lacrimīs ita fātur obortīs.
'Tēne,' inquit, 'miserande puer, cum laeta venīret,
Invīdit Fortūna mihī, nē regna vidērēs   5
Nostra, neque ad sēdēs victor veherēre paternās?

Nōn haec Euandrō dē tē prōmissa parentī
Discēdens dederam, cum mē complexus euntem
Mitteret in magnum imperium, metuensque mo-
    nēret
10 Ācrēs esse virōs, cum dūrā proelia gente.
Et nunc ille quidem, spē multum captus inānī,
Fors et vōta facit, cumulatque altāria dōnīs ;
Nōs iuvenem exanimum, et nīl iam caelestibus
    ullīs
Dēbentem, vānō maestī comitāmur honōre.
15 Infēlix, nātī fūnus crūdēle vidēbis !
Hī nostrī reditūs expectātīque triumphī ?
Haec mea magna fidēs ? At nōn, Euandre, pu-
    dendīs
Vulneribus pulsum aspiciēs, nec sospite dīrum
Optābis nātō fūnus pater. Ei mihi ! quantum
20 Praesidium Ausonia, et quantum tū perdis, Iūle.'

                VIRGIL, *Aeneid* **xi** 39–58.

136.   *Warnings in Dreams*

The Greek poet, Simonides, once owed his life to a
dream : he was warned by the ghost of a man, whom
he had buried, not to sail in a certain ship. In another
case, a sleeper saw in a dream the vision of a friend,
who was murdered by a treacherous innkeeper.

    Quid ? illa duo somnia, quae crēberrimē com-
memorantur ā Stōicīs, quis tandem potest contem-
nere ? Ūnum dē Simōnide : quī, cum ignōtum
quemdam prōiectum mortuum vīdisset, eumque

humāvisset, habēretque in animō nāvem conscen- 5
dere, monērī vīsus est nē id faceret ab eō, quem
sepultūrā adfēcerat : sī nāvigasset, eum naufragiō
esse peritūrum. Itaque Simōnidem redisse, perisse
cēterōs, quī tum nāvigassent. Alterum ita trāditum, clārum admodum somnium. Cum duo 10
quīdam Arcades familiārēs iter ūnā facerent, et
Megaram vēnissent, alterum ad caupōnem dēver-
tisse, ad hospitem alterum. Quī ut cēnātī quies-
cerent, concubiā nocte vīsum esse in somnīs eī, quī
erat in hospitiō, illúm alterum ōrāre ut subvenīret, 15
quod sibi ā caupōne interitus parārētur. Eum
prīmō perterritum somniō surrexisse, dein cum sē
collēgisset idque vīsum prō nihilō habendum esse
duxisset, recubuisse. Tum eī dormientī eundem
illum vīsum esse rogāre, ut, quoniam sibi vīvō nōn 20
subvēnisset, mortem suam inultam esse nē pate-
rētur. Sē interfectum in plaustrum ā caupōne
esse coniectum, et sūprā stercus iniectum. Petere
ut māne ad portam adesset, prius quam plaustrum
ex oppidō exīret. Hōc vērō eum somniō com- 25
mōtum māne bubulcō praestō ad portam fuisse,
quaesisse ex eō quid esset in plaustrō. Illum
perterritum fūgisse, mortuum ērutum esse, caupōnem rē patefactā poenās dedisse.

CICERO, *De Divinatione* i 56–58.

137. *A Tour in Greece*

In 168 B.C., the year after his victory over Macedonia,
Aemilius Paullus made a tour in Greece, visiting all the
most famous temples. The Roman general was deeply
impressed by the sublime statue of Zeus at Olympia.

Auctumnī initiō ad circumeundam Graeciam
ūtī statuit. Profectus cum haud magnō comitātū,
per Thessaliam Delphōs petiit, inclitum ōrāculum ;
ubi, sacrificiō Apollinī factō, inchoātās in vestibulō
5 columnās, quibus impositūrī statuās rēgis Perseī
fuerant, suīs statuīs victor destināvit. Ā Chalcide
Aulidem trāicit, portum inclitum statiōne quondam mille nāvium Agamemnoniae classis, Diānae-
que templum, ubi nāvibus cursum ad Trōiam,
10 fīliā victimā ārīs admōtā, rex ille rēgum petiit.
Inde Ōrōpum Atticae ventum est, ubi prō deō
vātēs antīquus colitur, templumque vetustum est,
fontibus rīvīsque circā amoenum ; Athēnās inde,
plēnās quidem et ipsās vetustāte fāmae, multa
15 tamen vīsenda habentēs—arcem, portūs, mūrōs
Pīraeum urbī iungentēs, nāvālia, monumenta
magnōrum imperātōrum, simulācra deōrum homi-
numque, omnī genere et māteriae et artium in-
signia. Sacrificiō Minervae, praesidī arcis, in
20 urbe factō, profectus Corinthum alterō diē pervēnit. Urbs erat tunc praeclāra ante excidium ;
arx quoque et Isthmus praebuēre spectāculum—
arx intrā moenia in immānem altitūdinem ēdita,
scatens fontibus, Isthmus duo maria fīnitima artīs

faucibus dirimens. Inde Lacedaemonem adit, nōn 25
operum magnificentiā sed disciplīnā institūtīsque
memorābilem, unde per Megalopolim Olympiam
escendit. Ubi et alia quidem spectanda eī vīsa,
et Iovem, velut praesentem, intuens mōtus animō
est. Itaque, haud secus quam sī in Capitōliō 30
immolātūrus esset, sacrificium amplius solitō ap-
parārī iussit. LIVY xlv 27, 5.

138. *The Final Conflict*

At last Aeneas and Turnus meet in single combat, and
the unequal struggle is watched by the contending armies.

Atque illī, ut vacuō patuērunt aequore campī,
Prōcursū rapidō, coniectīs ēminus hastīs,
Invādunt Martem clipeīs atque aere sonōrō.
Dat gemitum tellūs; tum crēbrōs ensibus ictūs
Ingeminant; fors et virtūs miscentur in ūnum. 5
Ac velut ingentī Sīlā summōve Taburnō
Cum duo conversīs inimīca in proelia taurī
Frontibus incurrunt; pavidī cessēre magistrī;
Stat pecus omne metū mūtum, mussantque iu-
    vencae,
Quis nemorī imperitet, quem tōta armenta se- 10
    quantur;
Illī inter sēsē multā vī vulnera miscent,
Cornuaque obnixī infīgunt, et sanguine largō
Colla armosque lavant; gemitū nemus omne re-
    mūgit:
Nōn aliter Trōs Aenēās et Daunius hērōs

15 Concurrunt clipeīs; ingens fragor aethera complet.
Ēmicat hīc, impūne putans, et corpore tōtō
Altē sublātum consurgit Turnus in ensem,
Et ferit; exclāmant Trōes trepidīque Latīnī,
Arrectaeque ambōrum aciēs. At perfidus ensis
20 Frangitur, in mediōque ardentem dēserit ictū,
Nī fuga subsidiō subeat. Fugit ōcior Eurō,
Ut capulum ignōtum dextramque aspexit iner-
 mem.
Fāma est, praecipitem, cum prīma in proelia
 iunctōs
Conscendēbat equōs, patriō mucrōne relictō,
25 Dum trepidat, ferrum aurīgae rapuisse Metiscī;
Idque diū, dum terga dabant pālantia Teucrī,
Suffēcit; postquam arma deī ad Vulcānia ventum
 est,
Mortālis mucrō, glaciēs ceu fūtilis, ictū
Dissiluit; fulvā resplendent fragmina harēnā.

VIRGIL, *Aeneid* xii 710–724; 728–741.

139. *The Scholar in his Garden*

Pliny asks a friend to see that Tranquillus shall get at
a moderate price a farm which he wishes to buy.

Tranquillus is better known under his other name of
Suetonius. He wrote much ; his chief extant work is his
Lives of the Roman emperors.

C. PLINIUS BAEBIO HISPANO S.

Tranquillus, contubernālis meus, vult emere
agellum, quem venditāre amīcus tuus dīcitur.

Rogō cūrēs, quantī aequum est, emat; ita enim dēlectābit ēmisse. Nam mala emptio semper ingrāta, eō maximē, quod exprobrāre stultitiam 5 dominō vidētur. In hōc autem agellō, sī modo adrīserit pretium, Tranquillī meī stomachum multa sollicitant, vīcīnitās urbis, opportūnitās viae, mediocritās villae, modus rūris, quī āvocet magis quam distringat. Scholasticīs porrō dominīs, ut 10 hīc est, sufficit abundē tantum solī, ut relevāre caput, reficere oculōs, ūnam sēmitam terere, omnēsque vīticulās suās nosse et numerāre arbusculās possint. Haec tibi exposuī, quō magis scīrēs, quantum esset ille mihi, ego tibi, dēbitūrus, sī 15 praediolum istud, quod commendātur hīs dōtibus, tam salūbriter ēmerit, ut paenitentiae locum non relinquat. Valē.

PLINY, *Letters* i 24.

140. *'O Ruddier than the Cherry'*

The Cyclops, the one-eyed giant who fed his flocks in Sicily, fell in love with the sea-nymph, Galatea. He played on his pipes and sang to mollify her hard heart; and this was his song.

Candidior foliō niveī, Galatēa, ligustrī,
Flōridior prātīs, longā prōcērior alnō,
Splendidior vītrō, tenerō lascīvior haedō,
Lēvior assiduō detrītīs aequore conchīs,
Sōlibus hībernīs, aestīvā grātior umbrā,   5
Lūcidior glaciē, mātūrā dulcior ūvā,

Mollior et cycnī plūmīs et lacte coactō,
Et, sī nōn fugiās, riguō formōsior hortō;
Saevior indomitīs eadem, Galatēa, iuvencīs,
10 Dūrior annōsā quercū, fallācior undīs,
Lentior et salicis virgīs et vītibus albīs,
Hīs immōbilior scopulīs, violentior amne,
Laudātō pāvōne superbior, acrior ignī,
Asperior tribulīs, fētā truculentior ursā,
15 Surdior aequoribus, calcātō immītior hydrō,
Et, quod praecipuē vellem tibi dēmere possem,
Nōn tantum cervō, clārīs lātrātibus actō,
Vērum etiam ventīs volucrīque fugācior aurā!
At, bene sī nōris, pigeat fūgisse, morāsque
20 Ipsa tuās damnēs, et mē retinēre labōrēs.

OVID, *Metamorphoses* xiii 789-809.

141. *An Ancient Cockney*

Catullus laughs at some contemporary, who was in the
habit of inserting an aspirate where it was not wanted.

Chommoda dīcēbat, sī quandō commoda vellet
    Dīcere, et insidiās Arrius hinsidiās,
Et tum mīrificē spērābat sē esse locūtum,
    Cum, quantum poterat, dixerat hinsidiās.
5 Crēdō, sīc māter, sīc Līber avunculus ēius,
    Sīc māternus avus dixerat atque avia.
Hōc missō in Syriam, requiêrant omnibus aurēs;
    Audībant eadem haec lēniter et leviter,
Nec sibi postillā metuēbant tālia verba,
10   Cum subitō affertur nuntius horribilis—

Īoniōs fluctūs, postquam illūc Arrius isset,
Iam nōn Īoniōs esse sed Hīoniōs.
                                CATULLUS lxxxiv.

142. *The Character of Cato*

Marcus Porcius Cato was the most typical of Romans,
the incarnation of the national character in its virtues
and vices. Born at Tusculum B.C. 234, he died at the
age of 85. He fought against Hannibal, and later in
Spain and Greece; he held all the high offices at Rome
and gained especial fame as censor. His writings are lost
except a treatise upon agriculture. He had greenish-gray
eyes and sandy hair, an iron frame, and a stentorian voice.

In hōc virō tanta vīs animī ingeniīque fuit,
ut, quōcunque locō nātus esset, fortūnam sibi
ipse factūrus fuisse vidērētur. Nulla ars neque
prīvātae neque publicae reī gerendae eī dēfuit;
urbānās rusticāsque rēs pariter callēbat. Ad 5
summōs honōrēs aliōs scientia iūris, aliōs ēloquentia, aliōs glōria mīlitāris prōvexit; huic
versātile ingenium sīc pariter ad omnia fuit, ut
nātum ad id ūnum dīcerēs, quodcumque ageret. In
bellō manū fortissimus multīsque insignibus clārus 10
pugnīs; īdem, postquam ad magnōs honōrēs pervēnit, summus imperātor; īdem in pāce, si iūs
consulerēs, perītissimus, sī causa ōranda esset, ēlo-
quentissimus; nec is tantum, cūius lingua vīvō eō
viguerit, monumentum ēloquentiae nullum extet; 15
vīvit immō vigetque ēloquentia ēius, sacrāta scriptīs

142   *Country Pursuits*

omnis generis. Ōrātiōnēs et prō sē multae et prō
aliīs et in aliōs ; nam nōn sōlum accūsandō sed
etiam causam dīcendō fatīgāvit inimīcōs.   Asperī
20 procul dubiō animī et linguae acerbae et immodicē
līberae fuit, sed invictī a cupiditātibus animī,
rigidae innocentiae, contemptor grātiae, dīviti-
ārum.   In parsimōniā, in patientiā labōris et
perīculī, ferreī prope corporis animīque, quem nē
25 senectūs quidem, quae solvit omnia, frēgerit.

Livy xxxix 40, 4.

143. *Country Pursuits*

The lover is advised to try the farmer's life as a
remedy for love-sickness.

Rūra quoque oblectant animōs studiumque co-
lendī ;
   Quaelibet huic cūrae cēdere cūra potest.
Colla iubē domitōs onerī suppōnere taurōs,
   Sauciet ut dūram vōmer aduncus humum ;
5 Obrue versātā Ceriālia sēmina terrā,
   Quae tibi cum multō faenore reddet ager.
Aspice curvātōs pōmōrum pondere rāmōs,
   Ut sua, quod peperit, vix ferat arbor onus.
Aspice lābentēs iūcundō murmure rīvōs ;
10   Aspice tondentēs fertile grāmen ovēs.
Ecce, petunt rūpēs praeruptaque saxa capellae,
   Iam referent haedīs ūbera plēna suīs.
Pastor inaequālī moderātur harundine carmen,
   Nec dēsunt comitēs, sēdula turba, canēs.

Parte sonant aliā silvae mūgītibus altae,   15
  Et queritur vitulum māter abesse suum.
Pōma dat auctumnus; formōsa est messibus aestās;
  Vēr praebet flōrēs; igne levātur hiemps.
Temporibus certīs mātūram rusticus ūvam
  Dēligit, et nūdō sub pede musta fluunt;   20
Temporibus certīs dēsectās alligat herbās,
  Et tonsam rārō pectine verrit humum.
Ipse potes riguīs plantam dēpōnere in hortīs,
  Ipse potes rīvōs dūcere lēnis aquae.
Vēnerit insitiō, fac rāmum rāmus adoptet,   25
  Stetque perēgrīnīs arbor operta comīs.
Cum semel haec animum coepit mulcēre voluptās,
  Dēbilibus pinnīs irritus exit Amor.
                OVID, *Remedium Amoris* 169–198.

144. *The Christians in Bithynia*

This letter was written about 112 A.D. by Pliny in
Bithynia to the emperor Trajan at Rome. Few remains of
ancient literature are more famous. By other Latin
authors of that date Christianity is barely mentioned;
but here we have an official document, written by a
very competent observer, which tells us a good deal of
the life of the Christian communities about 60 years
after the Acts of the Apostles were written.

C. PLINIUS TRAIANO IMPERATORI.

Sollemne est mihi, domine, omnia, dē quibus
dubitō, ad tē referre. Quis enim potest melius
vel cunctātiōnem meam regere vel ignōrantiam
instruere?

5 In iīs, quī ad mē tamquam Christiānī dēferē-
bantur, hunc sum secūtus modum. Interrogāvī
ipsōs, an essent Christiānī; cōnfitentēs iterum ac
tertiō interrogāvī, supplicium minātus; persevē-
rantēs dūcī iussī. Neque enim dubitābam, quāle-
10 cumque esset quod fatērentur, pertināciam certē
et inflexibilem obstinātiōnem dēbēre pūnīrī. Fuērunt aliī similis āmentiae, quōs, quia cīvēs Rōmānī
erant, adnotāvī in urbem remittendōs. Mox prō-
positus est libellus sine auctōre, multōrum nōmina
15 continens. Quī negābant sē Christiānōs esse aut
fuisse, cum praeeunte mē deōs appellārent, et
imāginī tuae, quam propter hōc iusseram cum
simulācrīs nūminum adferrī, tūre ac vīnō suppli-
cārent, praetereā male dīcerent Christō (quōrum
20 nihil posse cōgī dīcuntur quī sunt rē vērā Christiānī), dīmittendōs esse putāvī. Aliī, ab indice
nōminātī, esse sē Christiānōs dīxērunt, et mox
negāvērunt; fuisse quidem, sed dēsisse, quīdam
ante triennium, quīdam ante plūrēs annōs, nōn
25 nēmō etiam ante vīgintī. Affirmābant autem
hanc fuisse summam vel culpae suae vel errōris,
quod essent solitī statō diē ante lūcem convenīre,
carmenque Christō quasi deō dīcere sēcum invicem,
sēque sacrāmentō nōn in scelus aliquod obstringere
30 sed nē furta, nē latrōcinia, nē adulteria committe-
rent, nē fidem fallerent, nē dēpositum appellātī
abnegārent; quibus peractīs mōrem sibi discē-
dendī fuisse, rursusque coeundī ad capiendum
cibum, prōmiscuum tamen et innoxium. Quō

magis necessārium crēdidī ex duābus ancillīs, quae 35
ministrae dīcēbantur, quid esset vērī, et per tor-
menta quaerere.   Nihil aliud invēnī quam super-
stitiōnem prāvam et immodicam.   Ideō, dīlātā
cognitiōne, ad consulendum tē dēcucurrī.

PLINY, *Letters to Trajan* **96.**

145. *The End*

Ohē iam satis est, ohē libelle !
Iam pervēnimus usque ad umbilīcōs ;
Tū prōcēdere adhūc et īre quaeris,
Sīc tamquam tibi rēs peracta nōn sit,
Quae prīmā quoque pāginā peracta est.   5
Iam lector queriturque dēficitque ;
Iam librārius hōc et ipse dīcit,
' Ōhē iam satis est, ohē libelle !'

MARTIAL iv **89.**

EXPLANATORY NOTES

1

1. **alii**, 'others,' i.e. the Greeks.

aera, pronounced *æra*, must be distinguished from *āĕra*.

4. **radio**, 'the rod' or pointer used by geometers and astronomers.

6. **tibi** has strong emphasis. **morem**, 'the settled rule.'

2

1. **contentionem**, 'comparison.'

2. **qui**, 'how': abl.

5. **de nocte**, 'before daybreak.'

9. **capiantur**, 'be taken unawares.'

11. A Roman householder could bring an action if he was inconvenienced by the rain-water from a neighbour's roof.

12. **finibus**, 'frontiers' in the case of the general, 'boundary-lines' in the case of the lawyer.

3

8. **si qua fides** = 'believe me!': lit. 'if there is any belief' in my words.

4

1. **eius** = *Arriae*.

9. **quid ageret puer**, 'how the boy was.'

14. **foris**: adv.

illud eiusdem, 'that deed of the same woman.'

19. **quo**, 'than which.'

21. **matrem agere**, 'to play the mother,' i.e. to pretend that her son still lived.

5

7. Arion was a native of Lesbos and went from there to Sicily.

8. Ausonis ora = Italy.

16. The tiller is the right thing for him to hold.

23, 24. The ancients wrongly believed that the dying swan sang a song of peculiar sweetness: see 68, 1.

24. pinna = 'arrow.'

28. novo, 'strange.'

6

6. se is object, not subject, of *expleturum*.

11. exploratum: supine.

12. Lychnidus was a town of Illyricum.

14. quarta vigilia = 3 a.m.

16. cum, 'since.'

20. ad, 'in addition to.'

23. aeris (disyll.) must not be confused with *āĕris*.

29. quae res, 'a measure, which....'

7

9. hora, 'season.' Note the position of *te* and *tu*.

12. vago: the sheep are moving from one pasture to another.

13. nobilium fontium, 'one among famous springs.' This promise has been fulfilled.

14. dicente, 'tell of.'

8

4. morte is governed by *maerentem*.

10. fluit, 'sinks.'

11–16. A great scholar declared that he would rather have written these six lines than be the master of the richest and most powerful kings.

12. Bacchi munera = wine: good wine was grown on Mount Massicus in Campania: see 35, 8.

13. repostae, 'repeated': partic. of *repono*.

9

1. temporis is governed by *quod.*

8. bene vivendum, 'happiness.'

5. dolent is followed by acc. and inf.

12. habenda in bonis, 'to be ranked as good things.'

14. quod, 'but this.'

19. poma, 'fruit.'

10

2. An *Olympias* is the space between two celebrations of the Olympic games, i.e. 5 years. Antonius is therefore 75 years old.

4. Lethe is a river in the lower world, to which the spirits of men pass at death.

5. lux = *dies.*

11

1. quam bene vivebant, 'how happy men were': see 9, 8. Saturn reigned before Jupiter, and his reign was the Golden Age.

4. Note that que, which connects the two verbs, is, for metrical convenience, attached to the third word in the sentence.

10. finibus: see 2, 12, and choose the right meaning.

16. repente: adv. used for adj.

12

8. humo: 'from the soil.'

5. Clients called upon their patron in the early morning. aedibus, 'from the house.'

6. inhiant, 'do men gaze at.'

7. illusas, 'fancifully wrought.'

Ephyreïa = Corinthian, Ephy̆ra being an old name for Corinth.

10. at, 'at least.'

12. vivi, 'natural.' Tempe, the name of a valley in Greece, famous for its beauty; here it = 'fair valleys.'

14. ferarum: for hunting.

16, 17. When men became too wicked, Justice departed from this earth; but she lingered longest among country-people.

13

2. ceteris, 'by others.'

5. temporum is governed by *quantum* in l. 2.

6. haec studia: literature.

9. oratio et facultas, 'power of eloquence.'

10. periculis = lawsuits.

11. illa, 'those principles.'

21. pleni and **plenae** both govern *exemplorum*.

27. Graeci: for Homer, see 57, 17 and 18.

14

11. idem = at the same time; it agrees with *ego*.

15. esse is governed by *contendo* in l. 11.

16. For Africanus and Laelius, see 47; for Cato, see 142.

23. animi adversionem, 'turn of mind,' towards literature.

25. haec studia, '*but* these pursuits': the particle is necessary in English: see n. to 16, 5.

15

4. It is not known what service Cicero had done to Catullus. But the word patronus suggests that Cicero had spoken for him in the law-courts.

16

1. protulit, 'invented.'

5. nos, '*but* we...': the two clauses are contrasted, and both are introduced by an.

The omission of a word like *sed* between a pair of contrasted clauses is common in Latin and often puzzles a novice. Other examples will be found at 14, 25; 45, 20; 54, 22; 97, 10; 142, 15.

10. dux gregis = the shepherd.

11. foret = *debebat esse*. **vigili,** 'to me waking,' is governed by *tristia*: the soldier's sleep is broken.

16. cursarem...tener, 'I trotted in childhood.'

17

14. rem, 'design.'
16. abōminatus, 'expressing horror of.'
21. de tertia vigilia = at midnight.
24. oppressit, 'found them.'
30. ferox, 'high-spirited': this word never = ferocious.
33. vindicta = way of freedom.
36. maiores, 'older.'
38. auctor has no feminine form.

18

2. plurimus, 'with huge bulk.'
5. strata viarum, 'paved streets.'
6. instant governs *ducere.* pars is in apposition with *Tyrii.*
8. optare, 'to choose.'
12. The Tyrians at their building are as busy as bees on a summer day.
17. ignavum pecus is in apposition with *fucos.*

19

1. sollicitae vitae, 'of life's troubles.'
4. de capite tuo, 'from you as source.'
7. dum te sequitur, 'because he sought you.'
9. iusta: noun. piae terrae, 'to the loved clay,' i.e. to her son's body.
10. pote (adj. with *est* understood) = *potest.*
13. Greek mythology told that the North Wind had carried off the Athenian princess, Orithyia, to be his bride.
16. sanctos, 'guiltless.'
17. It was vain for Paetus to plead his youth: see 66, 5.

20

1. a quo quidque fiat, 'who it is that does a thing.'
3. altissime, 'to the skies.'
4. Lārius is the ancient name of Lake Como.
7. municeps nostra, 'a woman of our town,' of Comum.
16. Arriae: see 3 and 4.

21

8. manu tota, 'with the whole hand,' i.e. 'with much gesticulation.'

22

2. patriae: dat.

9. parricidii has a wider sense than our 'parricide': here it means 'treason.'

12. bene redditae, 'nobly laid down.'

15. actum praeclare vobiscum, 'happy has been your lot': see **47, 11.**

20. The senate decreed the erection of this monument; hence Cicero says that they practically (**paene**) built it with their own hands.

23

1. quid meruistis, 'what harm have you done?': see **16, 5.**

3. velamina, 'for coverings.'

7. frugum, 'corn.'

8. potuit, 'had the heart.'

9. qui refers to the man, not the animal.

13. inscripsere deos sceleri = they have ascribed the crime to the gods.

24

2. 'And all men that have to do with Love.' **hominum** is governed by *quantum*. A man favoured by Venus is **venustus.**

6. suam, 'his mistress.'

7. ipsam goes with *matrem*.

16–18. Diminutives are rare in Latin literature: here there are 4 in 3 lines, and they produce an effect partly pathetic and partly playful.

25

1. teris = walk on.

3. sales Nili, 'the wit of Nile': the people of Egypt, especially of Alexandria, had a reputation for wit.

6. This line is an imitation of **24, 1.**

26

1. **Claudius**: a historian who wrote before Livy. **Africanum**: Publius Cornelius Scipio, after defeating Hannibal at Zama B.C. 202, was given the title of *Africanus*.

9. **Pyrrhum**: Pyrrhus, king of Epirus, invaded Italy B.C. 280; for six years he fought against the Romans but failed to conquer Italy.

10. **docuisse**: supply *Pyrrhum* as subject. **elegantius**, 'with more skill.'

18. Before **me** supply *dicerem*.

27

1. **iuventus** = soldiers.

2. Horace refers to the victory of Duilius over a Carthaginian fleet at Mylae in Sicily, 260 B.C.

3, 4. For Pyrrhus, see 26, 9: for Antiochus, see 45, 6. Hannibal's invasion of Italy lasted from 218 to 203 B.C.

9. **fustes**: for fire-wood.

28

2. The stars pass here for living things (*animantes*).

8. **cesserunt**, 'were assigned.'

9. **mundi melioris**, 'of the world's better state': its worse state was the original chaos.

11. **Iapetus**, son of Heaven and Earth, was father of Prometheus.

13. **cum**, 'though.'

29

1. **hac aetate**, 'my present age.'

4. **commodi** is governed by *quid*.

5. **habeat sane**: supply *commodum*.

15. **eos viros**: Roman worthies of former days.

17. **meum**, 'my son.'

19. **quod**, 'whereas.'

23. **non quo**, 'not because.'

30

6. citata, 'charging.'
7. medio, 'southern,' i.e. tropical.
9. ferat, 'could stand.' labores, 'persecution.'
13. tenes, 'you button-hole me.'
16. vis...videre, 'won't you realise?'

31

6. simpliciter, 'frankly.'
8. parvum : he was nine years old.
16. odio sum Romanis serves as the passive of *odi Romanos*.
19. habeto : 2nd person.

32

1, 2. Sicily is called Triangular Land from its shape.

5. Arethusa was a spring; hence the goddess of the spring is called *frigida*. Ceres was the goddess of corn; hence she is called *flava*, the colour of ripe corn.

11. fuerant = *erant*.

19. patruus : Pluto was the brother of Ceres.

20. caeruleis, 'dark,' as belonging to the nether world: see 69, 3.

22. For que misplaced, see 11, 4.

23. Diti : Dis is another name of Pluto.

33

8. reddite : voc. masc. of the past participle.

11. inde, 'next.'

12. nostros = *meos*.

13. dicet : subj. of *dicare*.

14. 'The dweller in holy Itōnus' is the goddess Athena, who had a temple in that city and was also the guardian goddess of Athens.

15. nostrum, 'our.' Erechthei : gen. : Erechtheus was an early king of Athens.

16. tauri : a Cretan monster, half-man, half-bull, which required human sacrifices from Athens.

17. facito : 2nd person.

18. aetas, 'lapse of time.'

34

12. **haec**, 'these waters': Atticus far prefers the natural flòw of the rivers to artificial aqueducts.

13. Cicero, in discussing law and justice, had tried to derive them entirely from nature.

21. **sequor**, 'am attracted by.'

26. **huius** shews that Cicero's brother, Quintus, was present with them.

35, 36. 'The wisest of men' was Ulysses, who refused the offer of a goddess to make him immortal, preferring to return to his native Ithaca.

35

4. **Panchaïa** = Arabia.

5–7. The legends told of Colchis and of Thebes are not true of Italy; but she has better things than these.

6. **satis**: participle of *sero*.

7. **seges** governs *virûm*.

8. **Massicus**: see n. to 8, 12.

10. **hinc**, 'from here,' i.e. bred in this land.

14. **alienis mensibus**, 'in months that belong not to summer': i.e. it is warm in winter.

17. **semina** = breed.

36

4. The Romans called the Adriatic the Upper Sea (*Superum Mare*), the Mediterranean the Lower Sea (*Inferum Mare*). **memorem**: a verb.

5. **Lāri̧**: voc. of Lārius : see n. to 20, 4.

6. **Bĕnācus** is now called the lake of Garda.

7–10. Virgil refers to the Julian harbour which had recently been made by joining two lakes, Avernus and Lucrīnus, and piercing a channel from them to the sea.

7. **claustra**, 'bulwarks': because the mound dividing Lucrīnus from the sea, where it was not pierced, was strengthened.

8. **indignatum**, 'chafing.'

9. **Iulia unda**, the water in the Julian harbour.

10. **Tyrrhenus...aestus** = *aestus Maris Inferi.*

14. **malo,** 'to hardship.'

15, 16. Each of these heroes saved Rome from extreme danger; and to them is added Caesar, i.e. the emperor Augustus.

19. **Saturnia,** where once Saturn reigned: see 11, 1.

22. **Ascraeum:** Virgil's chief predecessor as the poet of agriculture was Hesiod, a native of *Ascra* in Greece.

37

4. **T. Quinctium:** he was then in Greece as an ambassador.

8. **auctor erat** ('he advised them') governs *expectandi.* **praetorem** = the admiral.

13. **praetor,** 'president.'

15. **bene comparatum...esse,** 'that it was a good arrangement.'

The Aetolian League was another confederation of Greek states; we learn here that its president was not allowed to speak in decisions upon war.

18. **praetorem,** 'that he as president.

38

2. **Procris** = the fate of Procris.

13. **male sedulus,** 'busybody.'

20. The votaries of Bacchus were roused to frenzy by his thyrsus or staff bound with ivy.

23. **quid...mentis,** 'what of mind,' i.e. 'what feelings.'

24. **attoniti,** 'stricken.'

39

14. Her heart had felt first the wound of love and was now wounded in a different sense.

19. **incauto,** 'credulous.'

20. It was customary for the nearest and dearest to inhale the last breath of the dying.

21. **corpora** = *corpus:* plural is often used for singular in Latin poetry.

40

3. quaestura: a Roman senator commonly filled four public offices in the following order: quaestor, aedile, praetor, consul.

5. maximis imperiis: i.e. the consulship, which Cicero held in 63 B.C., and during which he suppressed the conspiracy of Catiline.

17. decedebam, 'I left the province.'

20. Puteoli, now Pozzuoli, was a fashionable watering-place.

24. etiam, 'O yes.'

29. Recognising the case to be hopeless, Cicero swallowed his indignation and passed himself off as one of the crowd of visitors.

41

1. Camenae: the Latin name for the Muses.

8. natalis: gen. of a noun.

8–10. Niobe, grieving for her children, was turned into a stone which still exudes water. The Alcyones were sea-birds, which had once been human beings. The mother of Itys, having lost her son, was changed to a nightingale, and still mourns for him.

18. regna, 'dominion.'

42

10. iam, 'besides.'

15. Diana is the goddess of hunting, Minerva the goddess of study and learning.

43

2. labor: she had been hunting.

44

1. Ceres = corn.

2. auctumnis = vintages, because the wine is made in autumn.

3. Novembres: supply *Kalendas*.

6. inermi = hornless: see **7**, 4 and 5.

7. sordidae, 'miry.'

9. The flamingo, whose Greek name means 'red-wing.'

11. impiorum : because the Colchian princess, Medea, deserted her home and tore her brother to pieces.

12. gemit, 'coos.'

13. plausibus, 'flapping wings.'

14. sinum, 'apron.'

15. plenam = *e pastu.*

45

1. praetorem Achaeorum, 'the president of the Achaean League.'

5. M'. = *Mānium.*

6. Diophani, 'for Diophanes.' The Romans had defeated king Antiochus at Thermopylae in B.C. 191.

7. purgare and disserere are historic infinitives and are = *purgabat* and *disserebat.*

9. rem, 'measure.'

13. si cederes, 'if people gave way to him.'

14. contentione, 'violence.'

20. Note that the English requires 'but' to be inserted before the *ubi* clause, and again before the *simul* clause (l. 24). There are two pairs of contrasted clauses. See n. to 16, 5.

21. obnoxium, 'exposed.'

22. vos...facile : this clause is governed by *video* which must be supplied a second time.

46

1. Sila : a great forest in South Italy.

2. illi : the bulls.

5. Olympus = the sky.

12. instrato = *non strato,* 'uncovered.'

14. irasci in cornua, 'to throw his rage into his horns.'

19. medio...ponto, 'far out at sea.'

20. sinum, 'its curve.'

22. monte, 'than the cliff.'

23. subiectat, 'casts up.'

47

2. sapientes, 'philosophers': some of the schools of ancient philosophy would have approved Laelius, if he had said he felt no grief for a dead friend.

7. **decessu,** 'at the death.'

11. See n. to 22, 15.

13. **optare,** 'to pray for.'

14. **qui,** 'for he.'

30. **fortunā,** 'in point of fortune.'

31. **sensum** = the pain.

48

1. **mihi praestiteris,** 'you have done for me.' Note that **tenebo** serves as the future of **memini**: the metre will not admit *meminero*.

7. **quamvis ingentia,** 'however immense.'

8. **auctoris,** 'of the giver.' **pereunt,** 'are given in vain.'

49

2. **nostris**: Comum, the town of which Pliny was a native, is near Verona.

olim amaris, 'you have long been loved.'

3. **inde,** 'from Verona': the noun is better than the pronoun in English.

5. **opus,** 'public building.'

8. **egregie**: supply *fecisti*.

10. **Africanae,** 'panthers.' Maximus had ordered a supply of wild beasts to be baited in the amphitheatre; but contrary winds had prevented their reaching Italy in time.

14. **non per te stetit,** 'it was not your fault.'

50

4. **ducit,** 'plies.'

7. **tulit** = willed it so.

13. **robora,** 'oak trees.'

15. **fulminis**: the word is often used of the wild boar, because of the suddenness and severity of the blow from his tusks.

20. **novi,** 'strange.'

51

6. **per Thraeciam**, 'in passing through Thrace.'

9. **opprimet**, 'shall come upon.

10. **Ti. = *Tiberius*.** This Gracchus was father of the famous tribunes.

11. **dispositos equos**, 'relays of horses.' *Amphissa* was a town in Greece, *Pella* the capital city of the Macedonian kings, *Thaumaci* a town in Thessaly.

21. **ad**, 'to find.'

52

3. The ghost is taller than the living woman was.

5. **adfari** and **demere** are historic infinitives : see n. to 45, 7: Creusa is the subject.

11. **Lydius** : the Tiber flows through Etruria, and legend told that the Etruscans came from Lydia in Asia.

14. **Creusae**, 'for Creusa.'

15. The *Myrmidones* and *Dolopēs* were soldiers of Achilles and Neoptolemus, the two chief fighters against Troy.

16. **servitum** : supine.

17. Creusa was to become a priestess of Cybĕle, the Mother of the Gods, on Mount Ida.

21. **conatus** : supply *sum*.

53

2. **ad**, 'to pay.'

3. **mortis** = of the dead.

5. **tē** is strengthened by the suffix *te*.

8. **tradita sunt**, 'have been handed down.' **ad**, 'for.' The common offerings to the dead were flowers, wine, milk, and honey.

54

6. Note how the whole relative clause comes before the antecedent (**eisdem**), which follows immediately.

8. The principal clause begins at **nec**.

10. **nunc**, 'as it is.'

22. 'But' must be inserted in English before the consiliorum clause, because it is opposed to the previous clause: see n. to 16, 5. Or we may translate: 'If men have left statues..., ought we not much rather to prefer to leave...?'

24. summis ingeniis, 'by men of the greatest genius.'

55

2. magnum: Martial wrote nothing but short epigrams.

3. sed, 'and also.' Maecenas gave wealth as well as leisure to Horace and Virgil.

5. curas, 'works.'

6. flammis, 'from the funeral fires,' in which his body would be burnt.

56

3. praetor, 'the admiral.'

8. eā: adverb.

9. eo: adverb.

12. ad, 'at the time of.'

13. alii...temptarent is governed by cum: translate '*and* others....' The principal sentence begins at adeo (l. 14).

16. auxilii is governed by plus.

57

2. declamas, 'practise oratory,' a great part of Roman education. Praeneste, 'at Praeneste,' a town near Rome.

4. Chrysippus and Crantor were Greek philosophers.

9. The war was caused by the abduction of Helen by Paris. Antenor proposed to send her back to Troy; but Paris refused.

12. Achilles was the son of Peleus, Agamemnon the son of Atreus.

13. hunc: Agamemnon.

14. plectuntur, 'suffer for it.'

17. sapientia: Ulysses was called *vir sapientissimus* 34, 36.

19. domitor Troiae = *postquam Troiam domuit.*

20. latum: adjective.

23. Ulysses heard the song of the Sirens without harm, and took precautions before drinking the drugged cup of Circe. His less careful companions were turned into swine after drinking it.

58

1. Other generals had acted on the defensive against the Gauls; but Caesar adopted a different plan. **C.** = *Gāii* gen. of *Gāiūs.*

10. eas, the antecedent, immediately follows the relative clause instead of preceding it: see **54,** 7.

12. semitam tantum, 'a mere strip.'

25. extremum, 'boundary': adj. used as a noun.

29. quae: feminine.

31. Oceanum, 'the Atlantic.'

59

3–8. The divisions of time and the four seasons of the year are personified and act as attendants upon Phoebus.

5. novum, 'young.'

7. sordidus, 'stained.'

9. inde, 'then.'

16. errorem, 'doubt.'

20. veros may be translated 'truly.' **edidit,** 'told.' Clymenē was the mother of Phaethon.

22. promissi: gen. of a noun *promissum.*

23. The most binding oath of the gods was by the river Styx, which flowed under the earth, invisible to the Sun.

60

1. meorum, 'of my slaves.'

6. quasi testamenta, 'so-called wills.'

8. quod visum, 'as seems good to them.' **dividunt,** 'they distribute.'

9. intra domum: they were not permitted to leave anything to any person who was not an inmate of Pliny's household.

17. homines, 'human beings.'

18. hominis est, 'it is the part of a human being.'

61

2. oscula=darling. **delicias,** 'pet.'

4. ora, 'mouths': for Cerberus, the hound of Tartarus, had three heads.

6. ni minus=*si*: for the two negatives cancel out. She was 6 years old all but 6 days.

62

10. **quamvis** goes with *sera*.

11. **rabidae,** 'fierce.'

15. **Ascanius:** another name for Iulus. **curvo...cornu**= bending his bow.

16. **erranti**=*ita ut erraret*.

63

2. Masinissa, king of Numidia, at first fought for Carthage against Rome. In B.C. 204 he joined Scipio with a small band of cavalry and proved a useful ally, for which he was rewarded. He lived to be 90 and died in B.C. 148.

7. Syphax was another African king.

17. **dicere...vobis,** 'when you absolutely desire me to speak.'

26. **at enim,** 'but it may be said that....' The words are often used in the sense of *dicat aliquis* (l. 16).

28. **partis,** 'on the side.'

64

1. **ante oculos,** 'plain to see.'

3. Superstition is compared to the head of Medusa which turned men to stone.

4. **super** (adv.) goes with *instans*.

5. **Graius homo:** Epicurus.

9. **inritāt** is a contracted form of *inritavit*.

10. **cupiret:** an old form for *cuperet*.

12, 13. The power of genius enabled Epicurus to ascertain the laws which govern not only our world but the whole universe, which contains many worlds.

Our world is shut in by 'flaming walls' of ether, in which the heavenly bodies burn.

13. **omne immensum**, 'the infinite universe': *omne* is a noun here.

15. **finita...haerens**, 'in short on what principle the powers and deep-seated limitations of each thing are fixed.' He shewed what was possible, and what was impossible, for every thing in the universe; and thus he discovered the fixed laws of nature.

65

1. **per hos annos**, 'during recent years.'

4. **mortis**: owing to storms in winter.

13. **cui praesidio fuistis**, lit. 'to whom were you for a protection,' i.e. 'whom did you protect?' **classibus**: instrumental.

18. **propugnaculis imperii**: i.e. fleets and armies.

21. **vestri**, 'your own.'

22. Brundisium (now Brindisi) was the port from which the Romans sailed to Greece and the East.

26. **duodecim secures**: the pirates had carried off two praetors. Each praetor was attended by six lictors, bearing rods and axes.

29. **lucem** = deliverance.

66

1. **Bassi**: probably the father.

2. The child was born at Rome, and was named *Urbicus*, because born *in urbe*.

4. **deae**: the Fates, who break the thread of life.

5. **quid profuit aetas**: see 19, 17.

6. **ista** has the sense of *haec*.

7. **sic**, 'if you do.'

8. **optabis quem superesse tibi**, i.e. your son.

67

1. Lucullus fought against Mithridates B.C. 74–67. **viatica**, 'savings.'

5. **regale** = *Mithridatis*.

7. **donis honestis**, ' gifts of honour.'
8. **super**, 'in addition': adverb.
9. **praetor**, ' the general.'
11. **mentem**, ' courage.'
15. **zonam**=purse, because money was often carried in a belt.

68

1. **cycnea...vox**, ' the swan-song': see n. to 5, 23. **divini** = most eminent.
4. **ex quo**, ' after which.'
5. **lateris dolore**, ' by pleurisy.'
10. **ambitionis**, ' of canvassing ' for office.
14. **ab**, 'after.' **honorum**: the four offices held successively by senators: see n. to 40, 3.

69

8. **caeruleus**=black: see 32, 20. **imber**, ' storm-cloud.'
9. **caecis**, ' invisible.'
11. **Palinurus**: the steersman.
12. **soles**=*dies*.
15. **fumum**: a sign of habitation.

70

4. **Semiramis**, queen of Assyria, built a brick wall round Babylon.
6. **taedae**=of marriage, a lighted torch being part of the marriage ceremony. **iure**, ' by the tie.'
7. **quod**: pronoun.
21. **transitus**: noun.

71

4. **nuntiant Argitheam**, 'they bring news to Argithea.'
8. **quos** refers to *popularium* above.
11. **praesidium**, ' the garrison.'
19. **ita**, ' to this effect.' **convēnit**: impersonal.
23. **arcibus**, 'from the citadels ' in the four towns.
27. **impotenti**, 'violent': *impotens* hardly ever =*invalidus*.
29. **regnum**, ' government by a king.'

72

6. Ausoniae: Italy.

16. modo goes with *multis*. Before this calamity he had had plenty of friends.

18. indignas, 'undeserving.'

22. intus, 'within the house.'

73

4. istum : Verres : this pronoun is commonly used of the defendant in a trial.

5. intellegentem, 'a connoisseur.'

6. idiotas, 'outsiders,' as being ignorant of art: the word is Greek.

7. Praxiteli : gen. of Praxiteles, a famous Greek sculptor; two others are mentioned below, Myron and Polyclītus.

8. nimirum, 'I declare.'

25. Canephoroe, 'basket-bearers.' The word is Greek and was applied to maidens, who carried baskets on their heads in religious processions at Athens.

26. Cicero pretends to have forgotten the name of the sculptor, and thanks someone who prompts him.

74

1. domino shews that Alcimus was a slave.

2. The boy was buried by the *Via Lavicana* which led out of Rome.

5. faciles, 'simple.'

6. 'and green turf wet with my tears.'

8. honor, 'tribute.'

9. Lachēsis : the Fate : see n. to 66, 4.

10. meos, 'my own.'

75

3. Cresia, 'of Crete.'

6. Dictaeos = Cretan, Dicte being a city of Crete.

7. moenia = *urbem*.

8. Sidonias : Dido had come to Africa from Sidon.

10. eadem, 'she too': singular.

11. labores, ' calamities.'

13. digressi, ' they had parted.'   vicissim, ' in her turn,' the sun having set before.

15. relictis, ' deserted ' by Aeneas.

17. Ascanium : see n. to 62, 15.

21. minae murorum, ' the threats of the walls,' i.e. the formidable walls.

22. māchǐna : a crane, probably.

76

8. Circenses (agreeing with *ludi* understood), ' chariot-races,' which took place in the Circus at Rome.

10. nunc, ' as it is.'

11. panno, ' bit of cloth,' refers to the coloured jacket worn by the driver.

17. mitto, ' I don't say.'

77

4. torto, ' hurled.'

5. caeli : governed by *quantum*.

10. Phoebo = *soli*.

11. aversum = from behind.

15. Inachides : Perseus : his mother was an Argive, and the first king of Argos was Inachus.

78

1. Sappho : the statue of Sappho.

prytanio, ' townhall ' : a Greek word.

6. haberet = *debebat habere*.

8. beati, ' rich.'

11. Three public buildings at Rome where fine statues could be seen.

13. istorum, ' of men like Verres.' Tusculanum, ' villa at Tusculum.'

14. aedilibus : it was their duty to arrange the public shows and games.

17. etiam, ' actually.'

24. quod : pronoun.

26. nunc, 'as it is,' because he did not remove it.
quod = *id quod.*
28. hospites, 'strangers.'

79

1. tutĕ : see n. to 53, 5.
2. sis = *suis.* Ancu' = *Ancus,* one of the early kings of Rome.
6. ille : Xerxes, king of Persia, who bridged the Hellespont when invading Greece.
11. Scipiadas, 'the son of the Scipios': see 47.
14. Heliconiadum, 'of the maids of Helicon,' i.e. the Muses. unus, 'beyond others.'
15. aliis : dat. masc., governed by *eādem.* sopitu' = *sopitus.*
16. Democritus, a Greek philosopher, put an end to his own life, when his mind began to fail.
19. Epicurus founded the school of philosophy to which Lucretius adhered, and is considered by him the greatest of mankind. obit : perfect tense.

80

5. instar, 'as good as.'
7. cuniculus has three meanings : (1) a rabbit, (2) a rabbit-hole, (3) a military mine. vineis is governed by *contecto.*
13. e regione, 'in the direction.'
15. quantae : genitive.
21. commissis operibus, 'when the two diggings met.'

81

1. meis auspiciis = *meo arbitrio.*
5. Pergama : a name for Troy.
6. nunc, 'as it is.'
Grynēus : there was a temple of Apollo at Grynium in Aeolia.
7. Lyciae...sortes, 'the oracles of Lycia,' i.e. of Patara in Lycia where Apollo had a temple.

11. et, 'also.' **fas** : supply *est*.

16. **fraudo** : if Aeneas did not go to Italy, his son would be cheated of the succession to the kingdom there.

fatalibus, 'fated to be his.'

18. utrumque, i.e. *meum tuumque*.

82

1. O. = *Gāius*.

7. venales...habere, 'said that his park was not indeed for sale.'

21. Syracusis quidquid est piscium, 'all the fish there are at Syracuse': see 24, 2 for a similar genitive.

22. isti : the Syracusans.

24. quid multa ? ' to make a short story of it.'

29. eos nullos, 'not a sign of them.'

30. quod, 'so far as.'

32. stomachari = *stomachabatur* : a historic infinitive; see 45, 7. faceret = *facere poterat*.

83

1. manuque tangi : i.e. I can shake hands with him out of my window.

7. Syenen : Assouan on the Nile, for long the southern outpost of the Roman empire.

11. migrandum est, 'must shift my quarters.'

84

5. vere goes with *emendatum*.

9. hominem = *eum*.

11. exoratus = *si exoraberis*. excusatius : adverb.

14. tam lenis, 'being so kindly.'

19. hoc illi : supply *dixi*.

85

2. sanguineam, 'bloodshot.'

5. ensem : a sword given her by Aeneas.

8. paullum...morata, 'she paused a while to weep and think.'

10. **exuviae,** 'relics,' lit. 'strippings': they are the garments once worn by Aeneas.

15. **ulta virum,** 'I avenged my husband.'

21. **Dardanus** = the Trojan. **omina,** 'the curse.'

24. **sparsas,** 'blood-sprinkled.'

86

1. **reddere voces,** 'to pronounce words.'

5. **campi,** 'the play-ground.'

6. **cereus** = easy as wax: see **115, 12.**

11. **mox,** 'afterwards.'

13. **quaerit,** 'gathers money.'

15. **spe longus,** 'slow to form hopes.' **futuri,** 'of longer life.'

87

1. **non modo** has the sense of *non modo non.*

3. **custodiretur:** the subject is Philopoemen. **expediebant:** the subject is the magistrates of Messene.

4. **eius:** masculine.

6. **cuiquam uni,** 'to any individual.'

12. **multitudo integra,** 'the uncorrupted part of the populace,' i.e. the richer and more conservative citizens.

16. **defectionis:** Messene had revolted from the Achaean league.

88

1. According to the legend, the ancestors of the Romans sailed to Italy with Aeneas, after Troy was taken and burnt by the Greeks.

2. **sacra,** 'their holy things'; Aeneas carried his gods with him.

4. **Ausonias** = *Italas.*

5. **tonsa,** 'lopped.'

6. **frondis** is governed by *feraci.* Algidus is a mountain in Latium.

9. **firmior,** 'more strongly.' When Hercules sought to kill the Hydra, for every head he cut off, two new heads grew.

11, 12. 'never did the Colchians or Thebes of Echīon produce a mightier prodigy' than Rome. See 35, 5–7: legend reported that both at Colchi and Thebes a crop of armed men sprang up, where dragons' teeth had been sown.

12. Echioniae : the hero Echīon helped to build Thebes.

13. merses, 'if you sink it.'

14. luctere, 'if you wrestle with it.'

16. coniugibus loquenda, 'for their wives to tell of.'

89

7. nec iniqua = *et non-iniqua*.

10. custodia = *custos*. The Romans had a high opinion of the goose as guardian of a house : when the Gauls invaded the Capitol, the sacred geese, kept there, gave warning to the garrison.

15. vicinia = *vicini*.

26. furcas, 'the props,' which supported the cottage. subiere, 'took the place of.'

28. tellus : i.e. the temple had a marble floor.

90

2. tui, 'your own partisans.'

5. ille : Caesar.

7. re, 'respect.'

13. monimentis, 'by erecting public buildings.'

21. hoc boni, 'this of good,' i.e. one good thing.

26. cum, 'though.'

91

4. Dardanus, founder of Troy, was a son of Zeus.

10. hunc is governed by *agerem*. Aeneas says that, however dangerous the place in which he found himself on that day, he would not neglect to sacrifice. The Syrtes were dangerous reefs on the African coast.

11. Mycenae, 'of Mycena': the city is generally called *Mycenae*.

13. suis = *debitis*.

14. **ultro**, 'actually.'
18. **ventos**, 'favouring winds.'
19. **velit**: supply *Anchises* as subject.

92

7. **ad**, 'to meet.'
17. **omnia circā**, 'the whole neighbourhood.'
25. This happened in 278 B.C., when the Roman general, Fabricius, handed over to Pyrrhus a traitor, who had offered to poison the king.

93

6. Martial speaks sarcastically of a bronze equestrian statue put up in honour of a barrister.
8. **parmae**, 'shield,' stands for the gladiator who wields it. **favet**, 'backs.'

94

4. **Idōlon**: the Greek word for *simulacrum* or *imāgo*.
11. **titulum**, 'the notice' that the house was to be let or sold.
14. **sterni sibi**, 'his bed to be placed.'
17. **audita**, 'of which he had been told.'
18. **concuti** = *concutiebatur*: a historic infinitive; several more follow.
34. **publice**, 'at the public cost.'

95

1. **laboribus**, 'troubles.'
2. **lucis** = *vitae*.
8. **ab**, 'after.'
11. Virgil and Horace are meant in particular.
16. **ut**, 'though.'

96

1. **hilum**, 'at all.'
2. **natura animi** = the soul. **habetur**, 'is considered.'
3. **aegri**: gen. after *nil*.
4. He takes one of the most notable events of past Roman history—the Punic wars.

7. **fuere**: the subject is *humani*, to be supplied from *humanis* in l. 8.

10. **uniter apti**, 'formed into a single being.'

97

10. **vitae** etc.: insert 'but' before this clause, as it is contrasted with the previous clause: see n. to 16, 5.

14. **Scipio**: see 26, 1.

17. **duas urbes**: see 47, 19.

19. **Paulus**: see 121.

21. **Marius**: in B.C. 102 and the following year he destroyed barbarian hordes which had invaded Italy.

23. **Pompeius**: he was now at the height of his glory and was carrying on the campaign against Mithridates.

24. The meaning is that Pompey's exploits and fame extend from the rising to the setting of the sun.

26. **nostrae** = *meae*.

98

2. **aridus**, 'harsh.'

5. **sibi temperat** = *parcit*. male, 'hardly.'

18. **imprudentibus**, 'men unwarned'; there are always warnings which should be noticed.

99

2. **ad causam parricidii dicendam**, 'to defend myself against a charge of murder.'

6. **quid**, 'for what purpose.'

11. **audirem** = *debebam audire*.

12. **meditarer** = *debebam meditari*.

100

5. **Aetna**: Persephone was carried off in Sicily: see 32.

13. **dulce**, 'a sweet drink.'

16. **neque adhuc epota** = *et nondum-epota*.

18. The particles of meal became spots on the boy's changed body.

101

8. When the ships were burning, Jupiter had sent rain which put out the fire.

8. Latio, 'in Latium.' Ditis: see n. to 32, 23.

12. Sibylla, the prophetess of Cumae, who led Aeneas through the world of the dead.

14. quae dentur moenia, 'what city is to be yours.'

102

1. unde = from whose city. humanitas, 'culture.'

5. Legend said that Athena and Poseidon had striven for the possession of Athens.

6. It was the boast of the Athenians that they were no immigrants but sprang from the soil of their country.

11. disciplina: the laws of Lycurgus.

13. unis moribus, 'under identical institutions.'

20. haud scio an dicam, 'I am inclined to say.'

23. cum, 'though.'

26. laudatoribus, 'witnesses to character.'

28. cupiditati, 'prejudice.'

103

1. operam togatam = attendance as a client.

6. nobis = *mihi*. ingenuum, 'delicate'; lit. 'belonging to a free-born man': Martial means that he has not the muscles of a blacksmith. latus, 'frame.'

7. in causa = in the law-court.

8. tergeminum sophos, 'three cheers': *sophos* is a Greek adverb used as we use 'Bravo!'

9. lis erit, 'if there is a row' in the street.

11. praestabis, 'will you do': see 48, 1.

12. Muscular strength is not the only quality desirable in a friend.

104

2. meritis is governed by *deberi* in l. 4.

7. deos, i.e. the images of the gods in the Roman temples.

8. optare, 'to pray.'

11. Demetrius, the younger son of Philip, was believed to be friendly to the Romans, and had been put to death by his father. adversantis, 'because he opposed.'

12. The Bastarnae were a savage northern tribe, on whose strength Philip relied for his invasion of Italy.

19. iuventute = soldiers.

26. iam, 'further.'

105

1. Titania: Latona was daughter of the Titan, Coeus, and mother of Apollo and Artemis.

7. nostros = *meos*.

106

2. squalore: abl. of description.

3. stant lumina flamma, 'his fiery eyes are fixed': lit. 'his eyes stand fast with flame.'

7. cruda, 'lusty.' deo: Charon was immortal.

13. ad terram: the birds have just reached their winter-quarters.

18. tristis, 'surly.'

107

6. Insert 'but' in English before the new sentence, to shew that it is opposed to what precedes.

8. adversarium: Marcellus.

11. comparo, 'put him on a level with.'

12. C. is the contraction for *Gāi*, the vocative of *Gāius*.

17. obstrepi, 'to be drowned.'

19. aliquid is governed by *audimus* in l. 22.

26. cuius...cernimus, ut, 'whose face we see, and also your purpose and intention, to...'

108

2. violentus aqua, 'raging on the water.'

6. montis, 'of the cliff': see 46, 22.

9. quod, 'wherefore.'

12. Velinos, 'of Velia,' a town on the Italian coast: near there the body would be found.

18. diva creatrix: Venus was the mother of Aeneas.

109

2. tua sacra, 'your holy things,' i.e. your studies.

12. Croesus is the Dives, and Irus the Lazarus, of antiquity.

14. bonis, 'treasures.'

15. vobis = 'my friends.'

18. in hoc, 'over it': *hoc* is acc.

110

2. cum...tum = *et...et*.

4. Larissa is the nearest town to the south of the river.

10. For the interview to be held, one of the parties had to cross; but each feared to confess inferiority by doing so.

15. minor, 'the younger.' One of Marcius' names was Philippus, which was also the name of Perseus' father.

16. By the Latin idiom, *mihi nomen est Philippo* = my name is Philippus.

111

1. inter quas: she was with the ghosts of other women.

4. primo...mense, 'at the beginning of the month.'

8. extinctam: supply *te esse*.

10. siqua fides, 'if there is ought to swear by': the stars and the gods belong to the upper world.

17. fato, 'by fate's decree.'

18. torva: adj. used as adverb.

21. vultum, 'as to her face.'

22. Marpessa was a mountain in the island of Paros.

112

1. Note the repetition of the same pronoun in six consecutive lines.

2. presserat, 'had filled full.'

3. Nysa was the legendary birthplace of Bacchus.

6. One of the buried cities was Herculaneum.

7. tristi, 'dismal.'

8. nec superi vellent = *et superi nolint*: 'even the gods might wish that this destruction had been beyond their power.'

113

4. **hoc gradu**: Cicero was an ex-consul.

8. **consul**, 'when I was consul,' twenty years earlier.

13. **eodem**: adverb.

24. After **quidvis potius**, supply *patiamini*.

25. Supply ' but ' before **populi**, as the two clauses are contrasted: see n. to 16, 5.

114

1. **is**: Anchises.

2. **alacris**: nom. masc.

14. **sale Tyrrheno**, 'on the Tuscan sea,' i.e. on the western coast of Italy.

17. **collo**: dative. **conatus**: supply *est.*

115

1. **attonitum**, 'stricken.'

2. The Styx is a river of the nether world.

3. **materiem vatum**, 'the theme of poets.' **falsi mundi**, ' of an imaginary world,' i.e. Hades.

17. **vaticinor**, ' I preach.'

116

1. **dies**, the day of trial. The trial was held in the Forum, which lies just below the Capitol.

13. **alias**: adverb: see 121, 22.

14. **vestrûm** is governed by *ei* understood.

18. **avertit**, ' turned away ' from the accusers.

25. **aestimatione**, 'appreciation.'

26. **eius**: masc.

117

1. **pater aether**, 'our father the sky.'

5. **hinc**=*frugibus.*

8. **pingui**, 'with their fatness': adj. used as a noun.

10. **nova proles**: calves and lambs.

12. **lacte mero**, 'with milk as with wine': their mother's milk acts like wine on their young hearts.

18. videntur: supply *perire.*
14. alid = *aliud.*
14, 15. Nature uses the particles, of which the old thing was formed, to make some new thing.

118

2. minor, 'younger.' **visus est sibi cernere,** 'dreamed that he saw': see **136, 6.**
7. medium, 'interval': adj. used as a noun.
12. dies, 'the day-light.'
14. futurus, 'as I should have been.'
17. moris est, 'it is the custom.'
18. meorum, ' of my slaves.'

119

1. medio: a noun.
2. imber, ' rain-storm ' (not ' shower ').
5. sedit, 'was fixed upon.'
8. libro et subere = cork-bark.
12. tua: neut. plur.: Diana was a huntress.
19. victor, 'triumphant.'
20. Trivia is one of the names of Diana.

120

4. In 43 B.C. the two consuls, Hirtius and Pansa, lost their lives in or soon after the battle of Mutina.
8. ab, 'in respect of.'
14. Maeonides: Homer.
16. modis, ' from metre.'
21. suas volucres = his book about birds.
23. ignes, 'loves.'
24. iure, ' by the tie.'
25. numerosus, ' melodious.'
27. Virgil died in B.C. 19, and Tibullus soon after.

121

2. constituerent, ' place the baggage ' behind the rampart of the camp.

4. **ferre**=*ferebant*: historic infinitive: so **gaudere.**

5. **legati,** 'his staff.'

7. **cum,** 'as long as.'

10. **Nasīca**: a son of Aemilius Paullus, who had been adopted by a Scipio and now bore the name of Publius Cornelius Scipio Aemilianus as well as that of Nasīca. He was now about 17 and later became one of the chief glories of his country.

17. **habuī,** 'once had.'

18. **casibus,** 'experience.'

22. **alias,** 'at another time': adverb. **reposcito**: 2nd person.

122

1. **Atrīdes**: Agamemnon.

2. **dum,** 'until.'

3. **hic**: adverb.

5, 6. This refers to his quarrel with Agamemnon related in the Iliad.

8. **mecum,** 'with my body.'

13. One of the finest lines in Ovid.

16. **sacra,** 'rites': a noun.

17. Neoptolemus, the son of Achilles, was to slay her.

19. **iamdudum,** 'at once.'

123

2. **hoc,** i.e. *Antonio.* **Dolabellae**: dative.

15. **introitum**: still governed by *ponite* in l. 9.

20. **sapientis,** 'the part of a wise man.'

29. **paverit,** 'feasted' (from *pasco*).

30. **Dolabella**: vocative. **ille**: Trebonius.

124

1. **par** governs *armis.* **Phariis armis,** 'the dagger of Egypt,' which slew Pompey. Phăros was the lighthouse island off Alexandria.

6. **domino,** 'for his master,' king Ptolemy. **praestitit** see n. to 48, 1.

125

8. **exitio**, lit. 'for destruction': see 65, 18.

9. **custodi** and **consule** are verbs.

10. **vasta dabo**, 'will lay waste.'

15. **pestem**, 'destruction.'

17. **premit**, 'he attacks.'

23. **multo deo** = *multo Baccho* = *multo vino*.

24. **protinus**, ' onward,' of time.

126

2. **cum**, 'though.'   **rerum primordia**, 'atoms of which things are made.'

3. **summa**, 'the aggregate' of atoms, i.e. the visible object.

4. **proprio corpore** = *toto corpore* : if a chair is used as a missile, its motion is obvious.

6. **primorum**, 'of the atoms.'

7. **motus...debent**, 'they must also conceal their movements from us.'   **surpere** = *surripere*.

14. **confusa**, 'blurred.'

15. **candor**, 'a white spot.'

21. **mundi** = *caeli*.

23. **transmittunt**, ' speed across.'

25. **fulgor**, ' a bright spot.'

127

4. **genua**: Perseus wished to clasp the general's knees, as a sign of submission and supplication.

7. **quo** = *ut eo* (*bello*).

10. **fieret**: the subject is Perseus.

13. **nunc**, 'as it is.'

16. **quod fuit consilium**, 'what sort of a policy was it?' i.e. it was a very bad policy.   **quorum**: the antecedent comes immediately after the relative clause.

19. **nec**: the negative belongs to *responderet*.

24. **salutis**: i.e. his life would be spared.

31. **prospera** and **adversa** agree with *fortuna* understood.

128

3. res, 'wealth.'

5. lis, 'quarrel.' **toga:** the dress of ceremony to the Romans: see 103, 1.

6. ingenuae: see n. to 103, 6.

7. prudens simplicitas, 'frankness without folly.'

8. sine arte mensa, 'simple meals.'

11, 12. Nouns here give place to verbs: 'to be willing to be what you are, and to be content with that.' Before **velis,** supply *ut;* and again before metuas.

12. optes: trouble or pain might make a man pray for it.

129

1. per, 'in the name of.'

4. omnia is more inclusive than *omnes* would be.

7. longissima = unending.

8. haec: Eurydice.

9. pro munere...usum, 'not a gift but a loan.'

11. redire, 'to return' to earth.

130

1. age, 'again.'

ille: Pompey.

5. gubernandi, 'of steering.'

6. ultimas terras: Cilicia in Asia was the main stronghold of the pirates.

18. hac continentia, 'with a self-restraint like his.'

27. facilitate, 'in easiness of access.'

131

7. Volscentem: the slayer of Euryalus.

8. quem refers to Nisus.

10. Rutuli, 'of the Rutulian.'

16. domus Aeneae, 'the house of Aeneas,' i.e. the Romans.

17. 'The sire of Rome' is either the emperor Augustus, or the god Jupiter.

132

2. Flattery has worn away her lips by kissing the feet of kings and emperors.

3. These terms had been constantly applied to Domitian.

4. iam non, 'no longer.'

7. pictorum, 'dressed in bright colours.'

8. hic: Trajan.

10, 11. Truth, the opposite of Flattery, has long been out of fashion but is now recalled to Rome by Trajan.

133

1–3. Ptolemy VI was then king of Egypt. Cyprus was part of his dominions. Pelusium is a district of Egypt, at the mouth of the Nile.

6. ad, 'towards.'

8. flumen: the Nile.

11. The decree of the senate expressed disapproval of Antiochus' interference in Egypt.

15. pro...animi, 'with the harshness characteristic of him.'

134

1. cum vestris = *et vestra*.

Pelasgi (and Achivi l. 9) are names for the Greeks.

2. certaminis, 'prize.'

4. mihi is governed by negarunt.

5. veluti implies that the tears are a pretence.

6. succedat, 'could be heir to.'

7. successit, 'came to join.' Achilles had been disguised and hidden by his mother; Ulysses discovered where he was and brought him to Troy.

8. huic: Ajax.

9. quod: relative pronoun.

11. nunc: supply *loquitur*.

15. nostri = *mei*.

135

1. fultum, 'supported' on the bier.

3. Ausoniae = *Italae*.

9. Note the repetition of the same consonant.

12. **fors et** = perchance.

20. If Pallas had lived, he would have been a protection to Iulus, the son of Aeneas.   **Ausonia** : supply *perdit.*

136

1. **quid, '** again.'

6. **moneri visus est,** 'dreamed that he was warned': see 118, 2.

8. **redisse.** The narrative is given as reported by tradition, and this continues throughout the passage. All the principal verbs are in the infinitive, all the subordinate verbs in the subjunctive.

13. **ut...quiescerent,** 'when they were asleep.'

23. **supra** : adverb.

137

5. **imposituri...fuerant** : before the defeat of Perseus, the Delphians had intended to do this.

6. **victor** = *quod vicerat.*

Chalcis is in Euboea, Aulis on the opposite coast. The legend ran that Agamemnon had sacrificed his daughter, Iphigenia, at Aulis, to get a favourable wind for his fleet when bound for Troy.

11. **Atticae, '** in Attica,' lit. ' of Attica.'

12. **vates** : Amphiaräus.

21. **excidium** : Corinth was barbarously destroyed by L. Mummius twenty-two years after Paullus saw it.

26. **disciplinä** : see 102, 11.

138

3. **invadunt Martem,** ' enter the fray.'

6. **Sila** : see n. to 46, 1.   **Taburno** : Taburnus is a mountain in Samnium.

10. **imperitet,** 'is to rule.'

11. **illi** : the bulls.

14. **Daunius** : Daunus was an ancestor of Turnus.

16. **impune** : supply *se id facturum.* **hic** : adverb.

19. acies = eyes.
21. ni…subeat, 'did not flight come to his aid.'
22. ut, 'when.'
25. dum trepidat, 'because he was in haste.'

139

1. contubernalis meus, 'the sharer of my studies.'
4. mala emptio, 'a dear bargain.'
7. stomachum, 'the taste.'
8. urbis : Rome. mediocritas, 'the moderate size.'
12. The scholar's head is weary of stooping, and his eyes are tired by reading.
17. salubriter, 'reasonably.'

140

9. eadem, 'but also ': her faults follow now.
11. lentior, 'more unyielding.'
12. his: he is sitting on the rocks.
13. laudato, 'when you praise it.'
20. labores: a verb.

141

1, 2. '*H*onours' and '*h*ambush' may serve as English equivalents.
8. audibant, 'were pronounced.' haec eadem, 'these same words.'
9. postillā: adverb.
12. iam non, 'no longer.'

142

2. loco, 'rank.' fortunam, 'high position.'
9. natum, 'intended by nature.'
10. fortissimus: *erat* must be supplied here and often below.
11. honores, ' offices.'
15. In translating, insert 'but' before monumentum: for this clause is opposed to that which precedes it: see n. to 16, 5.
22. gratiae, divitiarum, 'the powerful and the rich.'
24. quem refers to Cato himself, not to animi.

143

2. **curae,** 'occupation.' **cura,** 'trouble.'

12. **iam,** 'soon.'

13. **inaequali harundine,** 'on his pipe made of reeds of unequal length.'

21. **desectas alligat,** 'mows down and binds.'

25. **venerit insitio,** 'when grafting-time comes.'

144

1. **sollemne est mihi,** 'it is my custom.'

7. **confitentes** = *si confessi erant.*

9. **duci,** 'to be executed.'

12. Thus St Paul, because he was a Roman citizen, was sent to Rome for trial.

14. **sine auctore,** 'anonymously.'

19. **male dicerent,** 'cursed.'

27. **stato die:** i.e. every Sunday.

28. **carmen,** 'a hymn.'

34. **promiscuum,** 'ordinary.' By their enemies the Christians were accused of cannibalism, a charge which may have been due to a misconception of the language used about the Sacrament.

36. **ministrae,** 'deaconesses.'

145

2. **ad umbilicos,** 'to the end'; the stick, round which the ancient book was rolled, was called the *umbilicus,* so that a reader who had reached the stick, had finished the book.

3. **adhuc,** 'further.'

5. **quoque,** 'even.'

VOCABULARY

ABBREVIATIONS

The quantity of long vowels is marked except in syllables where they are also long by position.

ā, ab, and abs, prep. with abl. *from, by, after.*

abdō, 3 v.a. abdidī, abditum, *hide.*

abdūcō, 3 v.a. *lead away.*

abeō, 4 v.n. *depart.*

abiciō, 3 v.a. *throw down.*

abiectus, a, um, *despicable.*

abiungō, 3 v.a. *unharness.*

abluō, 3 v.a. *cleanse.*

abnegō, 1 v.a. *disown.*

abōminor, 1 v.d. *shrink from.*

abrumpō, 3 v.a. *break off.*

abscēdō, 3 v.n. *depart.*

abscīdō, 3 v.a. *cut off.*

abscindō, 3 v.a. *tear up.*

absens, entis, *absent.*

absistō, 3 v.n. *abstain.*

abstinens, entis, *disinterested.*

abstineō, 2 v.n. *refrain.*

absum, v.n. abfuī or āfuī, *be distant, be absent.*

absūmō, 3 v.a. *destroy.*

abundē, adv. *to the full.*

abundō, 1 v.n. *abound, overflow.*

ac, conj. *and, as.*

accēdō, 3 v.n. *approach, be added.*

acceptus, a, um, *agreeable*; acceptum, *on the credit side.*

accessiō, ōnis, f. *addition.*

accidō, 3 v.n. *happen.*

accipiō, 3 v.a. *receive, hear.*

accola, ae, m. *neighbour.*

accolō, 3 v.a. *dwell by.*

accommodō, 1 v.a. *suit.*

accūsātor, ōris, m. *accuser.*

accūsō, 1 v.a. *accuse.*

ācer, ācris, ācre, *spirited, fierce.*

acerbus, a, um, *bitter.*

Achīvī, ōrum, *Achaeans, Greeks.*

aciēs, ēī, f. *line of battle, eyes.*

aconītum, ī, n. *aconite, poison.*

acquiescō, 3 v.n. *find relief.*

acriter, adv. *severely*; comp. acrius.

actiō, ōnis, f. *pleading, lawsuit.*

acūtus, a, um, *sharp.*

ad, prep. with acc. *to, at, towards, till, according to, with a view to, upon, in addition to.*

adaequō, 1 v.a. *make equal.*

addō, 3 v.a. addidī, additum, *add.*

addūcō, 3 v.a. *attract, draw up, bring.*

adeō, 4 v.a. *approach.*

adeō, adv. *so far, to such an extent, so much, further, also.*

adfārī, 1 v.d. *to address.*

adferō, 3 v.a. attulī, adlātum, *confer, bring to.*

adflō, 1 v.a. *breathe upon.*

adhibeō, 2 v.a. *apply, invite.*

adhūc, adv. *hitherto, still.*

adiciō, 3 v.a. adiēcī, *apply, add.*

adigō, 3 v.a. *bind, compel.*

adimō, 3 v.a. *take away.*

adipiscor, 3 v.d. adeptus, *gain.*

aditus, ūs, m. *passage, door, access.*

adiungō, 3 v.a. *add.*

adiūtor, ōris, m. *helper.*

adiuvō, 1 v.a. adiūvī, adiūtum, *help.*

administrō, 1 v.a. *carry on.*

admīrandus, a, um, *wonderful.*

admittō, 3 v.a. *welcome, admit, commit.*

admodum, adv. *very.*

admoneō, 2 v.a. *remind.*

admonitiō, ōnis, f. *advice.*

admoveō, 2 v.a. *bring close.*

adnītor, 3 v.d. adnīsus, *endeavour, strain.*

adnō, 1 v.n. *swim towards.*

adnotō, 1 v.n. *make a note.*

adnuō, 3 v.n. *consent.*

adoperiō, 4 v.a. *cover.*

adoptō, 1 v.a. *adopt.*

adorior, 4 v.d. *begin.*

adrīdeō, 2 v.n. *be satisfactory.*

adsentior, 4 v.d. adsensus, *agree.*

adstō, 1 v.n. adstitī, adstitum, *be near.*

adsuēfaciō, 3 v.a. *accustom.*

adsuētus, a, um, *accustomed.*

adsum, v.n. adfuī, *be present, be near.*

adsūmō, 3 v.a. *add.*

adsurgō, 3 v.n. *rise up.*

adulescens, entis, m. *young man.*

adulescentia, ae, f. *youth.*

adulterium, iī, n. *adultery.*

adultus, a, um, *grown, grown up.*

aduncus, a, um, *curved.*

adveniō, 4 v.n. *arrive.*

adventō, 1 v.n. *draw near.*

adventus, ūs, m. *arrival.*

adversārius, ī, m. *opponent.*

adversor, 1 v.d. *oppose.*

adversus, a, um, *opposite, unfavourable.*

adversus, prep. with acc. *against, towards.*

advesperascō, *turn dark.*

advocātus, ī, m. *advocate.*

advocō, 1 v.a. *summon.*

advolūtus, a, um, *prostrate.*

aedēs, is, f. *temple*; pl. aedēs, *house.*

aedificium, ī, n. *building.*

aedificō, 1 v.a. *build.*

aedīlis, is, m. *aedile.*

aeger, gra, grum, *sick, sorry.*
aegrōtō, 1 v.n. *be ill.*
aēneus, a, um, *of bronze.*
aequālis, e, *equal, of like age.*
aequitās, ātis, f. *justice.*
aequō, 1 v.a. *make level.*
aequor, oris, n. *sea, level.*
aequoreus, a, um, *of the sea.*
aequus, a, um, *fair, easy.*
āēr, āeris, m. *air, lower sky.*
āerius, a, um, *in the sky.*
aerumna, ae, f. *hardship.*
aes, aeris, n. *copper, bronze, money ;* pl. aera, *bronze statues, bronzes.*
aestās, ātis, f. *summer.*
aestimātiō, ōnis, f. *reckoning, estimate.*
aestīvus, a, um, *in summer.*
aestuō, 1 v.n. *burn.*
aestus, ūs, m. *tide, heat, rage.*
aetās, ātis, f. *life, age, lapse of time.*
aeternitās, ātis, f. *eternity.*
aeternus, a, um, *everlasting.*
aethēr, eris, m. *ether, upper sky.*
aetherius, a, um, *in heaven.*
aevum, ī, *age, time.*
affārī : see adfārī.
afferō : see adferō.
afficiō, 3 v.a. *affect, befriend.*
africāna, ae, f. *panther.*
age and agite, *up ! on ! well, then.*
agellus, ī, m. *small estate.*
ager, agrī, m. *field.*
agger, is, m. *mound.*
aggredior, 3 v.d. aggressus, *attack.*
agitābilis, e, *easily moved.*
agitātiō, ōnis, f. *exercise.*
agitātor, ōris, m. *driver.*
agitō, 1 v.a. *move, shake.*
agmen, inis, n. *line of march, course, body.*
agna, ae, f. *lamb.*
agnoscō, 3 v.a. *recognise.*

agnus, ī, m. *lamb.*
agō, 3 v.a. ēgī, actum, *do, act, spend, pay, bring, drive.*
agrestis, e, *rustic.*
agricola, ae, m. *farmer.*
āiō, v. def. *say.*
āla, ae, f. *wing.*
alacer, cris, cre, *prompt.*
albescō, 3 v.n. *grow white.*
albus, a, um, *white.*
aliās, adv. *at other times.*
aliēnātiō, ōnīs, f. *unfriendliness.*
aliēnus, a, um, *another's, hostile, strange.*
ālipēs, edis, *swift-footed.*
aliquamdiū, adv. *for some time.*
aliquandō, adv. *sometimes, at last.*
aliquantum, ī, n. *some part.*
aliquis, a, id, *someone, some.*
aliter, adv. *otherwise.*
alius, a, ud, *other, another, different.*
alligō, 1 v.a. *bind.*
alloquor 3 v.a. *address.*
alluō, 3 v.a. *bathe.*
almus, a, um, *kindly.*
alnus, ī, f. *alder.*
alō, 3 v.a. *nourish, feed.*
altāre, is, n. *altar.*
altē, adv. *deep down.*
alter, a, um, *one...other, the one, the other (of two).*
alternō, 1 v.n. *act by turns.*
altitūdō, inis, f. *height.*
altus, a, um, *high, deep ;* altum, ī, n. *the deep.*
alveus, ī, m. *channel, vessel.*
amābilis, e, *pleasing.*
amans, antis, m. and f. *lover.*
amārus, a, um, *bitter.*
ambigō, 3 v. def. *doubt.*
ambiguus, a, um, *doubtful.*
ambitiō, ōnis, f. *pursuit of office.*
ambō, ambae, ambo, *both.*
ambulō, 1 v.n. *walk.*

āmens, entis, *foolish, mad.*
āmentia, ae, f. *madness.*
amīcitia, ae, f. *friendship.*
amictus, ūs, m. *garment.*
amīcus, ī, m. *friend.*
amīcus, a, um, *friendly.*
āmittō, 3 v.a. *lose.*
amnis, is, m. *river.*
amō, 1 v.a. *love.*
amoenitās, ātis, f. *pleasant landscape.*
amoenus, a, um, *beautiful.*
amor, ōris, m. *love* ; pl. amōrēs, *loved one.*
amphitheātrum, ī, n. *amphitheatre.*
amplector, 3 v.d. *embrace.*
amplexus, ūs, m. *embrace.*
amplificō, 1 v.a. *increase.*
ampliō, 1 v.a. *increase.*
amplitūdō, inis, f. *distinction.*
amplius, adv. *more.*
amplus, a, um, *abundant, splendid.*
amputō, 1 v.a. *cut off.*
an, conj. *whether, or, can it be that?*
anchora, ae, f. *anchor.*
ancilla, ae, f. *maidservant.*
angō, 3 v.a. anxī, *choke, torment.*
anguis, is, m. *serpent.*
angulus, ī, m. *corner.*
anhēlitus, ūs, m. *breath.*
anhēlus, a, um, *panting.*
anima, ae, f. *breath, life, soul.*
animal, ālis, n. *animal.*
animans, antis, f. *living creature.*
animus, ī, m. *mind, inclination, courage.*
annōsus, a, um, *ancient.*
annus, ī, m. *year.*
annuus, a, um, *of a year, yearly.*
anser, is, m. *goose.*
ante, adv. and prep. with acc. *formerly, before.*

anteā, adv. *formerly.*
anteactus, a, um, *past.*
antenna, ae, f. *sail-yard.*
anteō, 4 v.a. *precede.*
antepōnō, 3 v.a. *prefer.*
antīquus, a, um, *ancient.*
anus, ūs, f. *old woman.*
anxius, a, um, *troubled.*
aper, aprī, m. *boar.*
aperiō, 4 v.a. aperuī, apertum, *open, reveal.*
apertō, adv. *openly.*
apertus, a, um, *open.*
apis, is, f. *bee.*
apparātus, ūs, m. *preparation.*
appāreō, 2 v.n. *appear.*
apparō, 1 v.a. *prepare.*
appellō, 1 v.a. *call upon.*
appositus, a, um, *suited.*
approbō, 1 v.a. *approve.*
appropinquō, 1 v.n. *approach.*
aprīcus, a, um, *sunny.*
aptō, 1 v.a. *fit.*
aptus, a, um, *fit.*
apud, prep. with acc. *at, with, among, in.*
aqua, ae, f. *water*; aqua pluvia, *rain.*
aquātiō, ōnis, f. *place for water.*
Aquilō, ōnis, m. *north-wind.*
āra, ae, f. *altar.*
arātor, ōris, m. *ploughman.*
arātrum, ī, n. *plough.*
arbitrium, iī, n. *authority.*
arbitror, 1 v.d. *think.*
arbor, oris, f. *tree.*
arbuscula, ae, f. *little tree.*
arbutus, ī, f. *arbutus.*
Arcas, adis, m. *Arcadian.*
arceō, 2 v.a. *keep off.*
arcessō, 3 v.a. arcessīvī, arcessitum, *summon.*
ardea, ae, f. *heron.*
ardens, entis, *eager.*
ardeō, 2 v.n. arsī, *burn.*
ardor, ōris, m. *heat, fever.*

arduus, a, um, *high, proud.*
ārea, ae, f. *court.*
āreō, 2 v.n. **āruī,** *be dry.*
argentāria, ae, f. *banking.*
argentum, ī, n. *silver.*
argūmentum, ī, n. *proof.*
argūtus, a, um, *noisy, twittering.*
āridus, a, um, *dry.*
ariēs, etis, m. *ram, battering-ram.*
Ariōnius, a, um, *of Arion.*
arma, ōrum, n. *weapons, tools.*
armentum, ī, n. *herd.*
armiger, ī, m. *armour-bearer.*
armō, 1 v.a. *arm.*
armus, ī, m. *shoulder.*
arō, 1 v.a. *plough.*
arrectus, a, um, *upright, attentive.*
arrogō, 1 v.a. *claim.*
ars, artis, f. *art, method, quality, pursuit.*
artifex, icis, m. *artist.*
artificium, iī, n. *skill, device.*
artūs, artuum, m. *joints, limbs.*
artus, a, um, *close, confined, narrow.*
ārula, ae, f. *little altar.*
arvum, ī, n. *corn-field.*
arx, arcis, f. *height, citadel, palace.*
ās, assis, m. *as, penny.*
ascendō, 3 v.a. *mount.*
ascensus, ūs, m. *ascent.*
aspectō, 1 v.a. *survey.*
aspectus, ūs, m. *view.*
asper, a, um, *rough, harsh.*
aspergō, inis, f. *drip, wetting.*
asperitās, ātis, f. *harshness.*
aspernor, 1 v.d. *reject.*
aspiciō, 3 v.a. *see.*
assequor, 3 v.d. *gain.*
assiduus, a, um, *constant.*
ast, conj. *but.*
astrum, ī, n. *star.*
at, conj. *but, still, thereupon.*

at enim, *it will be said.*
āter, tra, trum, *black.*
atque, conj. *and, as.*
atquī, conj. *and yet, but.*
Atrīdēs, ae, *son of Atreus, Agamemnon.*
atrox, ōcis, *fierce, terrible.*
atterō, 3 v.a. **attrīvī, attrītum,** *wear away.*
attingō, 3 v.a. *touch, concern.*
attollō, 3 v.a. *raise.*
attonitus, a, um, *stricken, astonished.*
auctor, ōris, m. *adviser, giver, starter.*
auctōritās, ātis, f. *authority.*
auctumnus: see **autumnus.**
audācia, ae, f. *boldness.*
audax, ācis, *bold.*
audeō, 2 v.a. and n. **ausus,** *dare.*
audiō, 4 v.a. *hear.*
auferō, v. irreg. **abstulī, ablātum,** *carry away.*
augur, is, m. *augur.*
augurium, iī, n. *knowledge of augury.*
aura, ae, f. *breeze.*
aurātus, a, um, *gilded.*
aurīga, ae, m. *charioteer.*
auris, is, f. *ear.*
Aurōra, ae, f. *dawn.*
aurum, ī, n. *gold.*
ausim = **audeam.**
Ausonia, ae, f. *Italy.*
Ausonis, adj. *of Ausonia.*
auspicium, iī, n. *auspice.*
aut, conj. *either, or.*
autem, conj. *but, moreover.*
autumnus, ī, m. *autumn.*
auxilium, iī, n. *help.*
avāritia, ae, f. *love of money.*
aveō, 2 v.a. and n. *desire;* imper. **avē,** *hail!*
āversus, a, um, *unfriendly, from behind, turned away.*
āvertō, 3 v.a. *turn away.*
avia, ae, f. *grandmother.*

aviditās, ātis, f. *greed.*
avidus, a, um, *greedy.*
avis, is, f. *bird.*
avītus, a, um, *ancestral.*
āvocō, 1 v.a. *amuse.*
avunculus, ī, m. *uncle.*
avus, ī, m. *grandfather.*

Baccha, ae, f. *maenad.*
Bacchus, ī, m. *Bacchus, wine.*
baculum, ī, n. *staff.*
Barbaria, ae, f. *foreigners, uncivilised men.*
barbarus, a, um, *uncivilised.*
bāsiō, 1 v.a. *kiss.*
basis, is, f. *pedestal.*
beātus, a, um, *happy, rich.*
bellātor, ōris, m. *warrior.*
bellē, adv. *prettily.*
bellicōsus, a, um, *warlike.*
bellicus, a, um, *warlike, martial.*
bellō, 1 v.n. *fight.*
bellum, ī, n. *war.*
bellus, a, um, *pretty.*
bene, adv. *well.*
benefactum, ī, n. *service.*
beneficium, iī, n. *benefit.*
benevolentia, ae, f. *goodwill.*
benignus, a, um, *kindly, generous.*
bibō, 3 v.a. bibī, bibitum, *drink.*
bipennis, is, f. *axe.*
bis, adv. *twice.*
blandē, adv. *winningly.*
blanditiae, ārum, f. *tender words, flattery.*
blandus, a, um, *winning.*
bonitās, ātis, f. *kindness.*
bonus, a, um, *good*; pl. bonī, *loyalists*; bona, *blessings.*
Boreās, ae, m. *north-wind.*
bōs, bovis, m. *ox.*
bracchium, iī, n. *arm.*
brevis, e, *short.*
brūma, ae, f. *winter.*
bubulcus, ī, m. *ploughman.*

būcina, ae, f. *trumpet.*
būcula, ae, f. *heifer.*
bustum, ī, n. *tomb.*
buxus, ī, f. *box-tree.*

cacūmen, inis, n. *summit.*
cadō, 3 v.n. cecidī, cāsum, *fall.*
cadūcus, a, um, *falling.*
caecus, a, um, *blind, dark.*
caedēs, is, f. *bloodshed.*
caedō, 3 v.a. cecīdī, caesum, *slay.*
caelestis, e, *of heaven*; pl. caelestēs, *gods.*
caelō, 1 v.a. *emboss.*
caelum, ī, n. *sky, heaven.*
caerulus (or caeruleus), a, um, *blue, marine.*
caespes, itis, m. *turf.*
calamitōsus, a, um, *disastrous.*
calcō, 1 v.a. *trample, tread on.*
calculus, ī, m. *pebble.*
cālīgō, inis, f. *darkness.*
calleō, 2 v.a. calluī, *understand perfectly.*
calx, calcis, f. *chalk, finish of a race.*
campus, ī, m. *plain.*
candens, entis, *white.*
candidus, a, um, *white.*
candor, ōris, m. *whiteness, a white patch.*
cāneō, 2 v.n. cānuī, *be white.*
Canīcula, ae, f. *dog-star.*
canis, is, m. and f. *dog.*
cānitiēs, eī, f. *white hair.*
canna, ae, f. *reed.*
canō, 3 v.a. and n. cecinī, cantum, *sing, sound*; receptuī canere, *to sound a retreat.*
cantō, 1 v.a. *sing.*
cantus, ūs, m. *note, song.*
cānus, a, um, *white.*
capax, ācis, *able to hold.*
capella, ae, f. *she-goat.*
capessō, 3 v. def. *take up.*
capillus, ī, m. *hair.*

capĭŏ, 3 v.a. cēpī, captum, take, seize, captivate, **put on**, catch.

Capĭtōlĭum, iī, n. *Capitoline hill.*

captŏ, 1 v.a. *try to catch.*

capŭlus, ī, m. *handle, hilt.*

caput, ĭtis, n. *head, chief city, person.*

carbasus, ī, f. *sail.*

carcer, is, m. *prison*; pl. carcerēs, *starting-point.*

carĕŏ, 2 v.n. *be free from, do without, lack.*

cărex, ĭcis, f. *sedge.*

carīna, ae, f. *hull, ship.*

cārĭtās, ātis, f. *dearness.*

carmen, ĭnis, n. *song, tune.*

carnifex, ĭcis, m. *executioner.*

carpŏ, 3 v.a. carpsī, carptum, *pluck.*

cārus, a, um, *dear.*

casa, ae, f. *cottage.*

casia, ae, f. *cinnamon.*

castellum, ī, n. *fort.*

castĭgātor, ōris, m. *chastiser.*

castĭgŏ, 1 v.a. *punish.*

castrum, ī, n. *fort*; pl. castra, *camp, camps.*

castus, a, um, *chaste.*

cāsus, ūs, m. *fall, misfortune, fortune;* abl. cāsŭ, *by chance.*

catēna, ae, f. *chain.*

caterva, ae, f. *band.*

catulus, ī, m. *cub.*

catus, a, um, *sharp.*

cauda, ae, f. *tail.*

caupŏ, ōnis, m. *inn-keeper.*

causa, ae, f. *cause, case, lawsuit.*

causā, prep. *for the sake of.*

causĭdĭcus, ī, m. *advocate.*

cautēs, is, f. *rock.*

cavĕŏ, 2 v.n. cāvī, cautum, *take care, avoid.*

cavus, a, um, *hollow.*

cēdŏ, 3 v.n. cessī, cessum, *yield, depart.*

celebrātus, a, um, *famous.*

celebrŏ, 1 v.a. *resort to, celebrate.*

celer, celeris, celere, *swift.*

celerĭtās, ātis, f. *speed.*

cella, ae, f. *cell.*

cēlŏ, 1 v.a. *conceal.*

cēna, ae, f. *dinner.*

cēnātus, a, um, *having dined.*

censĕŏ, 2 v.n. censuī, censum, *think, advise.*

censor, ōris, m. *critic.*

census, ūs, m. *revenue.*

cēra, ae, f. *wax, wax tablet.*

cēreus, a, um, *yellow, like wax.*

Cerĭālis, e, *of Ceres.*

cernŏ, 3 v.a. crēvī, crētum, *see.*

certāmen, ĭnis, n. *contest.*

certātim, adv. *in rivalry.*

certē, adv. *at least.*

certĭōrem facere, *to inform.*

certŏ, 1 v.n. *strive, vie.*

certus, a, um, *fixed, steady.*

cerva, ae, f. *hind.*

cervix, īcis, f. *neck.*

cervus, ī, m. *stag.*

cessŏ, 1 v.n. *be late, be idle.*

cēterum, conj. *but.*

cēterus, a, um, *the remainder, the rest.*

Chaos, dat. Chaŏ, n. *Chaos.*

chorda, ae, f. *string.*

chors, chortis, f. *poultry-yard.*

chorus, ī, m. *band, dance.*

cibus, ī, m. *food.*

cĭĕŏ, 2 v.a. cīvī, cĭtum, *rouse, utter.*

cingŏ, 3 v.a. cinxī, cinctum, *surround, gird.*

cinis, eris, m. *ash.*

circā, prep. with acc. and adv. *round, around.*

Circensēs, ĭum, m. *races.*

circuĭtus, ūs, m. *circumference.*

circulus, ī, m. *circle.*

192 Vocabulary

circum, prep. with acc. and
adv. round.
circumeo, 4 v.a. go round.
circumligo, 1 v.a. bind round.
circumscrībō, 3 v.a. hem in,
draw a line round.
circumsiliō, 4 v.a. and n. hop
round.
circumsonus, a, um, sounding
round.
circumveniō, 4 v.a. surround.
circumvolitō, 1 v.a. fly round.
cithara, ae, f. lyre.
citius, adv. sooner.
citō, 1 v.a. excite, summon.
cito, adv. quickly.
cīvis, is, m. citizen.
cīvitās, ātis, f. state.
clādēs, is, f. disaster.
clam, adv. secretly.
clāmitō, 1 v.a. call out often.
clāmō, 1 v.n. cry out.
clāmor, ōris, m. shout.
clārităs, ātis, f. distinction.
clārus, a, um, bright, famous,
loud.
classis, is, f. fleet.
claudō, 3 v.a. clausī, clausum,
shut in.
claustrum, ī, n. barrier.
clēmenter, mercifully.
clēmentia, ae, f. clemency.
cliens, entis, m. dependant.
clipeus, ī, m. shield.
clīvus, ī, m. slope.
coctilis, e, of brick.
coctus, a, um, ripened, burnt.
coemō, 3 v.a. buy up.
coeō, 4 v.n. come together.
coepī, v. def. begin.
coeptum, ī, n. enterprise.
coeptus, a, um, begun.
coetus, ūs, m. meeting.
cōgitātiō, ōnis, f. thought,
purpose.
cōgitō, 1 v.a. and n. consider,
plan.
cognātus, a, um, akin.

cognitiō, ōnis, f. examination.
cognōmen, inis, n. name.
cognoscō, 3 v.a. cognōvī, cog-
nitum, learn; pf. know.
cōgō, 3 v.a. coēgī, coactum,
compel, curdle.
cohibeō, 2 v.a. restrain.
cohorrescō, 3 v.n. cohorruī,
shiver.
collābor, 3 v.d. collapse.
collīdō, 3 v.a. dash together.
colligō, 3 v.a. collēgī, collectum, assemble, re-unite,
gather, collect.
collis, is, m. hill.
colloquium, iī, n. conversation.
colloquor, 3 v.d. converse.
collūdō, 3 v.n. play with.
collum, ī, n. neck.
colluō, 3 v.a. bathe.
colluviō, ōnis, f. medley.
colō, 3 v.a. coluī, cultum, inhabit, keep, cultivate, court,
worship.
colōnia, ae, f. country town.
color, ōris, m. colour.
columba, ae, f. pigeon.
columna, ae, f. pillar.
coma, ae, f. hair.
combibō, 3 v.a. imbibe.
comes, itis, m. and f. companion.
cōminus, adv. close.
cōmis, e, affable.
cōmissātiō, ōnis, f. revel.
cōmitās, ātis, f. sociability.
comitātus, ūs, m. retinue.
comitātus, a, um, accom-
panied.
cōmiter, adv. politely.
comitō, 1 v.a. accompany.
comitor, 1 v.d. accompany.
commeātūs, uum, m. supplies.
commemorātiō, ōnis, f. mention.
commemorō, 1 v.a. mention.
commendābilis, e, in one's
favour.

commendō, 1 v.a. *give in charge, enhance.*
committō, 3 v.a. *commit, join, entrust.*
commodō, 1 v.a. *lend.*
commodum, ī, n. *advantage.*
commodus, a, um, *comfortable.*
commoror, 1 v.d. *sojourn.*
commoveō, 2 v.a. *disturb.*
commūnis, e, *common.*
commūniter, adv. *alike.*
comparō, 1 v.a. *arrange, compare, get.*
compedēs, um, f. *fetters.*
compellō, 3 v.a. *force.*
compendium, iī, n. *gain.*
complector, 3 v.d. complexus, *embrace.*
compōnō, 3 v.a. *arrange, compose*; ex compositō, *in concert.*
comprehendō (and -prendō), 3 v.a. *seize.*
comprimō, 3 v.a. *suppress.*
cōnāta, ōrum, n. *attempts.*
cōnātus, ūs, m. *attempt.*
concēdō, 3 v.a. and n. *grant, allow.*
concerpō, 3 v.a. *pluck.*
concessus, ūs, m. *admission.*
concha, ae, f. *shell.*
concidō, 3 v.n. *fall, collapse.*
conciliō, 1 v.a. *win over.*
concilium, iī, n. *gathering, meeting.*
concitō, 1 v.a. *rouse.*
concitus, a, um, *driven.*
conclāmō, 1 v.a. and n. *cry aloud, summon.*
conclūdō, 3 v.a. *shut in.*
concordia, ae, f. *harmony.*
concubiā nocte, *early in the night.*
concurrō, 3 v.n. *run together.*
concutiō, 3 v.a. *rattle.*
condiciō, ōnis, f. *state, condition.*

condō, 3 v.a. condidī, conditum, *store, bury, shut, compose.*
condoleō, 2 v.n. *suffer pain.*
condūcō, 3 v.a. *hire.*
conferō, v. irreg. contulī, collātum, *betake, compare.*
conficiō, 3 v.a. *distress, bring to an end.*
confirmō, 1 v.a. *assert.*
confiteor, 2 v.d. confessus, *confess.*
configō, 3 v.n. *contend.*
confodiō, 3 v.a. *pierce.*
conformātiō, ōnis, f. *shaping, shape.*
confugiō, 3 v.n. *take refuge.*
confūsus, a, um, *blurred.*
congerō, 3 v.a. *pile, heap.*
congiārium, iī, n. *gift of money.*
congrātulātiō, ōnis, f. *vote of thanks.*
congressus, ūs, m. *meeting.*
coniciō, 3 v.a. coniēcī, *throw.*
coniectō, 1 v.a. *guess.*
coniūrātī, ōrum, m. *conspirators.*
coniux, ugis, m. and f. *husband, wife.*
conlocō, 1 v.a. *occupy.*
conloquium: see colloquium.
cōnor, 1 v.d. *attempt.*
conscendō, 3 v.a. *go on board, mount.*
conscius, a, um, *conscious, guilty.*
conscius, iī, m. *confidant.*
consecrō, 1 v.a. *consecrate.*
consenescō, 3 v.n. *grow old together.*
consensus, ūs, m. *agreement.*
consentiō, 4 v.n. *agree.*
consequor, 3 v.d. *gain, follow.*
conservō, 1 v.a. *preserve.*
considerō, 1 v.a. *ponder.*
consīdō, 3 v.n. consēdī, consessum, *settle down, sit down.*

194 Vocabulary

consilium, iī, n. *discussion, plan, advice, deliberation.*
consistō, 3 v.n. constitī, *stand.*
consōlor, 1 v.d. *console.*
conspectus, ūs, m. *view.*
conspiciō, 3 v.a. *catch sight of.*
constans, antis, *firm.*
constituō, 3 v.a. *pile, settle.*
consuētūdō, inis, f. *habit.*
consuētus, a, um, *accustomed.*
consul, is, m. *consul.*
consulāris, e, *consular, ex-consul.*
consulātus, ūs, m. *consulship.*
consulō, 3 v.a. and n. consuluī, consultum, *consult, take thought for.*
consultō, 1 v.n. *consult.*
consultor, ōris, m. *client.*
consultum, ī, n. *decree of the senate.*
consūmō, 3 v.a. *use up, destroy.*
consurgō, 3 v.n. *rise up.*
contegō, 3 v.a. *cover.*
contemnō, 3 v.a. *despise.*
contemptor, ōris, m. *despiser.*
contendō, 3 v.n. *argue, press on, beg.*
contentiō, ōnis, f. *comparison, struggle.*
contentus, a, um, *content.*
conterreō, 2 v.a. *terrify.*
conticescō, 3 v.n. *cease to speak.*
contiguus, a, um, *adjacent.*
continentia, ae, f. *self-control.*
contineō, 2 v.a. *bound, keep in.*
contingit, 3 v. impers. *it happens.*
continuō, adv. *at once.*
contiō, ōnis, f. *meeting, speech.*
contorqueō, 2 v.a. *brandish.*
contrā, prep. with acc. *against*; adv. *on the contrary.*
contrahō, 3 v.a. *shorten.*
contremō, 3 v.n. *tremble.*
contubernālis, is, m. *companion.*

contubernium, iī, n. *association.*
contumēlia, ae, f. *insult.*
contus, ī, m. *pole.*
convaleō, 2 v.n. *grow strong.*
conveniō, 4 v.n. *come together*; impers. convenit, *it is agreed.*
conversus, a, um, *reversed, meeting.*
convīcium, iī, n. *abuse.*
convictus, ūs, m. *society.*
convīvium, iī, n. *banquet.*
convīvō, 3 v.n. *live together.*
cōpia, ae, f. *abundance, opportunity*; pl. cōpiae, *forces, troops.*
cor, cordis, n. *heart, mind.*
cōram, adv. *face to face.*
cornu, abl. cornū, n. *horn, bow.*
corōna, ae, f. *crown.*
corpus, oris, n. *body.*
corripiō, 3 v.a. *seize, quicken, scold.*
corrōborō, 1 v.a. *strengthen.*
corrumpō, 3 v.a. *spoil.*
corruō, 3 v.n. *collapse.*
coruscō, 1 v.n. *butt.*
cotīdiānus, a, um, *daily.*
cotīdiē, adv. *every day.*
crās, adv. *to-morrow.*
creātrix, īcis, f. *mother.*
crēber, bra, brum, *frequent.*
crēberrimē, adv. *very often.*
crēbrescō, 3 v.n. crēbuī, *increase.*
crēdō, 3 v.a. and n. crēdidī, crēditum, *believe, entrust.*
cremō, 1 v.a. *burn.*
creō, 1 v.a. *create, produce.*
crepitus, ūs, m. *clashing.*
crepō, 1 v.a. and n. crepuī, crepitum, *sound, make sound.*
crescō, 3 v.n. crēvī, crētum, *grow.*
Crēsius, a, um, *Cretan.*

Crētensis, e, *Cretan.*
crīnis, is, m. *hair.*
cristātus, a, um, *crested.*
cruciātus, ūs, m. *torment.*
crūdēlis, e, *cruel.*
crūdus, a, um, *raw, fresh.*
cruentus, a, um, *bleeding.*
cruor, ōris, m. *blood.*
crūs, crūris, n. *leg.*
cubiculum, ī, n. *bedroom.*
cubīle, is, n. *bed.*
cubō, 1 v.n. cubuī, cubitum, *couch, lie down.*
culmen, inis, n. *top.*
culpa, ae, f. *crime.*
culter, trī, m. *knife, shears.*
cultrix, īcis, f. *hauntress.*
cultus, a, um, *well-tilled, polished.*
cultus, ūs, m. *way of life.*
cum, conj. *when, since, though.*
cum...tum, *both...and.*
cum, prep. with abl. *with.*
cumba, ae, f. *boat.*
cumulō, 1 v.a. *heap up.*
cumulus, ī, m. *heap.*
cūnae, ārum, f. *cradle.*
cunctātiō, ōnis, f. *hesitation.*
cunctor, 1 v.d. *delay.*
cunctus, a, um, *all.*
cunīculus, ī, m. *mine.*
cupiditās, ātis, f. *desire, partiality.*
Cupīdō, inis, m. *Cupid.*
cupīdō, inis, f. *desire.*
cupidus, a, um, *greedy.*
cupiō, 3 v.a. cupīvī, cupītum, *desire.*
cūr, adv. *why?*
cūra, ae, *care, trouble, task.*
cūrō, 1 v.n. *take care.*
curriculum, ī, n. *course.*
currō, 3 v.n. cucurrī, cursum, *run.*
currus, ūs, m. *chariot.*
cursō, 1 v.n. *run about.*
cursus, ūs, m. *running, race, course, rapidity.*

curvō, 1 v.a. *bend.*
curvus, a, um, *crooked.*
cuspis, idis, f. *spear-head.*
custōdia, ae, f. *protection, guardian, guard.*
custōdiō, 4 v.a. *observe, keep safe.*
custōs, ōdis, m. *guardian.*
cycnēus, a, um, *of a swan.*
cycnus, ī, m. *swan.*

damnō, 1 v.a. *condemn.*
damnōsus, a, um, *destructive.*
damnum, ī, n. *loss.*
dapēs, um, f. *food, feast.*
dē, prep. with abl. *down from, out of, about, over.*
dea, ae, f. *goddess.*
dēbellō, 1 v.a. *subdue by arms.*
dēbeō, 2 v.a. and n. *owe, be bound, ought.*
dēbilis, e, *crippled.*
dēbilitō, 1 v.a. *weaken.*
dēcēdō, 3 v.n. *depart, die.*
decem, *ten.*
decens, entis, *comely.*
deceō, 2 v.a. *become, befit;* impers. decet, *it becomes.*
dēcernō, 3 v.a. *decide, vote.*
dēcertō, 1 v.n. *fight it out.*
dēcessus, ūs, m. *death.*
dēcidō, 3 v.n. *fall down.*
dēclāmō, 1 v.n. *practise speaking.*
dēclārō, 1 v.n. *make clear.*
dēclīvis, e, *sloping.*
dēcrētum, ī, n. *decree, vote.*
dēcurrō, 3 v.a. and n. *run to the end, have recourse.*
decus, oris, n. *adornment, glory.*
dēdūcō, 3 v.a. *withdraw.*
dēfectiō, ōnis, f. *revolt.*
dēfendō, 3 v.a. dēfendī, dēfensum, *protect.*
dēfensiō, ōnis, f. *defence.*
dēferō, 3 v.a. dētulī, dēlātum, *report, offer, bear down, convey.*

13—2

196 Vocabulary

dēfĭcĭō, 3 v.n. *flag.*
dēfīgō, 3 v.a. *fix, fasten.*
dēflectō, 3 v.a. and n. *turn aside.*
dēfleō, 2 v.a. *lament.*
dēfluō, 3 v.n. *float down.*
dēformis, e, *unsightly.*
dēfungor, 3 v.d. *have done with.*
dēĭcĭō, 3 v.a. deiēcī, *throw down, dislodge.*
deinde and dein, adv. *then, next.*
dēlābor, 3 v.d. *glide down.*
dēlectātĭō, ōnis, f. *pleasure.*
dēlectō, 1 v.a. *please.*
dēlēnĭō, 4 v.a. *gain over.*
dēleō, 2 v.a. dēlēvī, dēlētum, *destroy.*
dēlībero, 1 v.n. *discuss.*
dēlĭcātus, a, um, *hard to please.*
dēlĭciae, ārum, f. *pet, affectation.*
dēlĭgō, 3 v.a. *choose, pick.*
dēlinquō, 3 v.n. *do wrong.*
dēlīrō, 1 v.n. *be mad.*
delphīn, īnis, m. *dolphin.*
dēmens, entis, *mad.*
dēmetō, 3 v.a. *cut down.*
dēmittō, 3 v.a. *lower, shed.*
dēmō, 3 v.a. dempsī, demptum, *take away.*
dēmonstrātĭō, ōnis, f. *showing, exhibition.*
dēmonstrō, 1 v.a. and n. *point out.*
dēmum, adv. *at last.*
dēnī, dēnae, dēna, *ten.*
dēnique, adv. *at last, lastly.*
dens, dentis, m. *tooth.*
densus, a, um, *thick.*
dēpellō, 3 v.a. *drive away.*
dēpendeō, 2 v.n. *hang down.*
dēpereō, 4 v.n. *die.*
dēplōrō, 1 v.a. *lament.*
dēpōnō, 3 v.a. *lay aside, lower, plant.*
dēportō, 1 v.a. *remove.*

dēpositum, ī, n. *deposited funds.*
dēprecor, 1 v.d. *pray to escape.*
dēprendō, 3 v.a. *catch.*
dēprimō, 3 v.a. *press down, lower.*
dēscendō, 3 v.n. *come down.*
dēscrībō, 3 v.a. *write down, mark out.*
dēsecō, 1 v.a. *cut down.*
dēserō, 3 v.a. *abandon.*
dēsideō, 2 v.n. *be idle.*
dēsīderium, iī, n. *sorrow longing, regret.*
dēsīderō, 1 v.a. *desire, miss.*
dēsidia, ae, f. *indolence.*
dēsidiōsus, a, um, *indolent.*
dēsilĭō, 4 v.n. *jump down.*
dēsinō, 3 v.n. *cease.*
despērātĭō, ōnis, f. *despair.*
dēspērō, 1 v.n. *despair.*
destinō, 1 v.a. *foretell, mark out.*
destituō, 3 v.a. *disappoint.*
dēstrictē, adv. *positively.*
dēstringō, 3 v.a. *draw, unsheathe.*
dēsum, v.n. *be wanting.*
dēsuper, adv. *from above.*
dētineō, 2 v.a. *detain, attract.*
dētondeō, 2 v.a. *crop.*
dētrahō, 3 v.a. *strip off, remove.*
dētrectō, 1 v.a. *criticise.*
dētrītus, a, um, *worn away.*
deus, ī, m. *god;* pl. deī or dī.
dēvertor, 3 v.d. pf. dēvertī, *lodge.*
dēvexus, a, um, *drooping.*
dēvincĭō, 4 v.a. *attach.*
dēvocō, 1 v.a. *call off.*
dēvorō, 1 v.a. *devour.*
dēvorsōrium, iī, n. *inn.*
dextera or dextra, ae, f. *right hand.*
dexterĭtās, ātis, f. *cleverness.*
dicĭō, ōnis, f. *rule.*

dīcō, 3 v.a. and n. dixī, dictum, *say, tell.*
dicō, 1 v.a. *show, dedicate.*
dictitō, 1 v.n. *repeat.*
dictum, ī, n. *saying.*
dīdūcō, 3 v.a. *separate.*
diēs, ēī, m. and f. in sing., m.
in pl. *day, time, daylight.*
differō, 3 v. irreg. distulī, dīlā-
tum, *defer.*
difficilis, e, *difficult, hard to
please.*
digitus, ī, m. *finger.*
dignitās, ātis, f. *worthiness,
dignity.*
dignus, a, um, *worthy.*
dīgredior, 3 v.d. *part.*
dīgressus, ūs, m. *parting.*
dīlābor, 3 v.d. *vanish.*
dīlātor, ōris, m. *procrasti-
nator.*
dīligens, entis, *careful.*
dīligentia, ae, f. *activity.*
dīligō, 3 v.a. dīlexī, dīlectum,
love.
dīluō, 3 v.a. *moisten, dissolve.*
dīmicātiō, ōnis, f. *battle.*
dīmicō, 1 v.n. *fight.*
dīmittō, 3 v.a. *send away, send
about.*
dīmoveō. 2 v.a. *part.*
dīnumerō, 1 v.a. *reckon.*
dipsas, adis, f. *viper.*
dīrigō, 3 v.a. *aim.*
dirimō, 3 v.a. *break off, part.*
dīruō, 3 v.a. *break down.*
dīrus, a, um, *dread, ill-omened.*
Dis, Dītis, m. *Pluto.*
discēdō, 3 v.n. *depart.*
discernō, 3 v.a. *distinguish.*
discessus, ūs, m. *separation.*
discidium, iī, n. *separation.*
disciplīna, ae, f. *training.*
discipulus, ī, m. *pupil.*
discō, 3 v.a. and n. didicī, *learn.*
discors, ordis, *contending.*
discrīmen, inis, n. *distinction,
danger.*

discutiō, 3 v.a. *break up, dis-
perse.*
disertus, a, um, *eloquent.*
dispōnō, 3 v.a. *set in order.*
disserō, 3 v.n. *discuss.*
dissiliō, 4 v.n. *spring asunder.*
dissimilis, e, *unlike.*
dissipō, 1 v.a. *scatter.*
distendō, 3 v.a. *swell.*
distō, 1 v.n. *be distant.*
distribuō, 3 v.a. *distribute.*
districtus, a, um, *occupied.*
distringō, 3 v.a. *keep busy.*
dītior, dītissimus, *richer, richest.*
diū, adv. *for a long time;*
comp. diūtius.
diurnus, a, um, *of the day.*
diūtinus, a, um, *lasting.*
diūturnus, a, um, *prolonged.*
dīva, ae, f. *goddess.*
dīversus, a, um, *distant.*
dīves, itis, *rich.*
dīvidō, 3 v.a. dīvīsī, dīvīsum,
distribute, separate.
dīvīnus, a, um, *divine, god-
like, superhuman.*
dīvitiae, ārum, f. *wealth.*
dīvus, a, um, *divine;* pl. dīvī,
gods.
dō, 1 v.a. dedī, datum, *give,
grant, appoint.*
doceō, 2 v.a. *teach.*
doctrīna, ae, f. *teaching, doc-
trine.*
doleō, 2 v.n. *feel pain, grieve.*
dolor, ōris, m. *grief, pain.*
dolus, ī, m. *guile.*
domicilium, iī, n. *abode.*
domina, ae, f. *mistress.*
dominātiō, ōnis, f. *oppres-
sion.*
dominor, 1 v.d. *rule.*
dominus, ī, m. *lord, master,
owner.*
domitor, ōris, m. *conqueror.*
domō, 1 v.a. domuī, domitum,
tame.

domus, ūs, f. *house, home*;
locative, domī, *at home,* domum, *to the house.*
dōnec, conj. *until.*
dōnō, 1 v.a. *present, give.*
dōnum, ī, n. *gift, offering.*
dormiō, 4 v.n. *sleep.*
dōs, dōtis, f. *dowry;* pl. dōtēs,
advantages.
dracō, ōnis, m. *dragon.*
dubiē, adv. *doubtfully.*
dubitō, 1 v.n. *doubt, hesitate.*
dubium, ī, n. *doubt.*
dubius, a, um, *unsteady, random.*
dūcō, 3 v.a. duxī, ductum,
*lead, shape, lead forth,
think, carry on, ply.*
ductus aquārum, *aqueduct.*
duellum, ī, n. *war.*
dulcis, e, *sweet.*
dum, conj. *while, until.*
dumtaxat, adv. *only.*
duo, ae, o, *two.*
duodecim, *twelve.*
dūrus, a, um, *hard, cruel.*
dux, ducis, m. and f. *leader.*

ē and ex, prep. with abl. *out
of, from; according to, after;*
ex quo, *since.*
ēbrius, a, um, *drunken.*
ecce, interj. *behold!*
eculeus, ī, m. *rack.*
ēdīcō, 3 v.a. and n. *proclaim.*
ēdictum, ī, n. *decree.*
ēditus, a, um, *rising, high.*
edō, 3 v.a. and n. ēdī, ēsum, *eat.*
ēdō, 3 v.a. ēdidī, ēditum, *give
forth, perform.*
ēdūcō, 1 v.a. *bring up.*
ēdūcō, 3 v.a. *lead forth.*
effārī, 1 v.d. *to speak out.*
efferō, v. irreg. extulī, elātum,
exalt, bring forth.
efferus, a, um, *mad.*
efficiō, 3 v.a. *cause, bring
about.*

effigiēs, ēī, f. *likeness.*
effingō, 3 v.a. *model.*
effodiō, 3 v.a. *dig out.*
effringō, 3 v.a. *break through.*
effugiō, 3 v.a. *escape from.*
effundō, 3 v.a. *pour out.*
effūsē, adv. *abundantly.*
egeō, 2 v.n. *be in want of.*
ēgerō, 3 v.a. *carry out.*
ego, meī, *I*; egomet, *I myself*;
mēcum, *by myself.*
ēgredior, 3 v.d. *go out.*
ēgregius, a, um, *excellent.*
ei, interj. *alas!*
ēiusmodī, *of this kind.*
ēlābor, 3 v.d. *slip out.*
ēlabōrātus, a, um, *finished.*
ēlectrum, ī, n. *amber.*
ēlegans, antis, *tasteful, nice.*
ēloquentia, ae, f. *eloquence.*
ēloquium, iī, n. *eloquence.*
ēlūdō, 3 v.a. *escape from.*
ēmendō, 1 v.a. *correct, im-
prove.*
ēmicō, 1 v.n. *dart forth.*
ēmineō, 2 v.n. *stick up.*
ēminus, adv. *from far.*
ēmittō, 3 v.a. *let slip.*
emō, 3 v.a. ēmī, emptum, *buy.*
ēmoveō, 2 v.a. *remove.*
emptiō, ōnis, f. *purchase.*
enim, conj. *for.*
ēnītor, 3 v.d. ēnīsus and
ēnixus, *give birth to.*
ēnotō, 1 v.a. *note down.*
ensis, is, m. *sword.*
eō, 4 v.n. īvī or iī, itum, *go.*
eō, adv. *thither, therefore.*
eōdem, adv. *in the same direction.*
epigramma, atis, n. *inscription.*
ēpōtus, a, um, *drunk up.*
epulae, ārum, f. *feast.*
eques, itis, m. *knight.*
equidem, adv. *for my part,
indeed.*
equus, ī, m. *horse.*

ergŏ, conj. *therefore.*
ērigŏ, 3 v.a. *lift up.*
erīlis, e, *of a master.*
ēripiŏ, 3 v.a. *snatch out.*
errŏ, 1 v.n. *stray.*
error, ōris, m. *wandering, mistake.*
ērudītiŏ, ōnis, f. *learning.*
ērudītus, a, um, *instructed.*
ērumpŏ, 3 v.n. *sally forth, burst out.*
ēruŏ, 3 v.a. *pull out.*
ēruptiŏ, ōnis, f. *sally.*
esca, ae, f. *food.*
escendŏ, 3 v.n. *go up.*
et, adv. and conj. *both, and, also, even.*
etenim, conj. *for.*
etiam, adv. and conj. *also, even, of course.*
Eurus, ī, m. *east-wind.*
ēvādŏ, 3 v.n. *escape.*
ēvellŏ, 3 v.a. *pull off, pull out.*
ēveniŏ, 4 v.n. *happen, come out.*
ēvertŏ, 3 v.a. *overthrow.*
ēvolŏ, 1 v.n. *fly off.*
exaequŏ, 1 v.a. *make equal.*
exaestuŏ, 1 v.n. *boil up.*
exanimus, a, um, *lifeless.*
excēdŏ, 3 v.n. *depart.*
excellens, entis, *excellent.*
excellŏ, 3 v.n. *surpass.*
excidium, iī, n. *destruction.*
excidŏ, 3 v.n. *fall out, die, fall down.*
excīdŏ, 3 v.a. *hew out, destroy.*
exciŏ, 4 v.a. excīvī, excītum, *summon forth.*
excipiŏ, 3 v.a. *catch, receive, leave out.*
excitŏ, 1 v.a. *rouse.*
exclāmŏ, 1 v.a. *exclaim.*
excōgitŏ, 1 v.a. *devise.*
excolŏ, 3 v.a. *educate.*
excubŏ, 1 v.n. *act sentinel.*
excūdŏ, 3 v.a. *strike out, forge.*

excūsātiŏ, ōnis, f. *excuse.*
excūsātius, adv. *with more excuse.*
excutiŏ, 3 v.a. *throw out.*
exemplar, āris, n. *pattern.*
exemplum, ī, n. *example.*
exeŏ, 4 v.n. *go out.*
exequiae, ārum, f. *funeral procession.*
exerceŏ, 2 v.a. *keep busy, practise, wreak.*
exercitŏ, 1 v.a. *try, practise.*
exercitus, ūs, m. *army.*
exhauriŏ, 4 v.a. *drain.*
exhibeŏ, 2 v.a. *exhibit.*
exigŏ, 3 v.a. and n. *demand, complete.*
exiguus, a, um, *little.*
exilium, iī, n. *exile.*
eximius, a, um, *remarkable.*
eximŏ, 3 v.a. *take away.*
existimŏ, 1 v.n. *think.*
exitium, iī, n. *destruction.*
exitus, ūs, m. *way out, end.*
exorior, 4 v.d. exortus, *arise.*
exōrŏ, 1 v.a. *entreat successfully.*
expectŏ, 1 v.a. *wait for.*
expediŏ, 4 v.a. and n. *arrange.*
expedītiŏ, ōnis, f. *campaign.*
expellŏ, 3 v.a. *drive out.*
experior, 4 v.d. expertus, *find, out, try.*
expētŏ, 3 v.a. *desire greatly.*
expleŏ, 2 v.a. *satisfy.*
explōrŏ, 1 v.a. *reconnoitre, examine.*
expōnŏ, 3 v.a. *expose, explain.*
exposcŏ, 3 v.a. *demand.*
exprimŏ, 3 v.a. *represent.*
exprobrŏ, 1 v.a. *reproach.*
exprōmŏ, 3 v.a. *bring forth.*
exsecror, 1 v.d. *utter curses.*
exsequor, 3 v.d. *ask further, carry out.*
exserŏ, 3 v.a. *push out.*
exsistŏ, 3 v.n. extitī, *rise out, exist.*

exsolvō, 3 v.a. *set free.*
exspīrō, 1 v.n. *die.*
exstinguō, 3 v.a. *put out, quench.*
exstruō, 3 v.a. *build up, raise up.*
exsuscitō, 1 v.a. *arouse.*
extemplō, adv. *at once.*
exter, a, um, *foreign.*
externus, a, um, *foreign.*
extinguō : see exstinguō.
extō, 1 v.n. *remain.*
extollō, 3 v.a. *raise up.*
extorris, e, *exiled.*
extrahō, 3 v.a. *draw out.*
extrēmum, adv. *for the last time.*
extrēmum, ī, n. *limit.*
extrēmus, a, um, *last, utmost, uttermost.*
exturbō, 1 v.a. *dislodge.*
exul, is, m. *exile.*
exulō, 1 v.n. *be an exile.*
exuviae, ārum, f. *relics.*

faber, fabrī, m. *smith.*
fābula, ae, f. *story.*
faciēs, ēī, f. *face.*
facilis, e, *easy, pleasant, simple, pliant.*
facilitās, ātis, f. *easiness, affability.*
facinus, oris, n. *deed, crime.*
faciō, 3 v.a. fēcī, factum, *do, make.*
factum, ī, n. *deed.*
facultās, ātis, f. *power.*
fācundia, ae, f. *eloquence.*
faenus, oris, n. *interest.*
fāginus, a, um, *made of beech.*
fallax, ācis, *deceptive.*
fallō, 3 v.a. fefellī, falsum, *deceive, escape, cheat.*
falsō, adv. *falsely.*
falsus, a, um, *false, fictitious.*
fāma, ae, f. *report.*
familiāris, is, m. *friend.*
famula, ae, f. *servant.*

famul and famulus, ī, m. *servant.*
fānum, ī, n. *temple.*
farciō, 4 v.a. farsī, fartum, *cram.*
fārī, 1 v. def. *to speak.*
fās, subst. indecl. *right;* fās est, *it is permitted.*
fastīdiōsus, a, um, *contemptuous.*
fātālis, e, *destined, fatal.*
fateor, 2 v.d. fassus, *confess.*
fatīgō, 1 v.a. *weary.*
fātum, ī, n. *fate.*
faucēs, ium, f. *throat, neck.*
faustus, a, um, *propitious.*
faveō, 2 v.n. fāvī, fautum, *favour.*
favilla, ae, f. *ash.*
favor, ōris, m. *favour.*
fēbris, is, f. *fever.*
fēlīciter, adv. *with success.*
fēlix, īcis, *fortunate.*
fēmina, ae, f. *woman.*
fenestra, ae, f. *window.*
fera, ae, f. *wild beast.*
ferax, ācis, *fertile.*
ferē, adv. *almost, as a rule.*
fēriae, ārum, f. *holiday.*
feriō, 4 v.a. *strike, beat.*
fermē, adv. *about.*
ferō, v. irreg. tulī, lātum, *bear, carry, endure, win, report.*
ferox, ōcis, *proud, spirited.*
ferrāmentum, ī, n. *tool.*
ferreus, a, um, *of iron.*
ferrūgineus, a, um, *dark-coloured.*
ferrūgō, inis, f. *iron-dye.*
ferrum, ī, n. *iron, sword.*
fertilis, e, *fertile.*
ferus, a, um, *fierce.*
ferveō, 2 v.n. ferbuī, *boil, be hot.*
fervidus, a, um, *burning.*
fessus, a, um, *weary.*
festīnō, 1 v.n. *hasten.*
festus, a, um, *holiday.*

fētus, ūs, m. *offspring, fruit.*
fētus, a, um, *with young.*
fidēlis, e, *faithful.*
fidēs, eī, f. *faith, belief, security, protection.*
fidūcia, ae, f. *assurance.*
fidus, a, um, *faithful.*
figō, 3 v.a. fixī, fixum, *fix, pierce.*
figūra, ae, f. *figure, shape.*
fīlius, iī, m. *son.*
findō, 3 v.a. fidī, fissum, *split.*
fingō, 3 v.a. finxī, fictum, *shape.*
finiō, 4 v.a. *limit.*
fīnis, is, m. and f. *end*; pl. fīnēs *territory, frontiers, boundaries.*
fīnitimus, a, um, *neighbouring.*
fīō, v. irreg. factus, *happen, become, be made.*
firmus, a, um, *strong.*
flagrans, antis, *burning.*
flagrō, 1 v.n. *blaze.*
flamma, ae, f. *fire, flame.*
flammans, antis, *flaming.*
flammifer, a, um, *fire-bearing.*
flātus, ūs, m. *wind.*
flāvescō, 3 v.n. *turn yellow.*
flāvus, a, um, *yellow.*
flēbilis, e, *mournful.*
flectō, 3 v.a. flexī, flexum, *turn aside.*
fleō, 2 v.n. flēvī, flētum, *weep.*
fletus, ūs, m. *weeping.*
flōrens, entis, *flowery.*
flōreō, 2 v.n. flōruī, *flourish, be distinguished.*
flōreus, a, um, *flowery.*
flōridus, a, um, *fresh.*
flōs, flōris, m. *flower.*
fluctus, ūs, m. *wave.*
flūmen, inis, n. *river.*
fluō, 3 v.n. fluxī, fluxum, *flow, drop down.*
fluviālis, e, *of a river.*
fluvius, iī, m. *river.*
focus, ī, m. *hearth, fire.*

fodiō, 3 v.a. fōdī, fossum, *dig.*
foedō, 1 v.a. *defile.*
foedus, a, um, *hideous.*
folium, iī, n. *leaf.*
fons, fontis, m. *spring.*
fontānus, a, um, *of a spring.*
fore: future infinitive of sum.
forensis, e, *of the law-court.*
forēs, ium, f. *door of a house.*
forīs, adv. *outside.*
forma, ae, f. *shape, form, beauty, aspect.*
formīdō, inis, f. *fear.*
formōsus, a, um, *beautiful.*
fors, abl. forte, f. *chance.*
fors, adv. *perhaps.*
forsitan, adv. *perhaps.*
fortasse, adv. *perhaps.*
forte, adv. *by chance.*
fortis, e, *strong, brave.*
fortiter, adv. *bravely.*
fortūna, ae, f. *fortune.*
fortūnātus, a, um, *fortunate.*
forum, ī, n. *forum, market-place, law-court.*
fossa, ae, f. *trench.*
foveō, 2 v.a. fōvī, fōtum, *cherish.*
fragilis, e, *brittle.*
fragmen, inis, n. *splinter.*
fragor, ōris, m. *noise, crash.*
fragrō, 1 v.n. *be fragrant.*
frangō, 3 v.a. frēgī, fractum, *break, crush.*
frāter, tris, m. *brother.*
frāternus, a, um, *of a brother.*
fraudō, 1 v.a. *cheat.*
fraus, audis, f. *deceit.*
fremitus, ūs, m. *noise, raging.*
fremō, 3 v.n. fremuī, fremitum, *rage, roar.*
frēnum, ī, n. *bridle;* pl. frēnī and frēna.
fretum, ī, n. *strait, sea.*
frētus, a, um, *trusting in.*
frīgidus, a, um, *cold, cool, dull.*
frīgus, oris, n. *cold, coolness.*

frondiferus, a, um, *leafy.*

frons, frondis, f. *leaves, leafage.*

frons, frontis, f. *forehead, front.*

fructus, ūs, m. *fruit, crop, enjoyment.*

frūgēs, um, f. *corn.*

frūmentum, ī, n. *corn.*

fruor, 3 v.d. fructus, *enjoy.*

frustrā, adv. *in vain.*

fūcō, 1 v.a. *dye.*

fūcus, ī, m. *drone.*

fuga, ae, f. *flight, exile.*

fugax, ācis, *swift in flight.*

fugiō, 3 v.a. and n. fūgī, *flee.*

fugō, 1 v.a. *put to flight.*

fulciō, 4 v.a. fulsī, fultum, *support.*

fulgor, ōris, m. *glitter.*

fulica, ae, f. *coot.*

fulmen, inis, n. *lightning, lightning-speed, thunderbolt.*

fulmineus, a, um, *lightning-like.*

fulminō, 1 v.n. *lighten.*

fulvus, a, um, *tawny, yellow.*

fūmō, 1 v.n. *smoke.*

fūmus, ī, m. *smoke.*

funda, ae, f. *sling.*

fundāmentum, ī, n. *foundation.*

fundō, 3 v.a. fūdī, fūsum, *pour, put to flight, shed.*

fundus, ī, m. *farm.*

fūnestus, a, um, *mourning.*

fūnus, eris, n. *funeral.*

furca, ae, f. *prop.*

furcula, ae, f. *support.*

furibundus, a, um, *raging.*

furō, 3 v.n. *rage, be mad.*

furor, ōris, m. *madness.*

furtim, adv. *secretly.*

furtum, ī, n. *theft.*

fustis, is, m. *stick.*

fūtilis, e, *useless, brittle.*

futūrus, a, um, *future.*

galea, ae, f. *helmet.*

gallus, ī, m. *cock.*

garrulitās, ātis, *babbling.*

garrulus, a, um, *talkative.*

gaudeō, 2 v.n. gāvīsus, *rejoice.*

gaudium, iī, n. *joy.*

gelidus, a, um, *ice-cold* ; adv. gelidē.

geminō, 1 v.a. *double.*

gemitus, ūs, m. *groan.*

gemmans, antis, *sparkling.*

gemmeus, a, um, *jewelled.*

gemō, 3 v.n. gemuī, gemitum, *groan, coo.*

genae, ārum, f. *cheeks.*

gener, ī, m. *son-in-law.*

generōsus, a, um, *noble.*

genetrix, īcis, f. *mother.*

genitor, ōris, m. *father.*

gens, gentis, f. *race.*

genu, n. *knee.*

genus, eris, n. *race, kind, birth.*

germānus, a, um, *real.*

gerō, 3 v.a. gessī, gestum, *carry, wear, carry on*: res gero, *make war.*

gestiō, 4 v.n. *desire eagerly.*

gignō, 3 v.a. genuī, genitum, *beget.*

glaciālis, e, *icy.*

glaciēs, ēī, f. *ice.*

gladiātor, ōris, m. *gladiator, prize-fighter.*

gladius, iī, m. *sword.*

glaeba, ae, f. *clod.*

glomerō, 1 v.a. *pack close.*

glōria, ae, f. *distinction, glory.*

glōriōsus, a, um, *glorious.*

gracilis, e, *slender.*

gradus, ūs, m. *step, rank, degree.*

graeculus, ī, m. *Greekling.*

Graius, a, um, *Greek.*

grāmen, inis, n. *grass.*

grāmineus, a, um, *grassy.*

grandis, e, *large.*

grātia, ae, f. *favour, kindness, thanks* ; pl. **grātiae,** *thanks.*
grātiōsus, a, um, *popular.*
grātus, a, um, *grateful, pleasing.*
gravātē, adv. *reluctantly.*
gravātus, a, um, *weighed down.*
gravidus, a, um, *laden, pregnant.*
gravis, e, *heavy, burdensome, serious, important.*
gravitās, ātis, *high principle, weight.*
graviter, adv. *heavily.*
gravō, 1 v.a. *weigh down.*
gremium, iī, n. *breast.*
grex, gregis, m. *flock.*
grūs, gruis, f. *crane.*
gubernātor, ōris, m. *steersman.*
gubernō, 1 v.a. *govern.*
gurges, itis, m. *flood.*
gutta, ae, f. *drop.*
guttātus, a, um, *speckled.*

habeō, 2 v.a. *have, reckon, deliver, contain*: **bene habet,** *it is well.*
habilis, e, *convenient.*
habitō, 1 v.a. and n., *inhabit.*
habitus, ūs, m. *quality.*
haedus, ī, m. *kid.*
haereō, 2 v.n. **haesī,** *stick.*
haesitō, 1 v.n. *hesitate.*
hāmus, ī, m. *barb.*
harēna, ae, f. *sand, shore.*
harundō, inis, f. *reed, arrow.*
hasta, ae, f. *spear.*
hastīle, is, n. *spear.*
haud, adv. *not.*
hauriō, 4 v.a. **hausī, haustum,** *draw, draw in.*
haustus, ūs, m. *draught.*
hebes, etis, *dull.*
hebetō, 1 v.a. *dim.*
herba, ae, f. *grass.*
hērēditārius, a, um, *hereditary.*
hērēs, ēdis, m. *heir.*

herī, adv. *yesterday.*
hērōs, ōis, m. *hero.*
Hesperus, ī, m. *evening star.*
heu, interj. *alas !*
hībernus, a, um, *of winter.*
hīc or **hic, haec, hōc,** demonstr. pron. *this.*
hīc, adv. *here.*
hiemps, emis, f. *winter, storm.*
hīlum, adv. *at all.*
hinc, adv. *hence;* **hinc..., inde,** *on one side, on the other.*
hirsūtus, a, um, *prickly, shaggy.*
hirundō, inis, f. *swallow.*
hodiē, adv. *to-day.*
hodiernus, a, um, *of to-day.*
homo, inis, m. *man.*
honestās, ātis, f. *dignity, virtue.*
honestē, adv. *virtuously.*
honestō, 1 v.a. *honour.*
honestus, a, um, *honourable.*
honor, ōris, m. *honour, office.*
honōrātus, a, um, *honoured.*
hōra, ae, f. *hour, season.*
horrendus, a, um, *terrible.*
horreō, 2 v.n. *bristle.*
horrescō, 3 v.a. *shudder at.*
horribilis, e, *terrible.*
horridus, a, um, *unkempt.*
horror, ōris, m. *terror.*
hortātiō, ōnis, f. *encouragement.*
hortor, 1 v.d. *encourage.*
hortulus, ī, m. *little garden.*
hortus, ī, m. *garden.*
hospes, itis, m. *host, guest.*
hospitālis, e, *of hospitality, friendly.*
hospitium, iī, n. *inn, friend's house.*
hostia, ae, f. *victim.*
hostīlis, e, *hostile.*
hostis, is, m. *enemy.*
hūc, adv. *hither.*
hūmānitās, ātis, f. *kindness, civilisation.*

hūmānus, a, um, *human, kind.*

humilis, e, *low, prostrate.*

humō, 1 v.a. *bury.*

hūmor, ōris, m. *moisture.*

humus, ī, f. *earth.*

hydra, ae, f. *hydra.*

hydrus, ī, m. *water-snake.*

iaceō, 2 v.n. *lie.*

iactō, 1 v.a. *toss, boast.*

iaculum, ī, n. *javelin.*

iam, adv. *now, already, by this time, soon, besides;* nōn iam, *no longer.*

iamdūdum, adv. *at once.*

ibi, adv. *there.*

ictus, a, um, *struck.*

ictus, ūs, m. *blow.*

īdem, eadem, idem, *the same.*

identidem, adv. *repeatedly.*

ideō, adv. *on that account.*

iēiūnus, a, um, *fasting.*

igitur, adv. *therefore.*

ignārus, a, um, *ignorant.*

ignāvus, a, um, *idle.*

igneus, a, um, *fiery.*

ignis, is, m. *fire, love.*

ignōminia, ae, f. *disgrace.*

ignōrantia, ae, f. *ignorance.*

ignōrō, 1 v.a. and n. *be ignorant of.*

ignoscō, 3 v.n. ignōvī, ignōtum, *forgive.*

ignōtus, a, um, *unknown.*

īlex, icis, f. *holm-oak.*

īlia, ium, n. *groin.*

īlicō, adv. *at once.*

ille, illa, illud, *that, he.*

illīc, adv. *there.*

illinc, adv. *from there.*

illūc, adv. *thither.*

illūdō, 3 v.a. *mock.*

illustris, e, *glorious.*

imāgō, inis, f. *likeness, bust, thought, shade.*

imbellis, e, *unwarlike.*

imber, bris, m. *rain.*

imberbis, e, *beardless.*

imitor, 1 v.d. *imitate.*

immānis, e, *huge.*

immānitās, ātis, f. *hugeness.*

immātūrus, a, um, *untimely.*

immemor, is, *forgetful, ungrateful.*

immensus, a, um, *huge.*

immersābilis, e, *unsinkable.*

immineō, 2 v.n. *overhang, be close.*

immissus, a, um, *headlong.*

immītis, e, *unkind.*

immittō, 3 v.a. *send in, launch upon, launch.*

immō, adv. *on the contrary.*

immōbilis, e, *unshaken.*

immodicē, adv. *excessively.*

immodicus, a, um, *extravagant.*

immolō, 1 v.a. and n. *sacrifice.*

immortālis, e, *undying.*

immortālitās, ātis, f. *immortality.*

immundus, a, um, *unclean.*

immūnis, e, *untouched.*

impastus, a, um, *unfed.*

impavidus, a, um, *fearless.*

impedimentum, ī, n. *hindrance;* pl. impedīmenta, *baggage.*

impediō, 4 v.a. *hinder, hamper.*

impellō, 3 v.a. *strike.*

impendeō, 2 v.n. *threaten.*

imperātor, ōris, m. *general.*

imperitō, 1 v.n. *rule.*

imperium, iī, n. *empire, power, command.*

impete = *impetū.*

impetrō, 1 v.a. *obtain.*

impetus, ūs, m. *attack.*

impiger, gra, grum, *active.*

impius, a, um, *impious, wicked.*

impleō, 2 v.a. implēvī, *fill.*

implicō, 1 v.a. *lash.*

implōrō, 1 v.a. *implore.*

impōnō, 3 v.a. *impose, place upon.*

impotens, entis, *violent.*

imprīmō, 3 v.a. *imprint.*

improbus, a, um, *wicked, greedy.*

imprūdens, entis, *unaware.*

impulsus, ūs, m. *thrust.*

impūne, adv. *without punishment.*

impūrus, a, um, *foul.*

īmus, a, um, *lowest.*

in, prep. with acc. *into, against, for, till, tending to*; with abl. *in.*

inadsuētus, a, um, *unaccustomed.*

inaequālis, e, *of unequal length.*

ināne, is, n. *air, vacancy.*

inānis, e, *empty, slight, meaningless.*

inaudītus, a, um, *unexampled.*

incautus, a, um, *rash.*

incendium, iī, n. *burning, fever.*

incendō, 3 v.a. incendī, incensum, *kindle, trouble.*

inchoātus, a, um, *unfinished.*

incidō, 3 v.n. *fall in with.*

incīdō, 3 v.a. *engrave.*

incipiō, 3 v.a. and n. *begin.*

incitāmentum, ī, n. *incentive.*

incitō, 1 v.a. *stir up.*

inclīnō, 1 v.a. *incline.*

inclutus, a, um, *famous.*

incognitus, a, um, *unknown.*

incola, ae, m. and f. *inhabitant.*

incolumis, e, *unhurt.*

incommodum, ī, n. *trouble.*

incompositus, a, um, *in disorder.*

incrēbrescō, 3 v.n. incrēbuī, *increase.*

incrēdibilis, e, *incredible.*

increpitō, 1 v.a. *reprove.*

increpō, 1 v.a. and n. increpuī, increpitum, *reprove, make a noise, repeat.*

incubō, 1 v.n. *lie upon.*

incultus, a, um, *unkempt.*

incumbō, 3 v.n. *lie down on, press.*

incurrō, 3 v.n. *run on.*

incursō, 1 v.n. *run against.*

incūs, ūdis, f. *anvil.*

inde, adv. *from there, next.*

index, icis, m. *indication, informer.*

indicō, 1 v.a. *inform, reveal.*

indignor, 1 v.d. *chafe.*

indignus, a, um, *undeserving.*

indomitus, a, um, *untamed.*

indūcō, 3 v.a. *induce.*

indulgentia, ae, f. *favour.*

indulgeō, 2 v.a. and n. indulsī, *give way to, make a present of.*

induō, 3 v.a. *put on.*

industria, ae, f. *activity.*

indūtiae, ārum, f. *armistice.*

ineō, 4 v.a. *enter.*

inermis, e, *unarmed.*

inerrō, 1 v.n. *wander upon.*

iners, ertis, *idle, motionless.*

inertia, ae, f. *indolence.*

inexpiābilis, e, *unappeasable.*

inexplōrātus, a, um, *undiscovered.*

infāmis, e, *of bad reputation.*

infandus, a, um, *unspeakable.*

infans, antis, m. *infant.*

infēlix, īcis, *unhappy.*

inferī, ōrum, m. *hell.*

inferiae, ārum, f. *offerings to the dead.*

infernus, a, um, *below the earth.*

inferō, 3 v.a. intulī, illātum, *bear on.*

infestus, a, um, *hostile.*

inficētus, a, um, *dull.*

inficiō, 3 v.a. *dye, stain.*

infīdus, a, um, *unfaithful.*

infīgō, 3 v.a. *drive in.*
infimus, a, um, *lowest.*
infīnītus, a, um, *unbounded.*
infirmitās, ātis, n. *illness.*
infirmus, a, um, *feeble.*
infitior, 1 v.d. *disown.*
inflammō, 1 v.a. *set on fire.*
inflexibilis, e, *unbending.*
infrā, prep. with acc. and adv. *below.*
infrequens, entis, *straggling, thinly covered.*
infringō, 3 v.a. *break down.*
infundō, 3 v.a. *pour on, pour in.*
ingeminō, 1 v.a. and n. *repeat, come fast.*
ingeniōsus, a, um, *clever.*
ingenium, iī, n. *mind, genius.*
ingens, entis, *huge.*
ingenuus, a, um, *refined.*
ingrātus, a, um, *unpleasing, ungrateful.*
ingredior, 3 v.d. *begin, enter.*
inhabitō, 1 v.a. and n. *inhabit.*
inhiō, 1 v.a. *gape at.*
inhorreō, 2 v.n. *grow rough.*
iniciō, 3 v.a. iniēci, *throw in, throw on.*
inimīcus, a, um, *hostile.*
inimīcus, ī, m. *enemy.*
inīquus, a, um, *uneasy, unfair.*
initium, iī, n. *beginning.*
iniūria, ae, f. *wrong.*
inlitterātus, a, um, *illiterate.*
inlūceō, 2 v.n. inluxī, *grow light.*
innō, 1 v.a. *float on.*
innocens, entis, *innocent.*
innocentia, ae, f. *innocence.*
innocuus, a, um, *harmless.*
innoxius, a, um, *harmless.*
innumerābilis, e, *uncountable.*
innuō, 3 v.n. *make a sign.*
innuptus, a, um, *unwedded.*
inopīnātus, a, um, *unexpected.*
inquam, v. def. inquis, inquit, *say.*

inquilīnus, ī, m. *lodger.*
inquīrō, 3 v.n. *collect evidence.*
inrequiētus, a, um, *unresting.*
inrīdeō, 2 v.a. *laugh at.*
inrītō, 1 v.a. *stir up.*
inrumpō, 3 v.n. *burst into.*
insānus, a, um, *mad, raging.*
insatiābilis, e, *insatiable.*
insatiābiliter, adv. *insatiably.*
inscrībō, 3 v.a. *write upon.*
insequens, entis, *following.*
inserō, 3 v.a. *insert.*
inserviō, 4 v.n. *devote oneself to.*
insideō, 2 v.n. *be seated in.*
insidiae, ārum, f. *ambush.*
insignis, e, *famous, striking.*
insistō, 3 v.a. and n. *stand on, start on.*
insitiō, ōnis, f. *grafting.*
insitus, a, um, *implanted.*
insolens, entis, *arrogant.*
insonō, 1 v.n. *make a sound.*
inspiciō, 3 v.a. *examine.*
instar, *as good as.*
instituō, 3 v.a. and n. *start.*
institūtum, ī, n. *practice.*
instō, 1 v.n. *press, hurry on.*
instrātus, a, um, *uncovered.*
instruō, 3 v.a. *draw up, inform.*
insula, ae, f. *island.*
insultō, 1 v.a. *trample.*
insum, v.n. *be in.*
insuper, adv. *as well.*
insurgō, 3 v.n. *rise upon.*
integer, gra, grum, *whole, unspoilt.*
intellegens, entis, *appreciative.*
intellegō, 3 v.n. intellexī, intellectum, *understand.*
intendō, 3 v.n. *press on, bend, apply.*
intentus, a, um, *busy, occupied.*
inter, adv. *between, among.*
interdum, adv. *meanwhile, sometimes.*

intereā, adv. *meanwhile.*
intereō, 4 v.n. *die.*
interest, v. impers. *it makes a difference.*
interficiō, 3 v.a. *kill.*
interfundō, 3 v.a. *spread at intervals.*
interim, adv. *meanwhile.*
interimō, 3 v.a. *slay.*
interior, us, *inner.*
interitus, ūs, m. *death.*
internuntiō, 1 v.n. *exchange messages.*
interpellātor, ōris, m. *disturber.*
interpres, etis, m. *messenger.*
interrogō, 1 v.a. and n. *ask.*
interrumpō, 3 v.a. *interrupt.*
intersum, v.n. *be present at.*
intexō, 3 v.a. *plait.*
intortus, a, um, *twisted.*
intrā, prep. with acc. and adv. *within.*
intro, 1 v.a. *enter.*
intrōdūcō, 3 v.a. *lead in.*
introeō, 4 v.n. *come in.*
introitus, ūs, m. *entrance.*
intueor, 2 v.d. *behold.*
intus, adv. *within, in the house.*
inultus, a, um, *unavenged.*
inūrō, 3 v.a. *brand.*
invādō, 3 v.a. *attack, engage in.*
invalidus, a, um, *not strong.*
invehor, 3 v.d. *drive into.*
inveniō, 4 v.a. *find.*
invertō, 3 v.a. *turn over.*
invesperascō, 3 v.n. *grow dusk.*
inveterātus, a, um, *aged.*
invicem, adv. *in turn.*
invictus, a, um, *unconquered.*
invideō, 2 v.n. *envy.*
invidia, ae, f. *unpopularity.*
invidus, a, um, *jealous.*
invīsō, 3 v.a. *behold.*
invisus, a, um, *hated.*

invītō, 1 v.a. *invite.*
invītus, a, um, *unwilling.*
invocō, 1 v.a. *invoke.*
involvō, 3 v.a. *darken.*
iō, interj. *help !*
iocus, ī, m. *joke.*
ipse, a, um, *self, himself.*
īra, ae, f. *anger.*
īrācundia, ae, f. *anger.*
īrascor, 3 v.a. īrātus, *be angry.*
irritus, a, um, *disappointed.*
irruptiō, ōnis, f. *violent entrance.*
is, ea, id, *that, he, she, it.*
iste, a, ud, *that, this, that of yours, that by you.*
ita, adv. *so, in such a way.*
itaque, adv. *therefore.*
item, adv. *likewise.*
iter, itineris, n. *road, path, journey, march.*
iterum, adv. *a second time.*
iubeō, 2 v.a. iussī, iussum, *order, ask.*
iūcundus, a, um, *pleasant.*
iūdex, icis, m. *judge, juryman.*
iūdicium, iī, n. *opinion.*
iūdicō, 1 v.a. and n. *judge, consider.*
iugulum, ī, n. *throat.*
iugum, ī, n. *yoke, mountain-range.*
iunctus, a, um, *close at hand, yoked.*
iungō, 3 v.a. iunxī, iunctum, *join, clash.*
Iuppiter, Iovis, m. *Jupiter.*
iurgium, iī, n. *quarrel.*
iūrō, 1 v.a. and n. *swear, swear by.*
iūs, iūris, n. *right, control, justice, law*; abl. iūre *rightly* ; iūs cīvīle *the civil law.*
iūsiūrandum, iūrisiūrandī, n. *oath.*
iustitia, ae, f. *justice.*

iustus, a, um, *just, fair, due*;
n. pl. iusta, *funeral rites.*
iuvenāliter, adv. *actively.*
iuvenca, ae, f. *heifer.*
iuvencus, ī, m. *steer.*
iuvenīlis, e, *youthful.*
iuvenis, is, m. *young man.*
iuventūs, ūtis, f. *youth, young
men.*
iuvō, 1 v.a. iūvī, iūtum, *help,
please.*
iuxtā, adv. *near.*

labellum, ī, n. *lip.*
lābor, 3 v.d. lapsus, *fall, slip,
glide.*
labor, ōris, m. *toil.*
labōriferus, a, um, *laborious.*
labōrō, 1 v.n. *toil.*
lāc, lactis, n. *milk.*
lacerta, ae, f. *lizard.*
lacertus, ī, m. *arm.*
lacessō, 3 v.a. lacessīvī, la-
cessītum, *challenge.*
lacrima, ae, f. *tear.*
lacrimō, 1 v.n. *weep.*
lacteus, a, um, *milky.*
lacūna, ae, f. *pool.*
lacus, ūs, m. *lake, vat.*
laedō, 3 v.a. laesī, laesum,
hurt.
laetans, antis, *rejoicing.*
laetus, a, um, *glad, rich.*
laevus, a, um, *left*; ā laevā,
on the left hand.
laguncula, ae, f. *flask.*
lāna, ae, f. *wool.*
lancea, ae, f. *lance.*
languescō, 3 v.n. *grow feeble.*
languidus, a, um, *feeble.*
lānigerus, a, um, *fleecy.*
lapis, idis, m. *stone.*
laqueātus, a, um, *panelled.*
lār, laris, m. *dwelling*; pl.
Larēs, *household gods.*
largior, 4 v.d. *bestow.*
largus, a, um, *abundant.*
lascīvus, a, um, *playful.*

lassō, 1 v.a. *tire out.*
lassus, a, um, *weary.*
lateō, 2 v.n. *lie hidden.*
latīnē, adv. *in Latin.*
latrātus, ūs, m. *barking.*
latrō, ōnis, m. *felon.*
latrōcinium, iī, n. *robbery.*
lātus, a, um, *wide.*
latus, eris, n. *side, lungs,
frame.*
laudātor, ōris, m. *praiser.*
laurigerus, a, um, *laurelled.*
laurus, ī and ūs, f. *laurel.*
laus, laudis, f. *praise, glory.*
lautē, adv. *with elegance*;
comp. lautius.
lautus, a, um, *smart.*
lavō, 1 v.a. *wash.*
lavō, 3 v.a. lāvī, lautum or
lōtum, *wash.*
lea, ae, f. *lioness.*
lectīca, ae, f. *litter.*
lector, ōris, m. *reader.*
lēgātiō, ōnis, f. *embassy.*
lēgātus, ī, m. *general, ambassador.*
legiō, ōnis, f. *legion.*
lēgitimus, a, um, *legal.*
legō, 3 v.a. lēgī; lectum, *read,
pick, choose, furl.*
lembus, ī, m. *sloop.*
lēniō, 4 v.a. *soften.*
lēnis, e, *gentle.*
lentus, a, um, *slow, unyielding.*
leō, ōnis, m. *lion.*
lepor, ōris, m. *beautiful language, art.*
lepus, oris, m. *hare.*
lētālis, e, *deadly.*
Lēthaeus, a, um, *of Lethe.*
lētūm, ī, n. *death.*
lēvis, e, *smooth.*
levis, e, *light, trifling.*
levitās, ātis, f. *fickleness.*
levō, 1 v.a. *relieve, support.*
lex, lēgis, f. *law.*
libellus, ī, m. *book, petition,
information, paper.*

libenter, adv. *with pleasure.*
liber, a, um, *free.*
liber, brī, m. *book, bark.*
liberālis, e, *generous, noble.*
liberālitās, ātis, f. *generosity.*
liberī, ōrum, m. *children.*
libertus, ī, m. *freedman.*
libet, 2 v. impers. *it pleases.*
libīdō, inis, f. *lust.*
librārius, iī, m. *copyist.*
librō, 1 v.a. *balance.*
licentia, ae, f. *licence, freedom.*
licet, 2 v. impers. licuit and licitum est, *it is allowed.*
licet, adv. *though.*
ligō, 1 v.a. *bind.*
ligō, ōnis, m. *spade.*
ligustrum, ī, n. *privet.*
limen, inis, n. *threshold, room.*
limes, itis, m. *path.*
limus, ī, m. *mud.*
lingua, ae, f. *tongue.*
linquō, 3 v.a. līquī, *leave.*
linteum, ī, n. *cloth, sail.*
liquens, entis, *liquid.*
liquidum, ī, n. *liquid.*
liquidus, a, um, *clear.*
liquor, ōris, m. *liquid.*
lis, lītis, f. *lawsuit, quarrel.*
littera, ae, f. *letter of alphabet;* pl. **litterae,** *letter, epistle, letters, literature.*
litterātus, a, um, *cultivated.*
litus, oris, n. *shore.*
livens, entis, *blackish.*
livor, ōris, m. *envy.*
locō, 1 v.a. *place.*
locuplēs, ētis, *rich.*
locus, ī, m. *place, position, state, opportunity;* pl. **locī** and **loca.**
longē, adv. *far.*
longinquus, a, um, *distant.*
longus, a, um, *long.*
loquax, ācis, *talking.*
loquor, 3 v.d. locūtus, *speak.*
lōrum, ī, n. *rein.*
lūceō, 2 v.n. luxī, *sparkle.*

lūcidus, a, um, *shining.*
luctor, 1 v.d. *wrestle.*
luctuōsus, a, um, *mournful.*
luctus, ūs, m. *mourning.*
lūdificor, 1 v.d. *mock.*
lūdō, 3 v.n. lūsī, lusum, *play.*
lūdus, ī, m. *game, play, school;* pl. **lūdī,** *a show, games.*
lūgeō, 2 v.a. and n. luxī, luctum, *mourn.*
lūmen, inis, n. *light, lamp;* pl. lumina, *eyes.*
luō, 3 v.a. luī, *wash, pay.*
lupus, ī, m. *wolf.*
lustra, ōrum, n. *haunts.*
lūsus, ūs, m. *sport.*
lutum, ī, n. *mud.*
lux, lūcis, f. *light, day, deliverance.*
luxuria, ae, f. *extravagance.*
lympha, ae, f. *water.*
lyra, ae, f. *lyre.*
lyricus, a, um, *of the lyre.*

māchina, ae, f. *engine.*
maciēs, ēī, f. *thinness.*
mactō, 1 v.a. *sacrifice.*
macula, ae, f. *spot.*
madeō, 2 v.n. *be wet.*
madidus, a, um, *wet.*
maereō, 2 v.n. *grieve.*
maeror, ōris, m. *grief.*
maestus, a, um, *sad.*
māgālia, ium, n. *huts.*
magis, adv. *more.*
magister, trī, m. *master, keeper.*
magistrātus, ūs, m. *magistrate.*
magnanimus, a, um, *noble.*
magnificentia, ae, f. *magnificence.*
magnificus, a, um, *splendid.*
magnitūdō, inis, f. *greatness.*
magnopere, adv. *greatly, strongly.*
magnus, a, um, *great, loud.*
māiestās, ātis, f. *majesty.*

māior, māius, *greater, older*;
pl. māiōrēs, *ancestors*.
malignus, a, um, *unkind*.
mālō, v. irreg. māluī, *prefer*.
malum, ī, n. *misfortune*.
malus, a, um, *bad*.
mālus, ī, m. *mast*.
manceps, ipis, m. *contractor*.
mandātum, ī, n. *charge*.
mandō, 3 v.a. mandī, man-
sum, *chew*.
mandō, 1 v.a. *assign, direct*.
māne, adv. *in the morning*.
maneō, 2 v.a. and n. mansī,
mansum, *remain*.
mānēs, ium, m. *spirit*.
manifestus, a, um, *plain*.
mānō, 1 v.n. *flow*.
mansuētē, adv. *gently*.
mansuētūdō, inis, f. *gentle-
ness*.
manūmittō, 3 v.a. *set free*.
manus, ūs, f. *hand, band*.
mare, is, n. *sea*.
margō, inis, m. and f. *edge*.
marīnus, a, um, *of the sea*.
marītus, ī, m. *husband*.
marmor, oris, n. *marble, tomb-
stone*.
marmoreus, a, um, *of marble*.
Martius, a, um, *of Mars*.
masculus, a, um, *manly*.
māter, tris, f. *mother*.
māteria, ae, f. *material*.
māteriēs, ēī, f. *subject*.
māternus, a, um, *maternal*.
mātūrē, adv. *in good time*.
mātūritās, ātis, f. *ripeness*.
mātūrō, 1 v.a. *hasten*.
mātūrus, a, um, *ripe*.
maximus, a, um, *greatest*.
meātus, ūs, m. *movement*.
medicīna, ae, f. *medicine*.
mediocritās, ātis, f. *moderate
size*.
meditor, 1 v.d. *ponder, study*.
medium, ī, n. *midst, interval*.
medius, a, um, *middle, mid*.

me hercule, interj. *by Hercules!*
mel, mellis, n. *honey*.
melior, us, *better*.
mellītus, a, um, *honey-sweet*.
membra, ōrum, n. *limbs*.
meminī, v. def. *remember*.
memor, is, *mindful*.
memorābilis, e, *glorious*.
memoria, ae, f. *recollection*.
memorō, 1 v.a. and n. *tell*.
mendax, ācis, *lying*.
mens, mentis, f. *mind, purpose, courage*.
mensa, ae, f. *table*.
mensis, is, m. *month*.
mensūra, ae, f. *size*.
mentiō, ōnis, f. *mention*.
mentior, 4 v.d. *lie, speak
falsely*.
mentum, ī, n. *chin*.
mercātor, ōris, m. *trader*.
mercēs, ēdis, f. *reward*.
mereō, 2 v.a. *earn, deserve, be
guilty of*.
mergō, 3 v.a. mersī, mersum,
plunge.
mergus, ī, n. *sea-bird*.
meritō, adv. *with good reason*.
meritum, ī, n. *service*.
mersō, 1 v.a. *sink*.
merum, ī, n. *wine*.
merx, mercis, f. *merchandise*.
messis, is, f. *harvest*.
metallum, ī, n. *metal*.
mētor, 1 v.d. *measure out*.
metuō, 3 v.a. *fear*.
metus, ūs, m. *fear*.
meus, a, um, *my, mine*; pl.
meī, *my servants*.
micō, 1 v.n. micuī, *quiver,
glitter*.
migrō, 1 v.n. *move*.
mīles, itis, m. *soldier*.
mīlia, *thousands; thousands of
paces, i.e. miles*.
mīlitāris, e, *military*.
mīlitō, 1 v.n. *fight*.

mille, adj. *thousand*; pl. mīlia, subst.

minae, ārum, f. *threats.*

minimē, adv. *not at all.*

minimus, a, um, *very small, smallest.*

ministra, ae, f. *handmaid, deaconess.*

ministrō, 1 v.a. *carry on.*

minitor, 1 v.d. *threaten.*

minor, 1 v.d. *threaten.*

minor, us, *smaller, less, younger.*

minus, adv. *less.*

mīrābilis, e, *wonderful.*

mirificē, adv. *splendidly.*

mīror, 1 v.d. *admire, wonder.*

mīrus, a, um, *wonderful.*

misceō, 2 v.a. miscuī, mixtum, *mix.*

misellus, a, um, *poor, little.*

miser, a, um, *unhappy.*

miserābilis, e, *pitiable.*

misericordia, ae, f. *pity.*

miseror, 1 v.d. *pity.*

mītis, e, *mild.*

mittō, 3 v.a. mīsī, missum, *send.*

mōbilis, e, *nimble.*

moderāmen, inis, n. *guidance.*

moderātus, a, um, *self-controlled*; adv. moderātē.

moderor, 1 v.d. *rule, play.*

modicē, adv. *calmly.*

modicus, a, um, *smallish.*

modo, adv. *just now, lately, only*; modo...modo, *at one time, at another.*

modo, conj. *if only.*

modus, ī, m. *manner, method, sufficiency, limit*; pl. modī, *metre.*

moenia, ium, n. *walls.*

mōlēs, is, f. *mass, pile.*

molestē, adv. *with pain.*

mōlior, 4 v.d. *pile up, scheme, contrive.*

mollior, us, *softer.*

mollis, e, *soft.*

mōmentum, ī, n. *weight, moment.*

moneō, 2 v.a. monuī, monitum, *advise.*

monimentum, ī, n. *record, public building.*

monitor, ōris, m. *adviser.*

mons, montis, m. *mountain.*

monstrō, 1 v.a. *show.*

monstrum, ī, n. *monster.*

montānus, a, um, *of a mountain.*

mora, ae, f. *delay, hindrance.*

morbus, ī, m. *disease.*

mordeō, 2 v.a. momordī, morsum, *bite.*

moribundus, a, um, *dying.*

morior, 3 v.d. mortuus, *die.*

moror, 1 v.d. *delay.*

mors, mortis, f. *death.*

morsus, ūs, m. *bite.*

mortālis, e, *mortal*; pl. mortālēs, *mankind.*

mortiferē, adv. *fatally.*

mortuus, a, um, *dead.*

mōs, mōris, m. *custom, habit, fashion*; pl. mōrēs, *manners, character*; mōris est, *it is usual.*

mōtus, ūs, m. *movement.*

moveō, 2 v.a. mōvī, mōtum, *move.*

mox, adv. *soon, later.*

mucrō, ōnis, m. *point, sword.*

mūgiō, 4 v.n. *low, bellow.*

mūgītus, ūs, m. *lowing.*

mulceō, 2 v.a. mulsī, mulsum, *charm, soothe.*

mulier, is, f. *woman.*

multiplex, icis, *manifold.*

multitūdō, inis, f. *multitude, abundance.*

multō, adv. *by much.*

multum, ī, n. *a great deal of.*

multus, a, um, *much*; pl. *many.*

mundus, ī, m. *world, sky.*

mūnicĕps, ipis, m. and f. *townsman.*

mūnicipium, iī, n. *country town.*

mūnīmentum, ī, n. *fortification.*

mūniō, 4 v.a. *fortify, construct.*

mūnus, eris, n. *gift, show.*

mūrex, icis, m. *purple-fish, purple dye.*

murmur, is, n. *murmur.*

mūrus, ī, m. *wall.*

Mūsa, ae, f. *Muse.*

mussō, 1 v.n. *mutter.*

mustum, ī, n. *grape-juice.*

mūtātiō, ōnis, f. *change.*

mūtō, 1 v.a. *change, shift.*

mūtus, a, um, *dumb.*

myrtus, ī and ūs, f. *myrtle.*

nam or namque, conj. *for.*

nanciscor, 3 v.d. nactus, *find.*

nāris, is, f. *nostril.*

narrō, 1 v.a. *relate.*

nascor, 3 v.d. nātus, *be born.*

nāta, ae, f. *daughter.*

nātālis, is, m. *birthday.*

nātiō, ōnis, f. *nation.*

natō, 1 v.n. *swim.*

nātūra, ae, f. *nature.*

nātus, ī, m. *son.*

naufragium, iī, n. *shipwreck.*

nāvāle, is, n. *arsenal.*

nāvigātiō, ōnis, f. *voyage.*

nāvigō, 1 v.n. *sail.*

nāvis, is, f. *ship.*

nāvita or nauta, ae, m. *seaman.*

nē, conj. *lest, that not, not.*

nē...quidem, *not even.*

-ne, enclitic mark of question *whether.*

nec or neque, conj. *neither, nor, and not, not even.*

necessārius, a, um, *necessary.*

necessitās, ātis, f. *necessity.*

necō,1 v.a. necavī or necuī,*slay.*

nectar, aris, n. *nectar.*

nēdum, conj. *much less.*

nefandus, a, um, *horrible.*

nefās, indecl. n. *crime.*

neglegentia, ae, f. *carelessness.*

negō, 1 v.a. and n. *say no, refuse.*

negōtiātor, ōris, m. *merchant.*

negōtior, 1 v.a. *carry on business.*

nēmō (pl. and abl. and gen. sing. borrowed from nullus), *no one.*

nemus, oris, n. *grove.*

nepōs, ōtis, *grandson, descendant.*

nēquāquam, adv. *not at all.*

nequeō, 4 v.n. *be unable.*

nēquīquam, adv. *in vain.*

nesciō, 4 v.a. *be ignorant, not know.*

nescio quid, *something.*

nescius, a, um, *not knowing, unable.*

neu or nēve, *and lest.*

nex, necis, f. *death.*

niger, gra, grum, *black, dark.*

nihil and nīl, n. indecl.*nothing.*

nihilum, ī, n. *nothing.*

nimbus, ī, m. *thick cloud.*

nīmīrum, adv. *certainly.*

nimis and nimium, adv. *too, too much.*

nisi or nī, conj. *unless, except.*

niteō, 2 v.n. *shine.*

nitidus, a, um, *shining.*

nītor, 3 v.a. nīsus or nixus, *strive, lean on.*

niveus, a, um, *snow-white.*

nō, 1 v.n. *swim.*

nōbilis, e, *famous.*

nōbilitās, ātis, f. *fame.*

nōbilitō, 1 v.a. *glorify.*

noceō, 2 v.n. *hurt.*

noctū, adv. *by night.*

nocturnus, a, um, *of the night.*

nōdus, ī, m. *knot.*

nōlō, v. irreg. nōluī, *be unwilling.*

nōmen, inis, n. *name, fame.*

nōminō, 1 v.a. *name.*
nōn, adv. *not, no !*
nondum, adv. *not yet.*
nonne, *surely ?*
noscitō, 1 v.a. *recognise.*
noscō, 3 v.a. *come to know, discern;* pf. nōvī, nōvistī or nostī, *know.*
noster, tra, trum, *our.*
notābilis, e, *remarkable.*
nōtitia, ae, f. *acquaintance.*
notō, 1 v.a. *notice.*
nōtus, a, um, *known.*
Notus, ī, m. *south-wind.*
novellus, a, um, *young.*
noviēs, adv. *nine times.*
novissimus, a, um, *last.*
novitās, ātis, f. *newness.*
novō, 1 v.a. *alter.*
novus, a, um, *new, strange, fresh.*
nox, noctis, f. *night.*
nūbēs, is, f. *cloud.*
nūbila, ōrum, n. *clouds.*
nūbō, 3 v.n. nupsī, *marry (of the woman).*
nūdō, 1 v.a. *strip, expose.*
nūdus, a, um, *bare.*
nullus, a, um, *not any, none.*
num, *whether.*
nūmen, inis, n. *deity, power.*
numerābilis, e, *countable.*
numerō, 1 v.a. *count.*
numerōsus, a, um, *melodious.*
numerus, ī, m. *number, quantity;* pl. numerī, *music.*
Numidica, ae, f. *guinea-fowl.*
nummus, i, m. *coin.*
numquam, adv. *never.*
numquis, *whether anyone.*
nunc, adv. *now, as it is.*
nuntius, iī, m. *messenger, news.*
nūper, adv. *lately.*
nuptiae, ārum, f. *marriage.*
nūtō, 1 v.n. *nod.*
nūtriō, 4 v.a. *nourish.*
nūtus, ūs, m. *nod.*

ob, prep. with acc. *on account of.*
obeō, 4 v.n. obiī, obitum, *perform, die.*
obiciō, 3 v.a. *throw in the way, charge against.*
oblectō, 1 v.a. *delight.*
obligō, 1 v.a. *attach.*
oblitterō, 1 v.a. *efface.*
oblītus, a, um, *forgetful, forgotten.* ·
oblīviō, ōnis, f. *oblivion.*
obmōlior, 4 v.d. *pile in the way.*
obnixus, a, um, *thrusting, pushing.*
obnoxius, a, um, *exposed.*
oborior, 4 v.d. obortus, *arise.*
obruō, 3 v.a. *cover up, bury, drown.*
obsaepiō, 4 v.a. *block.*
obscūritās, ātis, f. *obscurity.*
obscūrō, 1 v.a. *darken.*
obscūrus, a, um, *dark, dim.*
obses, obsidis, m. *hostage.*
obsidiō, ōnis, f. *blockade.*
obsistō, 3 v.n. *make a stand.*
obstinātiō, ōnis, f. *stubbornness.*
obstinātus, a, um, *obdurate.*
obstō, 1 v.n. *withstand.*
obstrepō, 3 v.a. *drown.*
obstringō, 3 v.a. *bind.*
obstupefaciō, 3 v.a. *astound.*
obstupescō, 2 v.n. obstipuī, *be confounded.*
obsum, v.n. *damage.*
obterō, 3 v.a. *tread under foot.*
obversor, 1 v.d. *present oneself.*
obviam, adv. *to meet.*
obvius, a, um, *in the way.*
occaecō, 1 v.a. *blind.*
occāsiō, ōnis, f. *opportunity.*
occāsus, ūs, m. *setting.*
occīdō, 3 v.a. *kill.*
occidō, 3 v.n. *die.*
occulō, 3 v.a. *hide.*

occultus, a, um, *hidden.*

occupātiō, ōnis, f. *business.*

occupō, 1 v.a. *seize on.*

occurrō, 3 v.n. *meet, turn up.*

occursus, ūs, m. *meeting.*

Ōceanus, ī, m. *Atlantic Ocean.*

ocellus, ī, m. *eye.*

ōcior, ōcius, *swifter.*

oculus, ī, m. *eye.*

ōdī, v. def. *hate.*

odium, iī, n. *hatred.*

offendō, 3 v.a. offendī, offensum, *offend.*

offerō, 3 v.a. obtulī, oblātum, *offer.*

officium, iī, n. *duty.*

ŏhē, interj. *come! I say!*

olea, ae, f. *olive-tree.*

oleō, 2 v.n. *smell, smell sweet.*

ōlim, adv. *formerly, for long.*

olīvum, ī, n. *olive oil.*

olor, ōris, m. *swan.*

Olympias, ados, f. *Olympiad.*

ōmen, inis, n. *omen.*

omittō, 3 v.a. *drop.*

omne, is, n. *universe.*

omnīnō, *altogether, indeed.*

omnis, e, *all, every.*

onus, oneris, n. *burden.*

opācus, a, um, *dark.*

opem, opis (no nom. or dat. sing.), *aid, help*; pl. opēs, *power, wealth.*

opera, ae, f. *work, effort, attention, aid*; operae pretium est, *it is worth while*; nōn operae est, *I have no leisure.*

operārius, iī, m. *day-labourer.*

operiō, 4 v.a. *cover.*

opifex, icis, m. *architect.*

opīmus, a, um, *rich, fat.*

opīnor, 1 v.d. *think.*

opiparē, adv. *sumptuously.*

oportet, 2 v. impers. *it is right.*

oppidānus, a, um, *of the town.*

oppidum, ī, n. *town.*

oppōnō, 3 v.a. *place against.*

opportūnitās, ātis, f. *convenience.*

opprimō, 3 v.n. *suppress, destroy, surprise, crush.*

oppugnō, 1 v.a. *attack.*

optimātēs, ium, m. *nobles.*

optō, 1 v.a. *choose, desire, pray for.*

opulentus, a, um, *wealthy.*

opus, operis, n. *work.*

ōra, ae, f. *border, coast, land.*

ōrāculum, ī, n. *oracle.*

ōrātiō, ōnis, f. *speaking, speech.*

orbis, is, m. *sphere, circle, coil*; orbis terrārum, *the world.*

orbitās, ātis, f. *bereavement.*

orbō, 1 v.a. *deprive.*

orbus, a, um, *childless, bereaved.*

Orcus, ī, m. *Pluto.*

ordior, 4 v.d. orsus, *begin.*

ordō, inis, m. *rank, class, order.*

oriens, entis, m. *the East.*

orīgō, inis, f. *source, origin.*

orior, 4 v.d. ortus, *arise.*

ornāmentum, ī, n. *adornment.*

ornō, 1 v.a. *adorn.*

ōrō, 1 v.a. and n. *speak, plead, entreat.*

ortus, ūs, m. *birth, rising.*

ōs, ōris, n. *mouth, face.*

os, ossis, n. *bone.*

osculum, ī, n. *kiss.*

ostendō, 3 v.a. *show.*

ostentō, 1 v.a. *show.*

ostium, iī, n. *mouth.*

ōtior, 1 v.d. *take one's ease.*

ōtiōsus, a, um, *at leisure.*

ōtium, iī, n. *ease, leisure.*

ovīle, is, n. *sheepfold.*

ovis, is, f. *sheep.*

păbulum, ĭ, n. *food, pasture.*
pācātus, a, um, *quiet.*
paciscor, 3 v.d. pactus, *bargain.*
paedagŏgium, iĭ, n. *boys' room.*
paelex, icis, f. *rival.*
paene, adv. *almost.*
paenitentia, ae, f. *repentance.*
paenitet, 2 v. impers. *it repents.*
păgina, ae, f. *column, page.*
palam, adv. *openly.*
palea, ae, f. *straw.*
palla, ae, f. *robe.*
pallidus, a, um, *pale.*
palma, ae, f. *palm, hand.*
palmes, itis, m. *vine-plant.*
pălor, 1 v.d. *straggle.*
palumbus, ĭ, m. *wood-pigeon.*
palûs, ūdis, f. *marsh.*
paluster, tris, tre, *of the marsh.*
pampineus, a, um, *of vine-leaves.*
pănārium, iĭ, n. *bread-basket.*
pandŏ, 3 v.a. pandĭ, passum, *open, spread out.*
pannus, ĭ, m. *rag.*
papāver, is, n. *poppy.*
păr, paris, *equal.*
parcŏ, 3 v.n. pepercĭ, parsum, *spare.*
parens, entis, m. and f. *parent.*
pāreō, 2 v.n. pāruĭ, *obey.*
pariēs, etis, m. *wall.*
parilis, e, *equal.*
pariŏ, 3 v.a. peperĭ, partum, *bring forth.*
pariter, adv. *equally.*
parma, ae, f. *shield.*
parŏ, 1 v.a. *prepare.*
parricĭdium, iĭ, n. *parricide, treason.*
pars, partis, f. *part, some, side.*
parsimŏnia, ae, f. *frugality.*
particeps, ipis, m. and f. *sharer.*

partim, adv. *partly.*
partus, ūs, m. *child-birth, child.*
parum, adv. *little, too little.*
parumper, adv. *a short time.*
parvulus, a, um, *tiny.*
parvus, a, um, *little.*
pascŏ, 3 v.a. pāvĭ, pastum, *feed, feast.*
pascor, 3 v.d. pastus, *feed oneself, eat.*
passer, is, m. *sparrow.*
passim, adv. *here and there.*
passus, ûs, m. *step.*
pastor, ōris, m. *shepherd.*
patefaciŏ, 3 v.a. *open up.*
pateŏ, 2 v.n. *lie open.*
pater, tris, m. *father* ; patrēs conscriptĭ, *senators.*
paternus, a, um, *of a father.*
patiens, entis, *patient* ; adv. patienter.
patientia, ae, f. *endurance.*
patior, 3 v.d. passus, *endure.*
patria, ae, f. *native land.*
patrius, a, um, *of a father, ancestral.*
patrŏnus, ĭ, m. *patron, defender.*
patruus, ĭ, m. *uncle.*
patulus, a, um, *wide open.*
paucĭ, ae, a, *few.*
paucitās, ātis, f. *fewness.*
paulātim, adv. *by degrees.*
paulisper, *for a short time.*
paulŏ, adv. *a little.*
paulum, adv. *a short time.*
paupertās, ātis, f. *poverty.*
paveŏ, 2 v.n. pāvĭ, *fear.*
pavidus, a, um, *frightened.*
pavĭmentum, ĭ, n. *pavement.*
pāvŏ, ōnis, m. *peacock.*
pax, pācis, f. *peace.*
peccŏ, 1 v.n. *sin.*
pecten, inis, m. *rake.*
pectŏ, 3 v.a. pexuĭ, pectum, *comb.*
pectus, oris, n. *breast.*

pecūnia, ae, f. *coin, money.*
pecūs, udis, f. *animal.*
pecus, pecoris, n. *flock.*
pēior, us, *worse.*
pelagus, ī, n. *sea.*
pellō, 3 v.a. pepulī, pulsum, *drive away, smite.*
pendeō, 2 v.n. pependī, *hang.*
penetrō, 1 v.a. and n. *penetrate.*
penitus, adv. *entirely.*
penna, ae, f. *feather, wing.*
pensum, ī, n. *parcel of wool, span.*
per, prep. with acc. *through, over, by means of, during, in the name of.*
peragō, 3 v.a. *accomplish.*
peragrō, 1 v.a. *traverse.*
perantīquus, a, um, *very old.*
percellō, 3 v.a. perculī, perculsum, *overthrow.*
percipiō, 3 v.a. *gather, gain.*
percontātiō, ōnis, f. *question.*
percrēbrescō, 3 v.n. percrēbuī, *get known.*
percunctor, 1 v.d. *question.*
percutiō, 3 v.a. *strike.*
perdix, īcis, m. and f. *partridge.*
perdō, 3 v.a. perdidī, perditum, *lose, waste.*
peregrīnor, 1 v.d. *travel.*
peregrīnus, a, um, *foreign.*
perennis, e, *lasting, the year round.*
pereō, 4 v.n. *perish, be spoilt.*
perfectus, a, um, *perfect.*
perferō, 3 v.a. pertulī, perlātum, *bear to the end.*
perficiō, 3 v.a. *complete.*
perfidus, a, um, *treacherous.*
perfodiō, 3 v.a. *pierce.*
perfugiō, 3 v.n. *escape.*
perfugium, iī, n. *refuge.*
perfunctiō, ōnis, f. *completion.*
perfundō, 3 v.a. *bathe.*

perīculōsus, a, um, *dangerous.*
perīculum, ī, *danger.*
perītus, a, um, *skilful.*
periūrium, iī, n. *perjury.*
perlegō, 3 v.a. *peruse.*
permagnus, a, um, *very great.*
permaneō, 2 v.n. *persist.*
permittō, 3 v.a. *leave, allow.*
perneō, 2 v.a. pernēvī, *spin to the end.*
perniciēs, ēī, f. *destruction.*
pernix, īcis, *swift.*
pernōbilis, e, *very famous.*
pernoctō, 1 v.n. *spend the night.*
pernox, octis, *all night.*
perpetuus, a, um, *lasting.*
persaepe, adv. *very often.*
persequor, 3 v.d. *pursue.*
persevērō, 1 v.n. *persist.*
personō, 1 v.n. *resound.*
perspiciō, 3 v.a. *investigate.*
perspicuus, a, um, *transparent.*
perstō, 1 v.n. *persist.*
persuādeō, 2 v.n. *persuade.*
perterreō, 2 v.a. *terrify.*
pertimescō, 3 v.a. *dread.*
pertinācia, ae, f. *obstinacy.*
pertineō, 2 v.n. *concern.*
perūrō, 3 v.a. *burn up.*
perveniō, 4 v.n. *arrive.*
pervertō, 3 v.a. *upset.*
pervigilō, 1 v.n. *be awake always.*
pervincō, 3 v.a. and n. *prevail.*
pēs, pedis, m. *foot.*
pessimus, a, um, *worst.*
pestis, is, f. *calamity.*
petō, 3 v.a. petīvī, petītum, *seek, attack.*
phāsiāna, ae, f. *pheasant.*
philosophus, ī, m. *philosopher.*
phōca, ae, f. *seal.*
Phoebus, ī, m. *Apollo.*
pictus, a, um, *bright-coloured.*

pietās, ātis, f. *piety, love.*
piget, 2 v. impers. *it is repugnant.*
pigneror, 1 v.d. *appropriate.*
pignus, oris, n. *pledge.*
pilleātus, a, um, *wearing a cap.*
pingō, 3 v.a. pinxī, pictum, *paint.*
pinguis, e, *fat, rich.*
pinna, ae, f. *feather, wing, arrow.*
pīnus, ūs, f. *pine-tree, ship.*
pīpiō, 1 v.n. *chirp.*
piscātor, ōris, m. *fisherman.*
piscīna, ae, f. *swimming-bath.*
piscis, is, m. *fish.*
piscor, 1 v.d. *fish.*
pius, a, um, *virtuous, loving.*
plācābilis, e, *easily appeased.*
placeō, 2 v.n. *please* ; impers. placet, *it is agreed.*
placidus, a, um, *peaceful.*
plācō, 1 v.a. *appease.*
plāga, ae, f. *blow.*
plānē, adv. *clearly* ; comp. plānius.
planta, ae, f. *plant.*
plaustrum, ī, n. *cart.*
plausus, ūs, m. *flapping.*
plebs, plēbis, f. *people.*
plecto, 3 v.a. *strike, punish.*
plēnus, a, um, *full.*
plērīque, aeque, aque, *the majority.*
plūma, ae, f. *feather.*
plumbum, ī, n. *lead, bullet.*
plūs, plūris, n. in sing. *more* ; pl. plūrēs, plūra, *more, several.*
pluvia, ae, f. *rain.*
pōculum, ī, n. *cup.*
poena, ae, f. *punishment.*
poēta, ae, m. *poet.*
polenta, ae, f. *flour-cake.*
poliō, 4 v.a. *polish.*
polleō, 2 v.n. *have power.*
pollex, icis, m. *thumb.*

pompa, ae, f. *procession.*
pōmum, ī, n. *apple, fruit.*
pondus, eris, n. *weight.*
pōnō, 3 v.a. posuī, positum, *place, give up.*
pons, pontis, m. *bridge.*
pontus, ī, m. *sea.*
poples, itis, m. *knee.*
populāris, is, m. *countryman.*
populus, ī, m. *people.*
pōpulus, ī, f. *poplar.*
porcus, ī, m. *pig.*
porrigō, 3 v.a. porrexī, porrectum, *hand over, hold out.*
porrō, adv. *in turn.*
porta, ae, f. *city-gate.*
porticus, ūs, f. *colonnade.*
portitor, ōris, m. *ferryman.*
portō, 1 v.a. *carry.*
portus, ūs, m. *harbour.*
poscō, 3 v.a. poposcī, *ask for.*
positus, ūs, m. *position.*
positus, a, um, *buried.*
possessiō, ōnis, f. *possession.*
possideō, 2 v.a. *possess, occupy.*
possum, v. irreg. potuī, *be able, have power.*
post, prep. with acc. and adv. *after, behind, later.*
posteā, adv. *afterwards.*
posterī, ōrum, m. *posterity.*
posteritās, ātis, f. *posterity.*
posterus, a, um, *following.*
postīcum, ī, n. *backdoor.*
postillā, adv. *afterwards.*
postis, is, m. *door-post.*
postquam, conj. *after.*
postrēmō, adv. *finally.*
postrīdiē, adv. *next day.*
postulō, 1 v.a. and n. *demand.*
potens, entis, *powerful.*
potestās, ātis, f. *power.*
potior, 4 v.d. *gain possession of, possess.*
potis, e, *able.*

potissimum, adv. *by prefer-
ence.*

potius, adv. *rather.*

pōtūrus, a, um, *about to
drink.*

praebeō, 2 v.a. *afford, dis-
play.*

praeceps, ipitis, *headlong, in
haste.*

praeceptum, ī, n. *lesson,
maxim.*

praecīdō, 3 v.a. *cut short.*

praecipitō, 1 v.a. *throw headlong.*

praecipuē, adv. *especially.*

praeclārus, a, um, *glorious.*

praecō, ōnis, m. *crier.*

praecōgitō, 1 v.a. *premeditate.*

praeda, ae, f. *booty.*

praedīcō, 3 v.a. and n. *warn.*

praediolum, ī, n. *bit of land.*

praedō, ōnis, m. *pirate.*

praeeō, 4 v.n. *dictate.*

praefātus, part. of praefārī,
saying beforehand.

praefīgō, 3 v.a. *fix in front.*

praefīniō, 4 v.a. *fix beforehand.*

praelātus, a, um, *preferred.*

praemeditor, 1 v.d. *study beforehand.*

praemium, iī, n. *reward.*

praeparō, 1 v.a. *provide, get
ready beforehand.*

praepes, etis, f. *bird.*

praepōnō, 3 v.a. *prefer.*

praepotens, entis, *very powerful.*

praeruptus, a, um, *steep.*

praesāgium, iī, n. *prophecy.*

praesens, entis, *present.*

praesentiō, 4 v.a. *feel beforehand.*

praesēpe, is, n. *stable, dwelling.*

praesertim, adv. *especially.*

praeses, idis, m. and f.
guardian.

praesideō, 2 v.n. *preside over.*

praesidium, iī, n. *protection,
garrison, army.*

praestituō, 3 v.a. *fix in advance.*

praestō, 1 v.n. and a. *excel,
perform.*

praestō, adv. *at hand*;
praestō sum, *wait for.*

praesum, v.n. *be at the head
of.*

praeter, prep. with acc. *past,
except.*

praetereā, adv. *besides.*

praetereō, 4 v.a. and n. *pass
by, pass over.*

praeteritus, a, um, *past.*

praeterlābor, 3 v.d. *glide
past.*

praeterquam, adv. *except.*

praetor, ōris, m. *magistrate,
commander, president.*

prātum, ī, n. *meadow.*

prāvus, a, um, *depraved,
crooked.*

precēs, um, f. *prayer.*

precor, 1 v.d. *pray, pray to.*

premō, 3 v.a. pressī, pressum,
press, load, subdue, check.

prensō, 1 v.a. *catch hold of.*

pretium, iī, n. *fee, price.*

prīmordia, ōrum, n. *atoms.*

prīmum and prīmō adv. *first.*

prīmus, a, um, *first.*

princeps, ipis, m. *chief, ruler,
emperor.*

principium, iī, n. *beginning.*

prior, us, *former.*

priscus, a, um, *ancient.*

pristinus, a, um, *former.*

priusquam, conj. *before.*

prīvātus, a, um, *unofficial,
private.*

prō, prep. with abl. *in front
of, for, on behalf of, in pro-
portion to, instead of.*

prō, interj. *oh!*

proavus, ī, m. *ancestor.*

Vocabulary 219

probō, 1 v.a. *prove.*
probrum, ī, n. *misdeed.*
probus, a, um, *good, honest.*
prōcēdō, 3 v.n. *go forward, get on.*
procella, ae, f. *storm.*
prōcērus, a, um, *tall.*
procul, adv. *far.*
prōcumbō, 3 v.n. *fall forward.*
prōcurrō, 3 v.n. *run forward.*
procursus, ūs, m. *running forward.*
prōdeō, 4 v.n. *come forth.*
prōdigiōsus, a, um, *monstrous.*
prōdigus, a, um, *lavish.*
prōdō, 3 v.a. prōdidī, prōditum, *betray, announce.*
proelium, iī, n. *battle.*
profānus, a, um, *profane.*
profectō, adv. *certainly.*
prōferō, v. irreg. prōtulī, prōlātum, *put forth.*
proficiscor, 3 v.d. profectus, *set out.*
prōflīgātus, a, um, *abandoned.*
prōflō, 1 v.a. *breathe forth.*
profugus, ī, m. *exile.*
profundus, a, um, *deep*; profundum, ī, n. *the deep.*
prōgenies, ēī, f. *offspring.*
prōgredior, 3 v.d. *advance.*
prohibeō, 2 v.a. *prevent, keep off.*
prōiciō, 3 v.a. *throw forward.*
prōiectus, a, um, *abandoned.*
proinde, adv. *therefore, just as.*
prōlectō, 1 v.a. *entice on.*
prōlēs, is, f. *offspring.*
prōlūdō, 3 v.n. *practise.*
prōmineō, 2 v.n. *jut out.*
prōmiscuus, a, um, *ordinary.*
prōmissum, ī, n. *promise.*
prōmittō, 3 v.a. *promise, accept.*
prōmō, 3 v.a. prompsī, *bring forth.*

pronepōs, ōtis, *great-grandson.*
prōnus, a, um, *with head down.*
propāgō, 1 v.a. *extend.*
propāgō, inis, f. *offspring.*
prope, prep. with acc. *near.*
prope, adv. *near, nearly*; comp. propius, *nearer.*
properō, 1 v.n. *hasten.*
propior, us, *nearer.*
prōpōnō, 3 v.a. *put forward.*
prōpositum, ī, n. *purpose.*
proprius, a, um, *private property, own.*
propter, prep. with acc. *because of.*
prōpugnāculum, ī, n. *defence.*
prōrumpō, 3 v.n. *burst forth.*
prōruō, 3 v.a. *overthrow.*
prōsequor, 3 v.d. *escort, attend.*
prosper, a, um, *favouring.*
prospiciō, 3 v.a. *look out on, foresee.*
prōsum, v.n. *help.*
prōtinus, adv. *at once.*
prōturbō, 1 v.a. *beat off.*
prōvehō, 3 v.a. *promote.*
prōvideō, 2 v.a. and n. *provide.*
prōvidus, a, um, *prudent.*
prōvincia, ae, f. *province.*
prōvīsor, ōris, m. *provider.*
proximē, adv. *lately.*
proximus, a, um, *nearest, next.*
prūdens, entis, *wise.*
prūdentia, ae, f. *wisdom.*
pruīnōsus, a, um, *frosty.*
prūriō, 4 v.n. *itch.*
pūbēs, is, f. *youth.*
publicē, adv. *by the state.*
publicus, a, um, *public, common.*
pudendus, a, um, *shameful.*
pudor, ōris, m. *modesty.*
puella, ae, f. *girl.*
puellāris, e, *girlish.*

puer, ī, m. *boy.*
puerīlis, e, *childish.*
pugillārēs, ium, m. *tablets.*
pūgiō, ōnis, m. *dagger.*
pugnō, 1 v.n. *fight.*
pulcher, chra, chrum, *beautiful.*
pulchritūdō, inis, f. *beauty.*
pulsō, 1 v.a. *strike.*
pulvis, eris, m. *dust.*
pūniō, 4 v.a. *punish.*
puppis, is, f. *poop, ship.*
purgō, 1 v.a. *cleanse, clear.*
purpureus, a, um, *purple, crimson, bright.*
pūrus, a, um, *clear, pure.*
putātor, ōris, m. *vine-dresser.*
putō, 1 v.n. *think.*
putrescō, 3 v.n. *rot.*

quā, adv. *where.*
quācunque, adv. *wherever.*
quadrātus, a, um, *square, squared.*
quadrifāriam, adv. *into four parties.*
quadrupēs, edis, m. and f. *beast.*
quaerō, 3 v.a. quaesīvī, quaesītum, *gain, ask, seek.*
quaesō, 3 v. def. *beg, pray.*
quaestūra, ae, f. *quaestorship.*
quālis, e, *of what sort.*
quam, adv. *how, as, than;* quam prīmum, *as soon as possible.*
quamquam, conj. *though.*
quamvīs, conj. *though, however much.*
quandō, interr. adv. *when?* conj. *when, since.*
quandoquidem, conj. *since.*
quantum, adv. *as much as.*
quantumvīs, adv. *as much as you please.*
quantuscumque, *however large.*
quāpropter, adv. *wherefore.*
quārē, adv. *wherefore.*

quartus, a, um, *fourth.*
quasi, adv. *as, as if.*
quater, adv. *four times.*
quatiō, 3 v.a. quassum, *batter, rattle.*
quattuor, *four.*
-que, enclitic conj. *both, and.*
quemadmodum, adv. *how? just as.*
queō, quīvī, quitum, *be able.*
quercus, ūs, f. *oak.*
querella, ae, f. *complaint.*
querimōnia, ae, f. *complaint.*
queror, 3 v.d. questus, *complain.*
querulus, a, um, *peevish.*
questus, ūs, m. *complaint.*
quī, quae, quod, *who.*
quī, adv. *how?*
quia, conj. *because.*
quīdam, quaedam, quoddam, *a certain, somebody.*
quidem, adv. *indeed, at least.*
quidnam, adv. *why?*
quiēs, ētis, f. *rest.*
quiescō, 3 v.n. quiēvī, quiētum, *rest, sleep.*
quiesse = quiēvisse.
quiētus, a, um, *peaceful.*
quīlibet, quaelibet, quodlibet, *any you please.*
quīn, conj. *but that, indeed, nay.*
quindeciens, adv. *fifteen times.*
quinquāgintā, *fifty.*
quinque, *five.*
Quirītēs, ium, m. *Roman citizens.*
quis or quī, qua or quae, quid or quod, pron. interr. *who?*
quis, qua, quid, pron. indef. *anyone, someone.*
quisnam, quaenam, quidnam, *who.*
quispiam, *someone.*
quisquam, n. quidquam, *anyone.*

quisque, quaeque, quidque, *each.*

quisquis, quaequae, quidquid, *whoever.*

quīvīs, quaevīs, quidvīs, *any you please.*

quō, adv. *whither, by which, so much, by how much*; conj. *in order that.*

quoad, adv. *as far as.*

quod, conj. *because*; **quod sī,** *but if.*

quōminus, conj. *that...not.*

quōmodo, adv. *how.*

quondam, adv. *formerly.*

quoniam, conj. *since.*

quoque, conj. *also, even.*

quot, *how many !* *as many as.*

quotannīs, adv. *yearly.*

quotiens, adv. *how often ?* *as often as.*

rabidus, a, um, *raging.*

rabiēs, ēī, f. *madness.*

radius, ī, m. *rod, ray.*

rāmus, ī, m. *branch.*

rāna, ae, f. *frog.*

rapidus, a, um, *swift.*

rapiō, 3 v.a. rapuī, raptum, *snatch, carry off.*

rārō, adv. *seldom.*

rārus, a, um, *rare, toothed.*

ratiō, ōnis, f. *account, method, plan, reason, system.*

ratis, is, f. *boat, ship.*

raucus, a, um, *hoarse.*

reboō, 1 v.n. *bellow back.*

recēdō, 3 v.n. *withdraw.*

recens, entis, *fresh, new-made.*

receptus, ūs, *retreat.*

recidīvus, a, um, *reborn.*

recīdō, 3 v.a. *cut off.*

recingō, 3 v.a. *unfasten.*

recipiō, 3 v.a. *get back, shelter.*

recitō, 1 v.a. *repeat.*

reclūdō, 3 v.a. *open, bare.*

recolō, 3 v.a. *renew.*

reconciliō, 1 v.a. *reconcile.*

recordor, 1 v.d. *remember.*

rectē, adv. *rightly.*

recumbō, 3 v.n. *sink back, lie down again.*

recuperō, 1 v.a. *recover.*

recurvus, a, um, *bent.*

recūsō, 1 v.n. *refuse.*

reddō, 3 v.a. *give back, give up, repeat.*

redeō, 4 v.n. rediī, reditum, *return.*

redigō, 3 v.a. *bring.*

redimō, 3 v.a. *ransom.*

reditus, ūs, m. *return.*

redoleō, 2 v.n. *be fragrant.*

redūcō, 3 v.a. *lead back.*

redux, ucis, *returned, come back.*

referō, v. irreg. retulī, relātum, *bring back, repeat, refer, answer.*

rēfert, v. impers. *it makes a difference.*

refertus, a, um, *crammed.*

reficiō, 3 v.a. *renew, refresh.*

refugiō, 3 v.n. *take refuge.*

refundō, 3 v.a. *pour back.*

rēgālis, e, *of a king.*

rēgia, ae, f. *palace.*

rēgīna, ae, f. *queen.*

regiō, ōnis, f. *direction, region.*

rēgius, a, um, *royal, of a king.*

regnātor, ōris, m. *ruler.*

regnō, 1 v.n. *rule, be king.*

regnum, ī, n. *kingdom, rule.*

regō, 3 v.a. *rule, mark out, guide.*

rēiectō, 1 v.a. *throw back.*

relegō, 3 v.a. *read again.*

relevō, 1 v.a. *relieve, lift up.*

religiō, ōnis, f. *superstition, sanctity, religion.*

religō, 1 v.a. *moor.*

relinquō, 3 v.a. relīquī, relictum, *leave, bequeath.*

reliquiae, ārum, f. *remains.*

reliquus, a, um, *remaining.*

remedium, iī, n. *cure.*

rēmex, igis, m. *rower.*

remissiō, ōnis, f. *relaxation.*

remittō, 3 v.a. *send back, concede, give up.*

remoror, 1 v.d. *delay.*

removeō, 2 v.a. *remove.*

remūgiō, 4 v.n. *rebellow.*

rēmus, ī, m. *oar.*

renīdescō, 3 v.n. *gleam.*

renovō, 1 v.a. *renew.*

renuntiō, 1 v.a. *report.*

reor, 2 v.d. ratus, *think.*

repellō, 3 v.a. reppulī, repulsum, *drive back, push off.*

repente, adv. *suddenly.*

repentīnus, a, um, *sudden.*

repertor, ōris, m. *discoverer.*

repetō, 3 v.a. repetīvī, repetītum, *seek again, recall.*

repleō, 2 v.a. *fill.*

repōnō, 3 v.a. *place.*

reportō, 1 v.a. *carry back.*

reposcō, 3 v.a. *demand.*

repostus, a, um, *heaped up.*

reprehendō, 3 v.a. *blame.*

reptō, 1 v.n. *creep.*

repudiō, 1 v.a. *reject.*

repuerascō, 3 v.n. *grow young again.*

repugnō, 1 v.n. *resist.*

requiēs, ētis, f. *repose.*

requiescō, 3 v.n. *rest.*

requīrō, 3 v.a. *enquire, ask for, return to.*

rēs, reī, f. *thing, matter, business, advantage, reality, wealth*; rēs gestae, *military exploits, real life.*

rēs publica, reī publicae, f. *state, government.*

resīdō, 3 v.n. resēdī, *sit down.*

resistō, 3 v.n. restitī, *stop, resist.*

resonō, 1 v.n. *resound.*

respectō, 1 v.a. *look back at.*

respergō, 3 v.a. *sprinkle.*

respiciō, 3 v.a. *look back at.*

resplendeō, 2 v.n. *glitter.*

respondeō, 2 v.a. and n. *answer.*

responsum, ī, n. *answer.*

restinguō, 3 v.a. *quench.*

restituō, 3 v.a. *restore.*

resultō, 1 v.n. *resound.*

retardō, 1 v.a. *keep back.*

rēte, is, n. *net.*

retegō, 3 v.a. *uncover.*

retexō, 3 v.a. *renew.*

reticentia, ae, f. *silence.*

retineō, 2 v.a. *hold back.*

retorqueō, 2 v.a. *twist back.*

reus, ī, m. *accused person.*

revertor, pf. revertī, *return.*

revocō, 1 v.a. *call back.*

revolō, 1 v.n. *fly back.*

revolvō, 3 v.a. *roll back, return.*

rex, rēgis, m. *king.*

rīdeō, 2 v.a. and n. *laugh at, laugh.*

rigidus, a, um, *stiff, unbending.*

rigō, 1 v.a. *wet.*

riguus, a, um, *watered.*

rīma, ae, f. *chink.*

rīpa, ae, f. *bank.*

rīsus, ūs, m. *laughter.*

rīte, adv. *duly.*

rīvus, ī, m. *stream, channel.*

rōbur, oris, n. *strength, timber.*

rogus, ī, m. *pyre, corpse.*

rōs, rōris, m. *dew*; rōs maris, *rosemary.*

roscidus, a, um, *dewy.*

rostra, ōrum, n. *orator's platform.*

rostrum, ī, n. *beak.*

rota, ae, f. *wheel.*

rotō, 1 v.a. *whirl.*

rubeō, 2 v.n. *be red.*

ruber, bra, brum, *red.*

rudens, entis, m. *rope.*

rūga, ae, f. *wrinkle.*

ruina, ae, f. *ruin.*

rumpō, 3 v.a. *burst, break off.*

ruō, 3 v.n. *rush, fall down.*

rūpēs, is, f. *rock.*

rūricola, ae, m. *plougher.*

rursus, adv. *again, on the other hand.*

rūs, rūris, n. *country, land.*

rusticor, 1 v.d. *live in the country.*

rusticus, a, um, *of the country.*

sacer, cra, crum, *sacred.*

sacra, ōrum, n. *holy things, rites.*

sacrāmentum, ī, n. *oath.*

sacrārium, iī, n. *chapel.*

sacrificium, iī, n. *sacrifice.*

sacrificō, 1 v.n. *sacrifice.*

sacrō, 1 v.a. *consecrate.*

saeculum, ī, n. *century.*

saepe, adv. *often.*

saepiō, 4 v.a. saepsī, saeptum, *shut in.*

saeviō, 4 v.n. saeviī, *rage.*

saevus, a, um, *cruel.*

sagitta, ae, f. *arrow.*

sāl, salis, n. *salt, sea;* m. pl. salēs, *wit.*

salictum, ī, n. *willow grove.*

salix, icis, f. *willow.*

salsus, a, um, *salt.*

saltem, adv. *at least.*

saltus, ūs, m. *glade.*

saltus, ūs, m. *jumping.*

salūbris, e, *healthy.*

salūbritās, ātis, f. *health.*

salūbriter, adv. *reasonably.*

salūs, ūtis, f. *safety.*

salūtātiō, ōnis, f. *greeting.*

salūtō, 1 v.a. *greet.*

salveō, 2 v. def.; salvē and salvēte (*hail! farewell*) are used, and pres. inf.

salvus, a, um, *safe.*

sanctus, a, um, *holy, respected.*

sānē, adv. *certainly, admitting that.*

sanguineus, a, um, *bloodstained.*

sanguis, inis, m. *blood.*

sānō, 1 v.a. *cure.*

sānus, a, um, *sane, healthy.*

sapiens, entis, *wise;* pl. sapientēs, *sages.*

sapienter, adv. *wisely.*

sapientia, ae, f. *wisdom.*

sapiō, 3 v.n. sapuī or sapiī, *be wise.*

satiętās, ātis, f. *satiety.*

satiō, 1 v.a. *satiate.*

satis, adv. *enough.*

Satyrus, I, m. *Satyr.*

sauciō, 1 v.a. *wound.*

saucius, a, um, *wounded.*

saxum, ī, n. *stone, rock.*

scaena, ae, f. *stage.*

scālae, ārum, f. *ladders.*

scalmus, ī, m. *rowlock.*

scateō, 2 v.n. scatuī, *bubble up.*

scelerātus, a, um, *scoundrelly.*

scelus, eris, n. *crime.*

sceptrum, ī, n. *sceptre.*

scholasticus, a, um, *studious.*

scientia, ae, f. *knowledge.*

scīlicet, adv. *of course.*

sciō, 4 v.a. *know.*

scopulus, ī, m. *rock.*

scorpios, iī, m. *scorpion.*

scrība, ae, m. *clerk.*

scrībō, 3 v.a. scripsī, scriptum, *write.*

scrīnium, iī, n. *writing-desk.*

scriptor, ōris, m. *writer.*

scriptum, ī, n. *writing.*

scyphus, ī, m. *cup.*

sē, and sēsē, suī, reflexive pron. *himself, themselves.*

secō, 1 v.a. secuī, sectum, *cut.*

secor: see sequor.

sēcrētum, ī, n. *secrecy.*

secundum, prep. with acc. *according to.*

secundus, a, um, *second, favourable.*

secūris, is, f. *axe.*

sēcūritās, ātis, f. *safety.*

sēcūrus, a, um, *free from care.*

secus, adv. *otherwise.*

sed, conj. *but.*

sedeō, 2 v.n. sēdī, sessum, *sit, be fixed.*

sēdēs, is, f. *seat, abode.*

sēditiō, ōnis, f. *sedition.*

sēdūcō, 3 v.a. *lead apart.*

sēdulitās, ātis, f. *zeal.*

sēdulus, a, um, *busy.*

seges, etis, f. *corn-field.*

segnis, e, *slow.*

semel, adv. *once.*

sēmen, inis, n. *seed, origin, offspring.*

sēmet, *himself.*

sēmianimis, e, *half dead.*

sēmisomnus, a, um, *half asleep.*

sēmita, ae, f. *path.*

semper, adv. *always.*

sempiternus, a, um, *eternal.*

senātor, ōris, m. *senator.*

senātus, ūs, m. *senate.*

senecta, ae, f. *old age.*

senectūs, ūtis, f. *old age.*

senex, senis, m. *old man.*

sēnī, ae, a, *six each.*

senīlis, e, *of old age.*

senior, ōris, *older.*

sensus, ūs, m. *feeling, sensation.*

sententia, ae, f. *opinion.*

sentiō, 4 v.a. sensī, sensum, *feel, think.*

sentus, a, um, *hideous.*

sepeliō, 4 v.a. sepelīvī, sepultum, *bury.*

septem, *seven.*

septimus, a, um, *seventh.*

septingentī, ae, a, *seven hundred.*

sepulchrum, ī, n. *tomb.*

sepultūra, ae, f. *burial.*

sequor, 3 v.d. secūtus, *follow, seek.*

sera, ae, f. *bar.*

seriēs, ēī, f. *order.*

sērius, adv. *later.*

sermō, ōnis, m. *speech, conversation.*

sērō, adv. *late;* comp. **sērius,** *later.*

serō, 3 v.a. sēvī, satum, *sow, beget.*

serpens, entis, m. and f. *serpent.*

sertum, ī, n. *garland.*

sērus, a, um, *late.*

servīlis, e, *of slaves.*

serviō, 4 v.n. *be a slave to.*

servitūs, ūtis, f. *slavery.*

servō, 1 v.a. *keep, save, keep to.*

servus, ī, m. *slave.*

sestertium, iī, n. *thousand sesterces.*

sētius, nōn, *none the less.*

sevērus, a, um, *strict.*

sex, *six.*

sextus, a, um, *sixth.*

sī, conj. *if.*

sīc, adv. *so, thus.*

siccum, ī, n. *shore.*

siccus, a, um, *dry.*

Siculus, a, um, *of Sicily.*

sīcut, adv. *as.*

sīdus, eris, n. *star.*

significō, 1 v.a. *indicate.*

signō, 1 v.a. *mark.*

signum, ī, n. *sign, indication;* pl. **signa,** *standards, statues.*

silentium, iī, n. *silence.*

sileō, 2 v.n. siluī, *be silent.*

silex, icis, f. *flint.*

silva, ae, f. *wood.*

silvestris, e, *of the woods.*

similis, e, *like.*

simplex, icis, *simple.*

simplicitās, ātis, f. *simplicity.*

simpliciter, adv. *frankly.*

simul, adv. *at the same time;* simul, simul ac and **atque,** conj. *as soon as.*

simulācrum, ī, n. *likeness, mimicry, statue.*

simulō, 1 v.a. and n. *pretend.*

sin, conj. *but if.*

sine, prep. with abl. *without.*

singulāris, e, *unique.*
singulī, ae, a, *individuals, one each, single.*
singultō, 1 v.n. *gurgle.*
sinō, 3 v.a. sīvī, situm, *allow.*
sinus, ūs, m. *fold, sail, lap.*
siquidem, conj. *for, seeing that.*
Sīrēn, is, f. *Siren.*
sistō, 3 v.a. and n. *stop, place.*
sitis, is, f. *thirst.*
situs, ūs, m. *neglect.*
sīve, conj. *whether, or.*
smaragdus, ī, m. and f. *emerald.*
socius, ī, m. *partner, ally.*
sodālicius, a, um, *of friendship.*
sodālis, is, m. *friend, companion.*
sōl. sōlis, m. *sun*; pl. sōlēs, *days.*
sōlācium, iī, *consolation.*
soleō, 2 v.n. solitus, *be wont, be accustomed.*
sōlitūdō, inis, f. *solitude.*
solitum, ī, n. *custom.*
solium, iī, n. *throne.*
sollemnis, e, *customary.*
sollicitō, 1 v.a. *tempt.*
sollicitus, a, um, *troubled.*
solum, ī, n. *floor, soil, sole of foot.*
sōlum, adv. *only.*
sōlus, a, um, *alone.*
solūtus, a, um, *free.*
solvō, 3 v.a. *loosen, break up.*
somnium, iī, n. *dream.*
somnus, ī, m. *sleep.*
sonitus, ūs, m. *din.*
sonō, 1 v.a. and n. sonuī, sonitum, *speak of, sound.*
sonōrus, a, um, *sounding.*
sonus, ī, m. *sound.*
sōpiō, 4 v.a. *lull to rest.*
sordidus, a, um, *dirty, stained.*
soror, ōris, f. *sister.*
sors, sortis, f. *lot, fate, oracle.*
sospes, itis, *safe, alive.*

spargō, 3 v.a. sparsī, sparsum, *sprinkle.*
spatiōsus, a, um, *roomy.*
spatium, iī, n. *space, course, interval.*
speciēs, ēī, f. *beauty, appearance, sight.*
spectāculum, ī, n. *show.*
spectō, 1 v.a. *behold, look at, test.*
speculum, ī, n. *mirror.*
spēlunca, ae, f. *cave.*
spērō, 1 v.n. *hope.*
spēs, eī, f. *hope.*
spīceus, a, um, *of corn-ears.*
spīculum, ī, n. *arrow.*
spīra, ae, f. *spiral.*
spīritus, ūs, m. *breath, soul.*
spīrō, 1 v.n. *breathe.*
splendidus, a, um, *bright.*
splendor, ōris, m. *brilliance.*
spolium, iī, n. *spoil.*
sponte, adv. *willingly*; sponte suā, *of his own accord.*
spūma, ae, f. *froth, foam.*
spūmō, 1 v.n. *foam, reek.*
squālor, ōris, m. *neglect.*
squāmeus, a, um, *scaly.*
squāmigerus, a, um, *scaly.*
stabilis, e, *stable, steady.*
stabulō, 1 v.n. *dwell.*
stabulum, ī, n. *stable.*
statiō, ōnis, f. *anchorage.*
statua, ae, f. *statue.*
statuō, 3 v.d. *fix, found.*
status, a, um, *fixed.*
status, ūs, m. *condition.*
stella, ae, f. *star.*
stercus, oris, n. *dung.*
sterilis, e, *barren.*
sternō, 3 v.a. strāvī, strātum, *lay low, lay down.*
stertō, 3 v.n. stertuī, *snore.*
stilus, ī, m. *pen.*
stimulus, ī, m. *goad, incitement.*
stīpō, 1 v.a. *pack, press round.*
stipula, ae, f. *straw.*
stirps, stirpis, f. *stock.*

stō, 1 v.n. stetī, statum, *stand,
stand still, ride at anchor* ;
impers. per mē stat, *it
depends on me.*
stomachor, 1 v.d. *be angry.*
stomachus, ī, m. *taste.*
strāgēs, is, f. *heap.*
strāmen, inis, n. *straw.*
strāta viārum, *paved streets.*
strātum, ī, n. *couch.*
strepitus, ūs, m. *noise.*
strīdeō, 2 v.n. *whistle.*
strīdor, ōris, m. *noise.*
stringō, 3 v.a. strinxī, stric-
tum, *draw.*
struō, 3 v.a. struxī, structum,
heap.
studeō, 2 v.a. and n. studuī,
study, desire.
studiōsus, a, um, *zealous.*
studium, iī, n. *pursuit, study,
zeal, affection.*
stultitia, ae, f. *folly.*
stultus, a, um, *foolish.*
stupeō, 2 v.n. stupuī, *be stupe-
fied.*
stupor, ōris, m. *dullness.*
Stygius, a, um, *Stygian, sub-
terranean.*
Styx, Stygos, f. *Styx.*
suādeō, 2 v.n. suāsī, suāsum,
advise.
suāvitās, ātis, f. *sweetness,
charm.*
sub, prep. with acc. *under,
about, just before, just after* ;
with abl. *under.*
subdō, 3 v.a. *put under.*
subeō, 4 v.a. and n. *go beneath,
endure, come up.*
sūber, is, n. *cork.*
subiciō, 3 v.a. and n. *subdue,
add, place beneath.*
subiectō, 1 v.a. *cast up.*
subigō, 3 v.n. *propel, urge.*
subinde, adv. *later.*
subitō, adv. *suddenly.*
subitus, a, um, *sudden.*

sublātus, a, um, part. of tollo.
sublīmis, e, *upturned, lofty.*
submittō, 3 v.a. *send up.*
subolēs, is, f. *offspring.*
subruō, 3 v.a. *undermine.*
subsequor, 3 v.d. *walk behind.*
subsidium, iī, n. *help.*
subter, adv. *beneath.*
subterlābor, 3 v.d. *glide below.*
subtrahō, 3 v.a. *withdraw.*
subvectō, 1 v.a. *convey.*
subveniō, 4 v.n. *come to help.*
subvolvō, 3 v.a. *roll up.*
succēdō, 3 v.n. *go beneath,
succeed, join.*
succendō, 3 v.a. *kindle.*
successor, ōris, m. *follower.*
successus, ūs, m. *success.*
succīdō, 3 v.a. *cut down.*
sūdō, 1 v.n. *sweat.*
sūdor, ōris, m. *sweat.*
sufficiō, 3 v.a. and n. *suffice* ;
impers. sufficit, *it suffices.*
sulcō, 1 v.a. *plough.*
sulcus, ī, m. *furrow.*
sum, v. irreg. fuī, *be, exist.*
summa, ae, f. *sum, amount* ;
in summā, *in short.*
summē, adv. *very strongly.*
summittō, 3 v.a. *let down* ;
summittere capillum, *to let
the hair grow long.*
summoveō, 2 v.a. *banish.*
summum, ī, n. *top.*
summus, a, um, *highest, last,
best, top.*
sūmō, 3 v.a. sumpsī, sump-
tum, *take, put on.*
super, prep. with acc. and abl.
over.
super, adv. *as well.*
superbia, ae, f. *pride, oppres-
sion.*
superbus, a, um, *proud, oppres-
sive.*
superimpōnō, 3 v.a. *place
above.*
supernus, a, um, *celestial.*

superō, 1 v.a. *surpass, conquer, cross.*

supersedeō, 2 v.n. *refrain.*

superstes, itis, *surviving.*

superstitiō, ōnis, f. *superstition.*

superstō, 1 v.n. *stand upon.*

supersum, v. irreg. *survive.*

superus, a, um, *on high*; pl. **superī,** *the gods.*

superveniō, 4 v.n. *come on the scene.*

suppeditō, 1 v.a. *supply.*

supplex, icis, *kneeling, suppliant.*

supplicium, iī, n. *punishment, execution.*

supplicō, 1 v.a. *pray to.*

suppōnō, 3 v.a. *place beneath.*

supprimō, 3 v.a. *check.*

suprā, prep. with acc. *above, beyond*; **adv.** *on the top, in addition.*

suprēmus, a, um, *last, highest.*

surdus, a, um, *deaf.*

surgō, 3 v.n. surrexī, surrectum, *rise, get up.*

surripiō, 3 v.a. *conceal.*

sūs, suis, m. and f. *hog, sow.*

suscenseō, 2 v.n. *be angry with.*

suscipiō, 3 v.a. *encounter, undertake.*

suscitō, 1 v.a. *arouse.*

suspendō, 3 v.a. *hang, prop.*

suspiciō, 3 v.a. *suspect, respect, look up at.*

suspīciō, ōnis, f. *hint, suspicion.*

sustineō, 2 v.a. *withstand, support.*

sustollō, 3 v. def. *raise.*

suus, a, um, *his* or *her own, their own, proper, due.*

tabellae, ārum, f. *document.*

tabernāculum, ī, n. *tent.*

tābēs, is, f. *wasting.*

tabula, ae, f. *picture.*

taceō, 2 v.a. and n. *be silent.*

tacitus, a, um, *silent.*

taeda, ae, f. *torch, marriage.*

taedium, iī, n. *disgust.*

tālis, e, *such.*

tam, adv. *so, so much.*

tamen, adv. *yet, however.*

tamquam, as, *as if.*

tandem, adv. *at last*; in questions, *pray, I ask.*

tangō, 3 v.a. tetigī, tactum, *touch.*

tantum, adv. *so much, only.*

tantus, a, um, *so great.*

tapēs, ētis, m. *carpet.*

tarditās, ātis, f. *slowness.*

tardō, 1 v.a. *delay.*

tardus, a, um, *late, slow.*

taurus, ī, m. *bull.*

tectum, ī, n. *roof, dwelling.*

tegō, 3 v.a. texī, tectum, *cover.*

tegumen, inis, n. *shell.*

tellūs, ūris, f. *land, earth.*

tēlum, ī, n. *weapon.*

temere, adv. *without cause, at random.*

temperantia, ae, f. *self-restraint.*

temperī, adv. *in good time.*

temperō, 1 v.a. and n. *refrain, moderate.*

tempestās, ātis, f. *storm.*

templum, ī, n. *temple.*

tempora, orum, n. *the temples, head.*

temptō, 1 v.a. and n. *try.*

tempus, oris, n. *time.*

tendō, 3 v.a. and n. tetendī, tensum, *stretch, march, press.*

tenebrae, ārum, f. *darkness.*

tenebricōsus, a, um, *dark.*

teneō, 2 v.a. *hold, keep, understand, stop, occupy, remember, make good.*

tener, a, um, *tender, young.*

tenuis, e, *thin, fine, small.*

tenus, prep. with gen. and abl. *as far as.*

228 *Vocabulary*

tepefaciō, 3 v.a. *warm.*

ter, adv. *thrice.*

tergeminus, a, um, *thrice repeated.*

tergeō, 2 v.a. tersī, tersum, *wipe.*

tergum, ī, n. *back.*

terminō, 1 v.a. *bound.*

terminus, ī, m. *boundary.*

terō, 3 v.a. trīvī, trītum, *rub, tread.*

terra, ae, f. *earth.*

terrō, 2 v.a. terruī, territum, *frighten.*

terribilis, e, *awful.*

terror, ōris, m. *alarm.*

tertiō, adv. *a third time.*

tertius, a, um, *third.*

testa, ae, f. *jar.*

testāmentum, ī, n. *will.*

testis, is, m. and f. *witness.*

testor, 1 v.d. *bear witness, appeal to.*

testūdō, inis, f. *tortoise, tortoise-shell.*

tetricus, a, um, *harsh.*

Teucri, ōrum, *Trojans.*

theātrum, ī, n. *theatre.*

thermae, ārum, f. *public baths.*

thēsaurus, ī, m. *treasure-house.*

thymum, ī, n. *thyme.*

thyrsus, ī, m. *wand.*

tigris, is, f. *tiger.*

timeō, 2 v.a. *fear.*

timidus, a, um, *frightened.*

timor, ōris, m. *fear, dread.*

tinguō, 3 v.a. *dye.*

titulus, ī, m. *notice.*

toga, ae, f. *gown.*

togātus, a, um, *wearing the toga.*

tolerō, 1 v.a. *endure.*

tollō, 3 v.a. sustulī, sublātum, *raise, take away.*

tondeō, 2 v.a. totondī, tonsum, *top, crop.*

tonō, 1 v.n. *thunder.*

tormentum, ī, n. *torture.*

torpeō, 2 v.n. torpuī, *be paralysed.*

torqueō, 2 v.a. torsī, tortum, *churn up, hurl, torment.*

torreō, 2 v.a. torruī, tostum, *roast.*

tortor, ōris, m. *torturer.*

torus, ī, m. *bed.*

torvus, a, um, *grim.*

tot, indecl. *so many.*

totidem, *as many.*

totiens, adv. *so often.*

tōtus, a, um, *whole, entire.*

tractus, ūs, m. *train.*

trādō, 3 v.a. trādidī, trāditum, *hand over, report, hand down.*

trādūcō, 3 v.a. *bring across.*

trahō, 3 v.a. traxī, tractum, *draw, attract, drag.*

trāiciō, 3 v.a. and n. trāiēcī, *pierce, cross.*

transeō, 4 v.a. and n. *pass by, pass through.*

transferō, 3 v. irreg. transtulī, translātum, *transfer.*

transgredior, 3 v.d. *cross.*

transitus, ūs, m. *crossing.*

transmittō, 3 v.a. and n. *cross, pass.*

tremō, 3 v.n. tremuī, *tremble.*

trepidō, 1 v.n. *hurry, be excited.*

trepidus, a, um, *excited.*

trēs, tria, *three.*

tribulus, ī, m. *thistle.*

tribūnus, ī, m. *tribune.*

tribuō, 3 v.a. tribuī, tribūtum, *render, grant.*

triennium, iī, n. *three years.*

trietēris, idis, f. *space of three years.*

trīgintā, *thirty.*

tristis, e, *sad, gloomy, surly.*

triumphō, 1 v.n. *triumph.*

triumphus, ī, m. *triumph.*

Trōius, a, um, *of Troy.*

truculentus, a, um, *formidable.*

truncus, ī, m. *trunk, headless body.*

trux, trucis, *fierce.*

tū, tūi, *you, thou*; tūte, *thou thyself*; pl. vōs, vestrum or vestrī, *you, ye.*

tuba, ae, f. *trumpet.*

tueor, 2 v.d. *protect, see, look at.*

tum and tunc, adv. *then.*

tumescō, 3 v.n. tumuī, *swell.*

tumultus, ūs, m. *uproar, warfare.*

tumulus, ī, m. *hillock, grave.*

tunica, ae, f. *jacket.*

turba, ae, f. *band, pack, confusion.*

turbidus, a, um, *clouded.*

turbō, 1 v.a. and n. *disturb, trouble, ravage.*

turgidulus, a, um, *swollen.*

turgidus, a, um, *swelling.*

tūrifer, a, um, *incense-bearing.*

turma, ae, f. *troop.*

turpis, e, *base.*

turris, is, f. *tower.*

turtur, is, m. *turtle-dove.*

tūs, tūris, n. *incense.*

tūtēla, ae, f. *guardianship.*

tūtus, a, um, *safe*; adv. tūtō.

tuus, a, um, *your, thine.*

tyrannus, ī, m. *tyrant.*

Tyrius, a, um, *of Tyre.*

ūber, is, *fertile.*

ūber, is, n. *breast, udder.*

ubi, adv. *where, when.*

ubicumque, adv. *wherever.*

ubīque, adv. *everywhere.*

ūdus, a, um, *wet.*

ulcīscor, 3 v.a. ultus, *avenge.*

ulcus, eris, n. *ulcer.*

ullus, a, um, *any.*

ulmus, ī, f. *elm-tree.*

ulterior, ōris, *further.*

ultimus, a, um, *furthest.*

ultrā, prep. with acc. *beyond;* adv. *further.*

ultrō, adv. *voluntarily, freely.*

ululō, 1 v.n. *yell.*

umbilīcus, ī, m. *navel.*

umbō, ōnis, m. *elbow.*

umbra, ae, f. *shade, shadow, ghost.*

umbrōsus, a, um, *shady.*

ūmeō, 2 v.n. *be wet.*

umerus, ī, m. *shoulder.*

ūmidus, a, um, *wet.*

ūmor, ōris, m. *moisture, liquor.*

ūnā, adv. *together, at the same time.*

uncus, a, um, *clutching.*

unda, ae, f. *wave.*

unde, adv. *from which, whence.*

undique, adv. *on* (or *from*) *all sides.*

unguis, is, m. *nail.*

ūnicus, a, um, *only, sole.*

ūniversus, a, um, *entire.*

ūnus, a, um, *one, alone.*

urbānus, a, um, *belonging to the city.*

urbs, urbis, f. *city, Rome.*

urgeō, 2 v.a. ursī, *push, press, weigh down.*

ūrō, 3 v.a. ussī, ustum, *burn.*

ursa, ae, f. *she-bear.*

usquam, adv. *anywhere.*

usque, prep. *as far as;* adv. *for long.*

ūsus, ūs, m. *use, practice, loan.*

ut and utī, conj. *in order that, so that, when, as, how, though.*

utcumque, adv. *in whatever way.*

uter, utra, utrum, *which of two.*

uterque, utraque, utrumque, *each of two, either, both.*

uterus, ī, m. *belly.*

ūtilis, e, *useful, productive.*

utinam, adv. *would that.*

utique, adv. *in any case.*
ûtor, 3 v.d. ûsus, *use.*
utrimque, adv. *on both sides.*
utrum...an, *whether...or.*
ûva, ae, f. *bunch of grapes.*
ûvidus, a, um, *damp, moist.*
uxor, ōris, f. *wife.*

vacuus, a, um, *free, empty.*
vae, interj. *alas!*
vaesânus, a, um, *mad.*
vāgiō, 4 v.n. *wail.*
vagor, 1 v.d. *wander.*
vagus, a, um, *wandering, wavering.*
valdē, adv. *very, stoutly.*
valeō, 2 v.n. *be well, have power;* imper. valē, *farewell.*
valētûdō, inis, f. *health.*
validus, a, um, *strong.*
vallis, is, f. *valley.*
vallus, ī, m. *stake, palisade.*
vānus, a, um, *vain.*
varius, a, um, *different, many-coloured.*
vastus, a, um, *vast, waste.*
vātēs, is, m. *bard.*
vāticinor, 1 v.d. *proclaim, preach.*
vectīgal, ālis, n. *tax.*
vehemens, entis, *furious.*
vehō, 3 v.a. vexī, vectum, *carry.*
vehor, 3 v.d. vectus, *travel.*
vel...vel, *either, or.*
vēlāmen, inis, n. *covering.*
vellō, 3 v.a. vellī or vulsī, vulsum, *pluck.*
vēlō, 1 v.a. *cover.*
vēlōciter, adv. *swiftly.*
vēlox, ōcis, *swift.*
vēlum, ī, n. *sail.*
velutī, *just as.*
vēna, ae, f. *vein.*
vēnābulum, ī, n. *boar-spear.*
vēnālis, e, *for sale.*
vēnātiō, ōnis, f. *hunting.*

venditō, 1 v.a. *wish to sell.*
vendō, 3 v.a. vendidī, venditum, *sell.*
venēnum, ī, n. *poison, dye.*
venia, ae, f. *concession, excuse.*
veniō, 4 v.n. vēnī, ventum, *come.*
vēnor, 1 v.d. *hunt.*
venter, tris, m. *belly.*
ventus, ī, m. *wind.*
Venus, Veneris, f. *Venus.*
venus, eris, f. *charm.*
venustās, ātis, f. *charm.*
venustus, a, um, *graceful, charming.*
vēr, vēris, n. *spring.*
verbera, um, n. pl. *blows* (sing. abl. only verbere).
verbōsus, a, um, *wordy.*
verbum, ī, n. *word.*
vērē, adv. *truly.*
verēcundia, ae, f. *modesty.*
vereor, 2 v.d. veritus, *fear.*
vēritās, ātis, f. *truth.*
vernus, a, um, *of spring.*
vērō, adv. *truly;* conj. *but.*
verrō, 3 v.a. *sweep.*
versātilis, e, *versatile.*
versō, 1 v.a. *turn over, toss.*
versor, 1 v.d. *spend life.*
versus, ūs, m. *verse.*
vertex, icis, m. *crown of the head.*
vertō, 3 v.a. vertī, *turn.*
vērum, conj. *but.*
verūtus, a, um, *armed with a dart.*
vester, tra, trum, *your.*
vestibulum, ī, n. *entrance.*
vestīgium, iī, n. *footprint, trace, foot.*
vestīgō, 1 v.a. *examine.*
vestis, is, f. *garment.*
vestītus, ūs, *dress.*
vetō, 1 v.a. vetuī, vetitum, *forbid.*
vetus, eris, *old, prolonged.*

vetustās, ātis, f. *antiquity, futurity, old age.*
vetustus, a, um, *ancient.*
vexō, 1 v.a. *maltreat.*
via, ae, f. *way, road.*
viāticum, ī, n. *money.*
viātor, ōris, m. *traveller, attendant.*
vīcīnia, ae, f. *neighbourhood.*
vīcīnitās, ātis, f. *nearness.*
vīcīnus, a, um, *neighbouring, neighbour.*
vicissim, adv. *in turn.*
victima, ae, f. *victim.*
victor, ōris, m. *conqueror.*
victōria, ae, f. *victory.*
victrix, īcis, f. *of victor.*
victus, ūs, m. *diet.*
videō, 2 v.a. vīdī, vīsum, *see, provide;* pass. *seem.*
viduitās, ātis, f. *widowhood.*
vigeō, 2 v.n. *be in force.*
vigil, is, *watching, watchful.*
vigilia, ae, f. *watch.*
vigilō, 1 v.n. *watch, wake up.*
vīgintī, *twenty.*
vīlica, ae, f. *farmer's wife.*
vīlis, e, *worthless.*
vīlitās, ātis, f. *cheapness.*
villa, ae, f. *country-house.*
vinciō, 4 v.a. vinxī, vinctus, *bind.*
vinco, 3 v.a. vīcī, victum, *conquer.*
vinculum, ī, n. *chain.*
vindicō, 1 v.a. *set free.*
vindicta, ae, f. *escape from slavery.*
vīnea, ae, f. *shed.*
vīnētum, ī, n. *vineyard.*
vīnum, ī, n. *wine.*
violenter, adv. *with violence.*
violentus, a, um, *furious, high-handed.*
violō, 1 v.a. *violate.*
vir, ī, m. *man, husband.*
vireō, 2 v.n. *be green.*

virescō, 3 v.n. *grow green.*
virga, ae, f. *stick, twig.*
virginālis, e, *maidenly.*
virgō, inis, f. *maiden.*
viridans, antis, *green.*
viridis, e, *green.*
viriditās, ātis, f. *greenness, vigour.*
virīlis, e, *of a man, manly.*
virtūs, ūtis, f. *virtue, valour, excellence.*
vīs, acc. vim, abl. vī, f. *force, abundance;* pl. vīrēs, *strength.*
viscus, eris, n. *flesh;* pl. viscera, *vitals.*
vīsō, 3 v.a. *visit.*
vīta, ae, f. *life.*
vīticula, ae, f. *little vine.*
vitiō, 1 v.a. *spoil.*
vītis, is, f. *vine.*
vitium, iī, n. *vice, defect.*
vitrum, ī, n. *glass.*
vitulus, ī, m. *calf.*
vīvidus, a, um, *lively.*
vīvō, 3 v.n. vixī, victum, *live.*
vīvus, a, um, *living.*
vix, adv. *hardly.*
vocō, 1 v.a. *call, invite.*
volātilis, e, *feathered.*
volātus, ūs, m. *flight.*
volitō, 1 v.n. *fly about.*
volō, v. irreg. voluī, *wish.*
volucer, cris, cre, *winged.*
volucris, is, f. *bird.*
voluntās, ātis, f. *will, good-will.*
voluptās, ātis, f. *pleasure.*
volūtō, 1 v.a. *turn over.*
volvō, 3 v.a. volvī, volūtum, *roll.*
vōmer, is, m. *plough-share, plough.*
vomō, 3 v.a. *vomit, pour out.*
vortex, icis, m. *eddy.*
vōs, pl. of tū, *you, ye;* vōbis-cum, *with you.*

vŏtum, ĭ, n. *vow, prayer.*

vŏveō, 2 v.a. vōvī, vōtum, vow.

vox, vōcis, f. *voice, utterance.*

Vulcānius, a, um, *of Vulcan.*

vulgus, ĭ, n. *people, mob.*

vulnus, eris, n. *wound.*

vultus, ūs, m. *countenance.*

Zephyrus, ĭ, m. *west-wind.*

zōna, ae, f. *purse.*

For EU product safety concerns, contact us at Calle de José Abascal, 56–1°,
28003 Madrid, Spain or eugpsr@cambridge.org.

www.ingramcontent.com/pod-product-compliance
Ingram Content Group UK Ltd.
Pitfield, Milton Keynes, MK11 3LW, UK
UKHW020318140625
459647UK00018B/1924